本书系北京市教育学会"十四五"教育科研课题"高中语文《论语》整本书的文本阅读研究"（编号：DCYB2021-014）、"网络学习空间下语文专题学习活动设计研究"（编号：DCYB2021-022）阶段性研究成果

高中语文整本书阅读十五讲

主编　张亚南　袁忠欢

副主编　刘志江　李巧梅　张倩玉

图书在版编目(CIP)数据

高中语文整本书阅读十五讲/张亚南,袁忠欢主编;刘志江,李巧梅,张倩玉副主编.—北京:首都师范大学出版社,2024.4
ISBN 978-7-5656-8018-2

Ⅰ.①高… Ⅱ.①张… ②袁… ③刘… ④李… ⑤张… Ⅲ.①阅读课－高中－教学参考资料 Ⅳ.①G634.333

中国国家版本馆 CIP 数据核字(2024)第 061703 号

GAOZHONG YUWEN ZHENGBENSHU YUEDU SHIWU JIANG
高中语文整本书阅读十五讲
张亚南　袁忠欢　主编
刘志江　李巧梅　张倩玉　副主编

责任编辑　韩　振
首都师范大学出版社出版发行
地　址　北京西三环北路 105 号
邮　编　100048
电　话　68418523(总编室)　68982468(发行部)
网　址　http://cnupn.cnu.edu.cn
印　刷　北京印刷集团有限责任公司
经　销　全国新华书店
版　次　2024 年 4 月第 1 版
印　次　2024 年 4 月第 1 次印刷
开　本　710mm×1000mm　1/16
印　张　14.5
字　数　237 千
定　价　45.00 元

版权所有　违者必究
如有质量问题　请与出版社联系退换

编 委 会

主　编： 张亚南　袁忠欢
副主编： 刘志江　李巧梅　张倩玉
编　委： 泉　东　尹　辉　马　辉
　　　　　孟贵贤　刘　季　张　超

书香盈盈，且歌且行（代序一）

1983年，邓小平同志为北京景山学校题词："教育要面向现代化，面向世界，面向未来。"这为中国基础教育发展指明了方向。新时代，习近平总书记在二十大报告中提出："育人的根本在于立德。培养什么人、怎样培养人、为谁培养人是教育的根本问题。"为全面贯彻党的教育方针，落实立德树人根本任务，普通高中课程方案和课程标准（2017年版2020年修订）体现了鲜明的育人导向，思想性、科学性、时代性、整体性都明显增强。

在这样的背景下，《论语》《红楼梦》《乡土中国》这三部经典著作以"整本书阅读"的面貌走进高中语文课堂。"整本书阅读"教学旨在引导学生通过读整本书，拓展阅读视野，建构阅读整本书的经验，形成适合自己的读书方法，提升阅读鉴赏力，养成良好的阅读习惯。为完成这一任务，教师要帮助学生探索合适的阅读门径：掌握由浅入深、点面结合的阅读方法；既能从宏观上把握全书主旨，又能展开微观的阅读探究；既能从兴趣出发读书，也能按照需要读书；既能读小说，也能读比较艰深的理论著作；既关注著作原文，又能联系社会生活，体会读书的目的和意义。基于此，景山学校高中语文组的老师们做了很多努力与尝试，形成了这本《高中语文整本书阅读十五讲》。

这十五讲贯穿的基本思想是：首先依据具体典籍的文体、思想、艺术特征提出整本书阅读指导意见，之后结合该书的内容、形式等特点开展个性化微观研读。既有论文形式的学理性介绍，又有实践性教学案例分享。两篇文章理论与实践相互支撑，各有侧重，呈现出学校整本书阅读教学的实践与探索成果。

《论语》是中华优秀传统文化的源头之一，是经典中的经典。对高中生而言，阅读《论语》面临两个挑战：一是要跨越语言文字的障碍，二是要理解文字背后深邃的思想。为帮助学生读好《论语》，老师们设置了五讲内容：第一讲谈《论语》整本书阅读方法指导；第二讲以古律古，以专题探究的方式，阐述《论语》中的孝道思想；第三讲化零为整，将散落在语录体中的人物及其思想串联起来，形成对孔子及其弟子的全面认识；第四讲讨论《论语》中"道"的多重含义，体会孔子对"人格美"的追求；第五讲是高考视野下的《论语》阅读，介绍新时代对儒家经典的考查方式，满足学生的考试需求。

《红楼梦》是一部鸿篇巨制，它的研究成果汗牛充栋。中学课堂怎么讲，是一大难题。一般小说阅读指导，都绕不开人物、情节、环境、主题，而《红楼梦》在上述每一个方面都堪称一绝，别开生面。鲁迅先生曾说："自有《红楼梦》出来以后，传统的思想和写法都打破了。"这本书里，老师们帮助学生读出许多精彩之处。比如前五回作为小说的全部密码，总领全书，不仅"剧透"了人物的命运和家族的盛衰，而且传达出深邃多元的思想，这一特色给学生讲出来了。再如塑造人物有独到之处，除了"以事写人"这样传统的写法外，还采用了系统性"以花喻人"的手法，形成了"诗""花""人"交相辉映的形象塑造方式，极富美感和象征意味，这个特色也讲到了。又如小说叙事技法惊艳，"草蛇灰线，伏脉千里"，在整本书中形成了似断实续、若隐若现的意脉，让读者犹如迷宫探宝，兴味盎然。此外，还有时令节日等场景描写，生活气息与文化意味浓厚，是学生了解传统文化的一把钥匙……对于这些具有红楼特色的话题，教师都逐一和学生学习探究。

《乡土中国》是一本经典的社会科学论著，因为很多高中学生是首次接触这类经典作品，所以普遍反映阅读难度大。统编版语文教材总主编温儒敏先生说："经典阅读总会有困难，却又是充满乐趣的。读书不能就易避难，不要总是读自己喜欢的、浅易的、流行的读物，在低水平圈子里打转。年轻时有意识让自己读一些'深'一点的书，读一些可能超过自己能力的经典，是一种挑战。应当激发自信，追求卓越，知难而上。"面对《乡土中国》这样"深"一点的书，老师们用五讲内容帮助学生攻坚克难：首先，关于学术类书籍的阅读方法指导，帮助学生克服畏难心理；其次，从全书概念的梳理与探究出发，提纲挈领地把握《乡土中国》的理论框架；然后，以比较阅读的方式，多维度引领学生领悟乡土社会特征；再次，创设基于真实情境的学习任务，助推思辨能力的创生和发展；最后，从走出乡土的发展视角，看《乡土中国》的社会学价值和时代意义。这五讲的论文及案例，立足学生主体地位，充分引导学生畅谈阅读体会，寻找适合个人的阅读方法，自主建构学术类书籍阅读的成功经验。

在北京景山学校六十余年语文教育教学的耕耘史上，教育前辈们一直以改革试验的姿态不断创新语文阅读教学实践。如今，在新课程背景下，新一代教师面对整本书阅读教学任务，不断发挥聪明才智，助力学生阅读成长。

阅读是一场洗礼，在一本本经典书籍中享受阅读乐趣，汲取精神营养，丰富心灵世界，这是多么美好的校园图景啊！经典以鼓舞人心的力量，指引师生共同关心社会生活、探索历史文明、享受文化盛宴。这十五讲文稿只是景山师生阅读之路的一小步，在远方，在更宽广的道路上，他们必定奋勇前行。

书香盈盈，且歌且行！

北京教育科学研究院基础教育教学研究中心副主任，正高级教师，特级教师

2023 年 5 月

"三个面向"赋能新时代教育现代化(代序二)

2023年是邓小平为北京景山学校题词"三个面向"40周年。学校决定以纪念题词40周年为契机,立足新时代,着力新探索,整理新成果,巩固教改初心,深化教改试验,为新时代推动教育现代化做出新贡献。

北京景山学校在教改中诞生,在教改中发展。北京景山学校的使命就是要探索新中国基础教育改革的正确道路。回顾景山学校的教改之路,依然充满自豪感和责任感。

景山学校一直致力于探索扎根中国大地的教育现代化之路,聚焦"多出人才,快出人才",积极探索轻负担、高质量的素质教育之路。40年来,学校努力探寻"三个面向"精神与新时代教育发展相结合的路径和策略,取得了丰硕的成果。

作为国家层面推动教学改革的"试验田",景山学校一直牢记为党育人、为国育才的初心和宗旨。诚如童大林先生所说:景山精神的精髓就是"忠诚于党的教育事业,献身教改的革命精神"。顾明远说:景山学校的改革目标很明确,起点很高,在创办之初就瞄准培养高质量的全面发展的人才,就是要培养创新型人才。所以邓小平"三个面向"的题词不是偶然的,是非常切合景山学校实际的。景山学校在"应试教育"甚嚣尘上的时候,仍然坚持素质教育不动摇,坚定不移地培养创新人才,这是十分难能可贵的。这就是景山的精神。

这是新时代高质量教育的鲜明导向,是教育工作者遵循的方向。

学校提出学生的"快乐成长高于一切"。爱每一个孩子,善待每一个孩子,一直是学校坚持的基本信念。

快乐意味着安全感和归属感,是一个心灵自由、精神舒展的状态;成长意味着生长拔节蜕变,意味着接受成人世界的认知、规则,是认知冲突、情感波动的过程。在传统教育中,重视了学生成长,忽视了孩子的心灵自由和精神舒展,孩子的安全感和归属感薄弱;重视了学生增加提高,忽视了孩子的情绪的冲浪和情感生存问题,缺乏自觉培育学生的情绪价值的意识和方法。

学校领导的长期示范和学校文化积淀，让校园中老师之间、师生之间、干群之间到处洋溢着尊重和关爱。在这里，爱的教育与孩子们形影不离。

尊重孩子成长需求和培育孩子的情绪价值，关注孩子的精神世界的发育，是高质量教育的根基，这是爱孩子的起点，也是高质量的教育起点。

1978年以来，景山走出大批的优秀干部、教师。多年来，景山学校坚持招聘教师只面向应届大学生，精挑细选，从入口处把握教师队伍的高素质。我们深知素质教育归根结底就是高素质教师进行的教育。

这些教师在渊博的学科知识体系、学科教学方法、学科学习方法等方面具有高度的专业水平。同时，他们具备健全人格、良好人际关系、强大社会实践能力。其实，优秀的教师、有影响力的教师、教育家型的教师都是专业发展与社会发展相协调的。当下教师的社会发展能力普遍薄弱。以学科教学为主体的教师专业发展不利于教育高质量发展。高质量的教育亟须提升教师社会发展能力。只有社会发展能力强的老师，才能带领学生更好地完成跨学科学习、项目式学习等实践性强的教学任务。只有这样的教师，才会把自己的课堂打造成学生与现实世界联通的桥梁，打造成知识的天堂、成长的热土。

当下，教师的社会发展更加依赖职后培养。景山学校注重培养高素质教师的品质：学习精神，敬业精神，创新精神，良好的心理品质，强烈的科研意识和能力。

学校搭建课程开发与教科研的平台，培养出课程教学理念先进、教学水平高、具有一定的课程开发和科研能力的教师群体。学校课改与教科研成果显著。

陶西平先生说：在景山学校，我们看到尊重，看到快乐，看到敬业，看到创造，看到和谐。景山学校的教育实验，不仅提高了广大群众对学校教育的满意度，也对全国教育事业的改革与发展产生深远的影响。

景山学校在9亩多的狭小低矮的空间里创造了名动天下的教改业绩，获得了"三个面向"题词发源地的殊荣。在当下这个20多亩的校园里，培养了数以千计的优秀学子，孵化出一个教育集团，成为全国素质教育的典型之一。在不同历史阶段，内涵发展始终是决定教育高质量发展的关键途径。

在几十年的教改实验中，学校建立了小初高全周期、长链条、一体化的人才培养模式；建立了一整套人才培养机制，包括学制安排、教材编写、课程设置、德育序列、特长培养等；形成了"低负担，高质量，让每一个孩子健康快乐成长，全面发展，学有特长"的素质教育道路。学校办学质量始终居于北京市前列，成为践行"三个面向"的旗帜和首都教育的品牌，办学成果得到国家领导人和教育专家以及社会各界的充分肯定。

正是党和政府对学校办学的信任和支持，才有了景山人在教改路上放开手脚、大胆创新，开创了 20 多项"全国第一"；才形成了景山人"敢为天下先、不走寻常路。走自己的路，让别人说去吧"的自豪，形成了"立愚公移山之志，攀基础教育高峰"的攀峰精神，从本质上反映出景山干部教师忠诚党的教育事业的坚定和自信。景山教改的辉煌成就是学校内涵发展、打造高质量的办学体系的结果，更是在"三个面向"旗帜指引下党和政府为教育高质量发展鼓励学校创新、支持学校教改实验的结果。

从景山学校到景山教育，从"改革创办"到"三个面向"，景山学校秉承"为党育人、为国育才"的初心，在赓续教育改革创新的办学基因中发展，在担当新时代办学的使命中蜕变，提出了"景山教改再出发"的新追求，不断探索基础教育学校全面高质量发展的新路径、新范式。

这次出版的教改成果集中展示"景山教改再出发"的新探索，希望得到广大教育同人的批评指正！

北京景山学校党委书记 张斌平

2023 年 5 月

目 录

《论语》整本书阅读 / 1

第一讲 整体认识,曲径通幽 / 3
立足当下看儒家先秦典籍《论语》的教学 / 3
高中阶段阅读《论语》的方法梳理 / 10

第二讲 以古律古,意从文求 / 19
《论语》中的孝道思想评价 / 19
文以类聚,意从文求
——以《论语》中的孝道为例 / 26

第三讲 化零为整,文以类聚 / 31
对《论语》进行整体性分类整合 / 31
《论语》中的颜渊和子路 / 36

第四讲 辞有古今,道无优劣 / 42
在读懂中读"活"《论语》/ 42
《子路、曾皙、冉有、公西华侍坐》中的"治世之道" / 47

第五讲 含英咀华,点石成金 / 55
《论语》在高考语文中的考查方式 / 55
北京语文高考之《论语》备考 / 61

《红楼梦》整本书阅读 / 67

第六讲 奇书之纲 / 69
如何阅读古代章回体长篇小说
——以《红楼梦》为例 / 69

《红楼梦》整本书阅读设计方案 / 76

第七讲　神话之意 / 85

"补天""还泪""太虚幻境"的神话隐喻表达 / 85

《红楼梦》三则神话故事梳理与探究 / 92

第八讲　形象之美 / 98

"诗""花""人"交相辉映的艺术形象

——以"林黛玉"形象塑造为例 / 98

红楼群芳"花喻"探究 / 104

第九讲　叙事之谜 / 111

重峦叠嶂：独具匠心的小说叙事 / 111

《红楼梦》"草蛇灰线"创作手法探微 / 117

第十讲　生活之蕴 / 125

《红楼梦》里的时令节日 / 125

《红楼梦》贾府中秋家宴研读 / 132

《乡土中国》整本书阅读 / 139

第十一讲　立足整体设计 / 141

如何阅读学术类书籍

——以《乡土中国》为例 / 141

《乡土中国》整本书阅读的整体设计方案 / 148

第十二讲　探究核心概念 / 157

以概念为认识事物的工具 / 157

《乡土中国》中的概念梳理与探究 / 163

第十三讲　提升思维能力 / 173

以比较为深度思悟的契机 / 173

《乡土中国》中的比较阅读 / 179

第十四讲　关联现实情境 / 186
　　以情境为思辨创生的凭借 / 186
　　《乡土中国》与当今生活情境 / 193
第十五讲　展望社会发展 / 201
　　以发展为作品阅读的指归 / 201
　　在历史的坐标中看《乡土中国》/ 206

参考文献 / 214

《论语》整本书阅读

第一讲　整体认识，曲径通幽

立足当下看儒家先秦典籍《论语》的教学

【摘　要】《论语》是儒家经典作品，也是整本书阅读的重要书目。由于其语录体作品的特点、文本解读的多重性、文本背景的丰富性以及其背后复杂的思想体系等，造成了高中生学习《论语》的诸多困难。针对《论语》的学习难点和高中语文教学的特点，《论语》学习宜在读、背的基础上进行文本研读，教师也应在教学过程中引导学生构建框架，包括构建历史、人物框架，构建《论语》的思想体系等。

【关键词】《论语》；教学难点；教学策略

《论语》是儒家经典作品，也是整本书阅读的重要书目。无论是从传承中华优秀传统文化的角度，还是从学生个体生命健康成长的角度，我们今天都需要重视对《论语》的学习。① 对于高中生而言，《论语》的阅读与研讨确实存在不少难点，针对这些难点，采取恰当的针对性措施，对于我们贯彻立德树人的教育理念具有重要意义。

一、《论语》简介及解读原则

(一)《论语》简介

《论语》具体成书年代虽已不可考，但可以确定的是，先秦时已成书(杨伯峻先生认为成书于战国初期)，距今已 2 200 多年。

从版本学的角度而言，《论语》在古代有三个版本：《古论语》《鲁论语》《齐论语》。《齐论语》在汉魏时已失传(海昏侯墓出土的竹简中发现疑似失传的《齐论

---

① 程翔：《〈论语〉整本书阅读教学谈》，《语文教学通讯》(A 刊)，2019 年第 8 期，第 26—28 页。

语》),现在通行的《论语》是由《鲁论语》和《古论语》整理形成。而《论语》自三国魏时何晏作《集解》,其后又有梁代皇侃作《义疏》、北宋邢昺作《论语注疏》、南宋朱熹作《集注》、清代刘宝楠作《正义》,近当代又有杨树达《论语疏证》、杨伯峻《论语译注》、钱穆《论语新解》、李泽厚《论语今读》和杨逢彬《论语新注新译》等。古代印刷《论语》时,竖排繁体无标点,而古代经学家作注疏时,又有各自的理解,即便今人注《论语》,以"新式标点"标注《论语》,彼此间亦有出入,印刷文字间也间或有龃龉。这给学生学习《论语》造成很大的困惑。

从这个意义上讲,《论语》已不是一部"名著",也不是单纯的一部经书,已经形成了专业化程度很高的学问。但就是这么一部专业性极强的典籍,被纳入高考名著的行列,无论是对教师的教,还是对学生的学,都是一个巨大的挑战。教师需要在实践中逐渐摸索出一种适合中学教学的方法和方式。

(二)《论语》解读原则

从语言学史的角度说,《论语》的语言属上古汉语。《论语》中的语句,无论字词含义,还是句式结构,都与后世有很大不同。如果我们用后来的词汇、语义、句式、语法解读《论语》,势必会产生很多想当然的误读。因此,我们需要借助传统语言学(文字、音韵、训诂等)对《论语》语言进行规范、科学、精准的解读。古人解经,以小学治经学,古本较好的注疏有北宋邢昺的《论语注疏》和清代刘宝楠的《论语正义》;今人利用传统语言学解读《论语》比较好的是北大中文系杨逢彬的《论语新注新译》。

从语用学角度而言,《论语》中的很多话语脱离了具体语境、说话者所处时代的思维逻辑和思想文化,作为"独立的片段"存在,这对我们理解《论语》是一个很大障碍。如果我们用今天的思维方式或世俗流传的先入为主的偏见,去解读、理解《论语》中的语句和思想,无疑会产生误读,甚至是扭曲。在相对科学、精准地理解《论语》语言基础上,因注家注解目的和方式的不同又大致分为两类:"《论语》注我"和"我注《论语》"。"南怀瑾《论语别裁》、于丹《论语心得》"即借助《论语》证明、阐述或发挥自己的观点、理论或学说,比如南宋朱熹《论语章句集注》、钱穆《论语新解》、李泽厚《论语今读》;"我注《论语》"指站在《论语》本身的思维逻辑角度,对《论语》的义理进行梳理和阐释,如周志文《论语讲析》等。

二、《论语》的教学难点

(一)"碎片化阅读"方式

碎片化阅读主要指《论语》各篇各章的内容较为分散,体系较为松散。《论语》是由孔子的弟子及再传弟子将孔子及弟子等的言行整理、辑录而成的,因之,也容易被碎片化理解。虽然其中蕴含的孔子的思想具有体系性,如孔子所言"吾道一以贯之",但每一章分散、独立,缺乏联系,很多学生的实际阅读过程却是碎片化的。枯燥、乏味、杂乱、深奥、晦涩是很多学生阅读的感受,久而久之学生容易丧失阅读兴趣。"碎片化阅读"是开展《论语》教学面临的首要困难。

(二)文本背景的缺乏

《论语》用字减省,往往不记录当时的历史、文化背景。其中所涉及的历史背景、礼仪制度、习俗等在当时可能是常识,对于现代人理解起来却相当困难。《八佾篇》[①]:"王孙贾问曰:'与其媚于奥,宁媚于灶,何谓也?'子曰:'不然;获罪于天,无所祷也。'"奥神和灶神是当时的人们较为熟悉的概念,现代人理解起来却存在一定的障碍。另外,本章只记叙了人物对话,相应的人物身份、关系,说话时的情境都未提及,这让内容变得较为艰深。要想明了其中的含义,在其短短二三十字之外,还要了解较为丰富的背景资料。这种现象在《论语》中比比皆是,也是造成《论语》学习困难的主要原因之一。

(三)文本的多重解读

受到书写材料和语言发展阶段的影响,先秦文字凝练简洁,与现代汉语有较大差距。同时,弟子们往往选择记录孔子言行的精要处,这给解读《论语》中的许多篇章留下较大的发挥空间。

千百年来,在一代代学者的阐释下,《论语》的内涵被不断挖掘,但也存在曲解和矛盾之处。部分篇章,各家解释不一,甚至相互龃龉。即使是名家解读,亦有不尽如人意之处。倘若照经典解读讲解,这些不通之处,强行灌输,往往会造成学生理解的障碍,难以让人信服。如"学而不思则罔,思而不学则殆"中的"罔"和"殆"的含义,各家说法不一,似乎无伤大雅,实则只有准确界定其含义才能深入理解孔子对"学""思"关系的认识。这样的地方不厘清会对教学造成许多困扰。

(四)思想体系的复杂

我们常说《论语》的思想是成体系的,但分散出现的概念不免让人觉得头绪纷繁。其中的基本概念有仁、礼、乐、孝、悌、义、礼、智、信、勇等,涉

---

① 杨伯峻:《论语译注》,北京:中华书局,2009年,第29页。此篇中所引《论语》原文,均选自本书。

的内容有修身、治国、人际交往等多个方面,同一概念又具有多重内涵,概念与概念之间相互关联,构成错综复杂的立体网状结构。如"仁",作为中国文化最重要的符号之一,它在《论语》中出现100多次,并与其他概念密切联系。如"仁"与"孝悌"的关系:"孝弟也者,其为仁之本与!"又如"仁"与"礼乐"的关系:"人而不仁,如礼何?人而不仁,如乐何?"可见,《论语》看似松散的篇章背后确实有"一以贯之"的复杂的思想体系,没有专题性的探究是很难将其挖掘出来的,这也给我们的课堂教学造成了一定困难。

三、《论语》的教学策略

学习《论语》的基础是对文本内容的理解和把握,但仅限于此是远远不能体会儒家思想文化的内涵的。因此,教师需要进行有针对性的指导。《论语》教学,首先要在读、背的基础上进行文本研读活动,并在教学过程中要有意识地构建历史、人物框架、《论语》的思想体系等。

(一) 读、背基础上的文本研读

"读"为文本诵读,"背"为背诵。中学阶段,教师在授课过程中首先要立足于文本的读、背结合,并在此基础上展开相应的文本解读工作。

《论语》作为内涵丰富的文化经典,要想读懂并不容易。但就篇幅来说,《论语》原文只有15 000余字(不计重文)①,对文本的诵读也没有想象中那么难。《论语》每篇中的字数,少则500字左右,如《学而篇》《里仁篇》等,其他大部分篇目都在800字左右,多的如《宪问篇》也未超过1 500字。5分钟左右的时间,便可诵读完一篇。教师在整个授课过程中要充分利用各种机会,调动学生诵读的兴趣。对于这样言简意深的经典,只有通过反复诵读,咀嚼文本,才有可能了解其背后的文化、思想价值。

对于一些比较重要的章节,教师应鼓励学生背诵下来。这样不仅有利于对《论语》内容的把握,更有利于将《论语》的营养内化于心,实现传统文化经典春风化雨的人格塑造作用。这样的章节有很多,如"恭而无礼则劳,慎而无礼则葸,勇而无礼则乱,直而无礼则绞"。这些内容有很强的思辨性,体现了儒家的道德主张并非一味道德灌输,而是从实际出发,追求人的完美人格。这样的人格并非高高在上的"道德先生",而是对人立身处世有切实助益的。这样的例子比比皆是,如"人不知而不愠""学而时习之""士不可以不弘毅""不患无位,患所

---

① 李零:《去圣乃得真孔子》,北京:生活·读书·新知三联书店,2008年,第5页。

以立"……即便以今天的眼光审视，依然能从中发现重要的现实意义。因此，教师要重视这些颇具文化传承意义的章节，充分发挥经典作品的教化作用。在背诵中内化于心，使《论语》助力中学生的成长、成才。

在读、背的过程中，教师还要针对重点字词进行讲解、辨析，但忌逐字翻译，将《论语》作为文言材料讲解，而忽略其背后的文化价值。宁可"得鱼忘筌"，也不可陷入字、词、句意的泥潭。对于文本解读，可以将杨伯峻的注释作为基础阅读版本，再选取几本较为权威的版本进行对读，对于有争议之处，可以依据理解选取最合理的解释，或者与学生一起讨论，在自主、合作、探究活动中感受《论语》的魅力。

(二)思维框架的构建意识

1. 构建相关历史、人物框架。

在《论语》教学的过程中，教师宜引导学生了解时代、人物背景，并逐渐建立起和《论语》文本紧密相关的历史、人物框架。前文已经提及《论语》理解的困难，有很大一部分来自学生历史、文化背景等相关知识的缺失。在教学过程中，教师可结合《论语》内容，引导学生构建起历史、人物框架，形成对春秋时期的历史背景、孔子生平、众多弟子形象等内容的较为系统的认识。

就历史背景而言，春秋时期是一个大变革、大发展、大动乱的时期。面对这样的乱世，不同学派纷纷提出自己的解决方案。其中儒家主张推广仁义之道，重建礼法、王政，维护社会秩序的稳定。当时破坏礼法的行为很多，如晋国的"曲沃代翼"、鲁国的"三桓之乱"，以及之后的"三家分晋"，周朝的礼乐制度被严重破坏。作为礼乐制度的坚定拥护者，儒家有很多批评僭越礼制行为的内容，如"八佾舞于庭，是可忍，孰不可忍也""季氏旅于泰山"等。可见，了解当时礼崩乐坏的历史背景，对于类似文本的解读而言非常重要。再如"吾未见好德如好色者也""与其媚于奥，宁媚于灶"等内容是与当时卫国形势有密切关系的。《论语》中的很多内容背后皆有相应的历史背景，结合历史背景去理解才会事半功倍，否则容易造成误解。

就人物背景而言，《论语》中最主要的人物是孔子，了解其生平经历对准确解读《论语》非常重要。如《论语》诸多篇目中，除孔子外，涉及较多的人物有子路、颜回，倘若不理解师生之间的关系，子路、颜回的性格特点，学生在理解《论语》时便很难融会贯通。《论语》中除孔子和众多弟子之外，还涉及前代贤人，如尧、舜、禹、周文王、周武王、伯夷、叔齐等；也提及当时各国的国君和臣子，如鲁哀公、臧武仲、季氏、阳货、公山狃、陈文子、晏婴、管仲等。学生如果不清楚主要人物的事迹、人物之间的关系等背景，在理解《论语》时就会遇到一些困难。

如《宪问篇》中的一章："南宫适问于孔子曰：'羿善射，奡荡舟，俱不得其死然。禹稷躬稼而有天下。'夫子不答。南宫适出，子曰：'君子哉若人！尚德哉若人！'"此章涉及羿、奡、禹、稷四个人物，表面上臧否人物，实则反映了孔子重德轻力的政治观念。如果了解了《论语》中所涉及人物的基本属性，在理解内容时便较为容易了。

因此，教师在教学过程中应有框架意识，通过构建历史、人物背景框架，让学生对当时的社会背景、各国的政治格局、各国之间的关系有基本的了解，对孔子的主要经历、主要弟子的形象特点、所论及历史人物的基本特点有较为系统的掌握。可结合《论语》原文，并通过李长之《孔子的故事》、司马迁《史记·仲尼弟子列传》等文献，结合相关的影视作品，如电影《孔子》、文化节目《典籍里的中国》等影音资源，组织学生分小组对不同篇目的内容进行分类探究；也可由教师对相关资料进行专题化教学处理，进行针对性教学。

2. 构建《论语》思想框架。

要想把握《论语》的要义精神，全面系统地把握孔子的思想，需要将分散在不同篇章的相关内容进行梳理探究，对《论语》进行整体观照。[①]《论语》中涉及众多的儒家思想概念，如仁、礼、乐、孝等，要想真正理解《论语》的内涵，就要构建《论语》的思想框架。即将这些思想概念系统化，明白概念意义及各个概念之间的关系等。

《论语》中思想体系的构建要辨析概念。首先，概念的内涵要在当时的时代、思想、文化背景下进行准确挖掘。其次，要抓住最主要的概念——仁和礼，在此基础上进行外围概念的梳理、构建工作。宜采取专题学习的形式，在初步学习《论语》后，以概念为专题，分类摘录原文，再次深入研读文本，构建思想框架，还原孔子的真实思想。如关于"仁"的概念，我们现在往往解为"爱人""忠恕之道"，但这样的简单处理，是远远不能涵盖"仁"的深刻内涵的。如对于《颜渊篇》中的"司马牛问仁。子曰：'仁者，其言也讱。'"，各家多依据司马迁《史记》的记载，解为针对司马牛"多言而躁"的缺点而言。但从"仁"的内涵的角度而言，

---

① 卢吉增：《〈论语〉整本书阅读的思考与实践》，《中学语文教学》，2018年第4期，第20—24页。

此章反映出"仁"的一个表现便是"慎言"。联系孔子所主张的"敏于事而慎于言",儒家非常强调少言多行,"仁者爱人"并非只从内心去"爱人",或者空谈心性,还要付诸行动,即"能近取譬,可谓仁之方也已"。

由此可见,儒家所推崇的"仁",具有积极入世、积极实践所学的内涵。正因如此,"学而时习之"放在《论语》的篇首,便是强调实践的重要。仅从一个"仁"字稍加思索、提要钩玄,便可挖掘出如此丰富的内涵。因此,构建《论语》的思想体系对于深入理解《论语》具有重要意义。

需要注意的是,《论语》中的大部分思想影响了中国两千多年,对于当今社会仍有巨大的价值[1]。如"仁"的概念与我们当今时代的社会责任意思相近,"礼"的概念与当今的"礼貌""尊重他人"等概念密切关联。有些概念,如"习""勇",为孔子所提倡,但后世逐渐衰微,需要我们重新审视并加以重视。对于这些宝贵的精神财富,教师要在《论语》思想框架构建的过程中尊重经典的原貌,并与学生的日常生活、当今时代建立联系,激发学生阅读兴趣[2],鼓励学生进行个性化解读,从而对学生进行思想教育。

综上所述,《论语》作为一部流传2 000多年的文化经典,是我们重要的文化根基之一。从《论语》的学习难点出发去思考应对策略,可以为我们的教学带来诸多启发。《论语》教学需要我们立足于贯彻立德树人的教育观念,从高中学生的实际情况出发,从《论语》自身的特点出发,不断提升高中语文整本书阅读与研讨的质量。

(张超)

---

[1] 王芳:《高中语文整本书阅读教学的尝试与探索》,《语文教学与研究》,2020年第20期,第138—139页。

[2] 刘思宇:《论〈论语〉整本书阅读教学的策略》,《学语文》,2021年第4期,第10—11页。

◎ 课例

高中阶段阅读《论语》的方法梳理

【设计说明】

《论语》是整本书阅读的重要内容，也是高考的必考书目，关于《论语》的读法，历来说法不一。针对高中阶段的学生，特设立《论语》阅读方法梳理课，以便学生能掌握几种主流的阅读方法。

【教学目标】

1. 学会用列表法分析《论语》的篇章内容。
2. 掌握三种阅读《论语》的方法。
3. 学会构建思维导图使知识系统化。

【教学过程】

导入

《论语》是整本书阅读的重要内容，也是高考的必考书目，关于《论语》的读法，历来说法不一。今天老师就来带领大家学习三种主要读法：按篇章顺序读，按专题读，按历史背景读。

任务一：按篇章顺序读。

活动1：阅读篇章内容。

我们知道就篇幅来说，《论语》原文只有15 000余字，每篇中的字数，少则500字左右，如《学而篇》《里仁篇》等，其他大部分篇目都在800字左右，多的如《宪问篇》也未超过1 500字。5分钟左右的时间，便可诵读完一篇的内容。因此，要格外重视学生对文本的阅读，鼓励学生朗读，培养语感，这在初读《论语》时尤为重要。

活动2：按表格分析文本。

在阅读完《论语》一篇内容的基础上，小组讨论该篇的主要内容，按表格对内容进行分类，我们以《季氏篇》为例，设计表格（见表1-1）。

表 1-1 《季氏篇》内容分类

从政原则	历史背景	修身	坚守原则	礼
16·1 季氏将伐颛臾 陈力就列，不能者止	16·2 礼乐征伐自天子出 16·3 禄去公室五世	16·4 三友 16·5 三乐 16·6 三愆 16·7 三戒 16·8 三畏 16·9 有志于学 16·10 九思	16·11 行善避恶——隐居求志，行义达道 16·12 齐景公——伯夷、叔齐	16·13 伯鱼学诗、学礼（孔鲤过庭） 16·14 邦君之妻称呼

活动3：小组讨论。

在解读文本基础上小组讨论，构建篇章的逻辑脉络。

[点拨]

《论语》的篇目内容虽然是分散的，但我们可以依据梳理的内容进行逻辑构建，以便更好地理解《论语》的各篇目内容。我们以《季氏篇》为例，《季氏篇》"季氏将伐颛臾"讲的是子路和冉有做了季氏的家臣，赶来告诉孔子季氏将要讨伐颛臾这件事。孔子认为，二人作为家臣，应该"陈力就列，不能者止"。也就是作为一个从政者，你要尽力贡献自己的力量，如果不被采纳，主政者一意孤行，从政者就应该选择辞职，而不是放任主政者做错误的事。"虎兕出于柙，龟玉毁于椟中，是谁之过与？"将季氏比喻为"虎兕"，将颛臾比喻为"龟玉"，十分激烈地批评了二人作为从政者没有尽全力。从中我们得出结论：本章主要论述的是从政者要尽职尽责，甚至不惜用辞职的方式来避免主政者的重大过错，这是从政的原则。

16·2—16·3交代了当时"礼崩乐坏"的历史背景。孔子在16·2中说"天下有道，则礼乐征伐自天子出；天下无道，则礼乐征伐自诸侯出"，即：理想的礼治秩序是周天子掌管"礼乐征伐"，这样的社会才比较稳定；如果诸侯、大夫、家臣篡权，掌管"礼乐征伐"，那么社会秩序很快就会崩溃，且"礼坏乐崩"的程度越深，秩序持续时间越短。16·3，孔子交代了鲁国礼治秩序混乱的情况。三桓是鲁国的大夫，他们把持朝政，正好符合孔子的论述"礼乐征伐自大夫出，五世希不失矣"，因此三桓的后代衰微了。总体而言，孔子在这两章交代了当时"礼崩乐坏"的局面。

16·4—16·10则论述了君子如何在生活中修身自持。通过16·2—16·3

的论述我们知道当时的社会局面较为混乱，生活在这样的时代中的君子，如果想要有所作为，就要更加注重修身自持。因此，在16·4中，孔子建议我们交友时要注意交"益友"，不要交"损友"，并分别给出了三种判定方式。16·5孔子告诫我们培养爱好时分别要注意和避免的三种情况。16·6点明了侍奉君子需要避免的三种过失。16·7论述了君子在不同时期的三种戒忌。16·8写了君子有三种敬畏的情况。16·9则点明了君子要有志于学。16·10写君子在日常生活中需要反思的九种情形。可见，这部分内容孔子要求君子即使处于乱世，也要不断加强自身修养。

16·11—16·12论述了我们在人生中所要遵循的原则。16·11告诫我们要行善避恶，行义达道，即使不被任用，也没什么后悔的，即"隐居求志"。16·12则通过赞美伯夷、叔齐，告诉我们应追求德行而非追求利益。

16·13—16·14和礼有关。16·13讲伯鱼学诗、学礼的故事，孔子说"不学诗，无以言""不学礼，无以立"。16·14则通过邦君之妻的不同称呼，体现了礼的要求。

综上，我们可以试着构建以下逻辑脉络（见图1-1），即《季氏篇》的行文逻辑脉络为：从政者要尽职尽责；但当时"礼崩乐坏"的社会局面对君子而言并不友好；在这样的社会背景下，君子更应当修身自持，坚守原则，依礼行事。需要指出的是，这一逻辑脉络并不绝对，只是为了帮助同学们在整体上把握《论语》的内容，将分散的内容体系化、逻辑化。

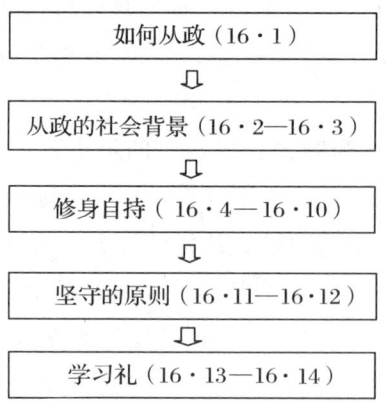

图1-1 《季氏篇》行文逻辑脉络图

第一讲 整体认识，曲径通幽

任务二：按专题读。

《论语》也可以打乱篇章顺序，按一个主题，将相应的篇目收集在一起，进行专题阅读。我们以语文读本《〈论语〉选读》（语文出版社）"克己复礼"单元为参考，以"礼"为专题进行专题阅读。

活动1：疏通文意。

阅读《〈论语〉选读》"克己复礼"专题，对照翻译，疏通文意。

活动2：梳理概念。

教师给定表格（见表1-2），要求学生梳理好"礼"相关的外围概念，标注好篇章序号、主要内容、观点。

表1-2 "克己复礼"专题内容分类

周	违礼行为	仁	正名	内涵与形式	孝
3·14 郁郁乎文哉 7·5 不梦周公	3·13 舞于庭 16·2 天下无道	12·1 克己复礼为仁	13·3 名正言顺 12·11 君君臣臣父父子子 6·25 觚不觚	17·11 玉帛云乎哉 3·3 人而不仁，如礼何	1·2 孝弟仁之本 2·8 色难 17·21 三年之丧

活动3：师生交流讨论，构建思维导图。

3·14和7·5从正面表现了孔子对周礼的推崇。孔子希望恢复周礼和重建社会秩序，实现仁的主张。

3·13和16·2从反面批评了当时违背礼制的现象。3·13严厉批判了16·2的僭越行为，16·2则批判了当时天下无道、尊卑失序的局面，礼制遭到了严重的破坏。

12·1中，核心观点为"克己复礼为仁"。我们知道，"仁"和"礼"都是《论语》中的核心概念，通过本章的学习，我们可以得出这样的结论："仁的实现需要依礼而行"，而"礼"的践行又需要约束自己，在日常生活的方方面面都不违背礼的要求。

13·3、12·11和6·25三章点明了礼与名的关系。礼代表礼制，名代表名分，即不同等级身份的人有对应的礼仪规定。"正名"即纠正违背礼制的名分。

只有大家都不违背礼制,才能有一个好的秩序。但 12·11 和 6·25 反映了当时有各种类似君不君、觚不觚的名分错乱、违背礼制的行为。

17·11 和 3·3 阐释了礼的内涵与形式的关系。我们知道,"仁"要借助礼来表达,但倘若无仁心,即便讲究礼、乐的形式,也是不对的,即"人而不仁,如礼何"。

1·2、2·8 和 17·21 三章虽然没有直接出现"礼"的字眼,但孝与仁和礼的内涵是统一的。孝首先是对父母有敬爱之心,这是仁心的根本。同时,还要以礼节侍奉父母。即孝是内在的仁,与外在的礼的统一,只不过其对象为自己的父母。因此,孔子对违背丧礼的宰我提出了严重批评,认为他不仁。

综合以上内容,我们可以绘制如下思维导图(见图 1-2):

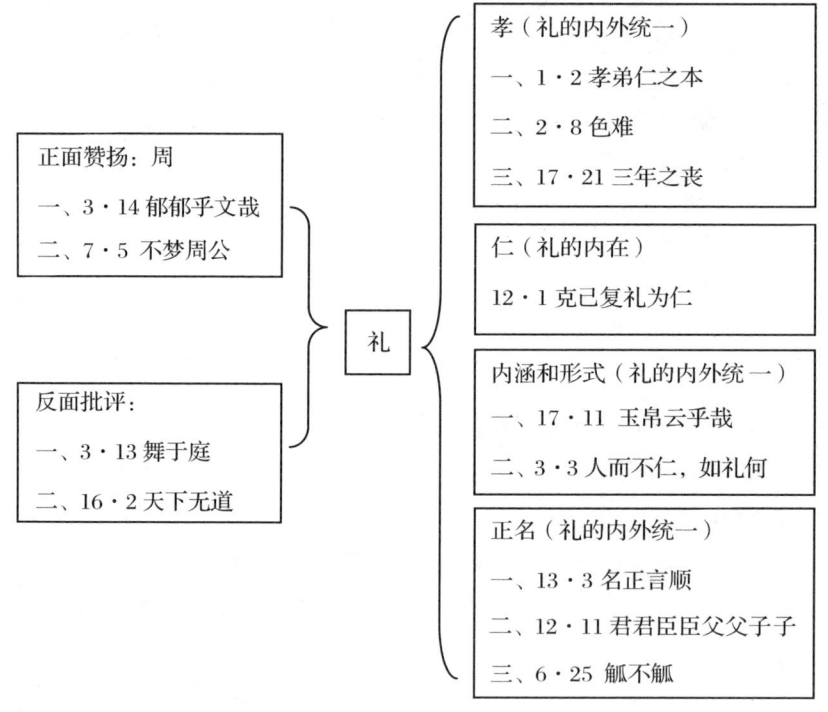

图 1-2 "克己复礼"专题思维导图

任务三:按历史背景读。

孔子是春秋时期的鲁国人,人生经历也较为丰富。早年他曾游历齐国,后在鲁国出仕,被排挤后,又经历了漫长的周游列国的过程,最后回到鲁国专心从事教育工作,整理典籍。因此,《论语》中的很多篇章都有其特定的历史背景,通过梳理孔子的人生经历，我们可以更好地理解《论语》的相关内容。基于李长之《孔子的故事》，我们开展以下学习活动。

活动1：分组阅读相关内容。

不算引子，《孔子的故事》共30章，我们选取前24章（孔子晚年生活相关《论语》内容的历史背景并不明显，故由学生自行阅读），将学生分为4组，每组精读相应的6章内容，其余部分略读。

活动2：分组概括孔子的人生经历。

在阅读的过程中概括各部分主要内容，标注孔子的年龄范围，梳理相关《论语》篇章（见表1-3）。

表1-3 孔子的人生经历

组别	主要内容	相关《论语》内容	
第一组	成长经历、教育经历 （幼年—35岁）	2·4 9·2 9·7 14·9 7·7 1·1 4·14	吾十有五而志于学 吾执御矣 吾不试，故艺 子产惠人也 自行束脩以上 学而时习之 不患无位
第二组	齐国、鲁国从政经历 （35—52岁）	12·11 18·3 7·14 5·17 17·5 5·26 11·26 10·1	君君臣臣父父子子 以季、孟之间待之 在齐闻韶 晏平仲善与人交 吾其为东周乎 老者安之，朋友信之，少者怀之 四子侍坐 在乡党和朝廷皆合于礼
第三组	孔子出走，周游卫、匡、晋国边界等地 （54—60岁）	2·3 12·13 18·4 14·25 15·7 11·21 9·5	道之以德，齐之以礼 必也使无讼 齐人归女乐 季桓子三日不朝 蘧伯玉使人于孔子 直哉史鱼 子畏于匡，颜渊后 子畏于匡 匡人其如予何

续表

组别	主要内容	相关《论语》内容	
第三组	孔子出走，周游卫、匡、晋国边界等地（54—60岁）	17·7 6·28 9·18 15·1 7·15 13·7	佛肸召，子欲往 子见南子 未见好德如好色者也 卫灵公问陈于孔子 夫子为卫君乎 鲁卫之政，兄弟也
第四组	孔子周游宋、陈、楚国边界、卫、鲁等地（60—68岁）	3·24 7·23 15·2 13·16 7·19 18·5 18·6 18·7 13·3 6·25 5·22 2·19 12·18 12·19 16·1 11·17 6·4 11·14 12·9 13·14	仪封人请见 天生德于予 在陈绝粮 叶公问政 叶公问孔子于子路 楚狂接舆 长沮、桀溺耦而耕 荷蓧丈人 卫君待子而为政　正名 觚不觚 归与！归与！吾党之小子狂简 鲁哀公问政 季康子患盗 季康子问政于孔子 季氏将伐颛臾 季氏富于周公 子华使于齐 鲁人为长府 哀公问于有若 冉子退朝

活动3：结合历史背景，各组交流本组整理内容。

［示例］

第一组：主要内容为成长经历、教育经历（幼年—35岁）。孔子年少时便十分好学，"吾十有五而志于学"（2·4），同时还很谦虚，在别人问他会什么的时候，他用"吾执御矣"来回答（9·2），因在君子六艺之中，御的级别最低。孔子有一个榜样是郑国的子产。子产是深受百姓爱戴的政治家，孔子评价子产是一个对百姓有恩惠的人（14·9）。但是，孔子的仕途不是很顺利，所以他转而向学，并学会了很多本领（9·7）。在孔子30岁时，他有了第一批学生，和学生们

"学而时习之"(1·1),也算是能在社会上立足了(2·4)。这些学生,只要给一份见面礼,他就会尽心去教(7·7)。随着年龄的增长,孔子日渐成熟,不再担心自己的仕途了,认为只要有本领,早晚能一展身手(4·14)。

第二组:这部分主要内容是孔子在齐国、鲁国从政的经历(35—52岁)。在齐国的时候,齐景公向孔子问政,孔子回答要明确每个人的身份,各司其职(12·11)。齐景公很高兴,想让孔子在齐国做官,提出待遇"以季、孟之间"为准(18·3),这是有所怠慢的做法,并且齐国的贵族想陷害孔子,孔子就拒绝了。孔子在齐国还听到了韶乐(7·14),非常喜欢,可见孔子是个艺术修养很高的人。孔子也见到了齐国的大臣晏子,夸赞他善于和他人相处(5·17)。回到鲁国以后,公山不狃反抗季氏,打算召孔子过来,孔子本来想去,利用公山不狃消除专权的季氏的势力,但最终还是作罢(17·5)。后来,孔子担任了鲁国司寇,他丝毫没有架子,在乡党和朝廷都谨守礼节(10·1)。

第三组:这部分内容讲了孔子出走鲁国,周游卫、匡、晋国边界等地的经历(54—60岁)。在鲁国担任司寇时,孔子执政理念是以"德"和"礼"来引导百姓(2·3),他希望社会和谐,不会有讼案(12·13)。后来,齐国人施展美人计,主政的季桓子三日不朝,孔子觉得在鲁国看不到希望了,便决定周游列国,去实现自己的政治理想(18·4)。他首先前往卫国,这里有他很多老朋友,比如蘧伯玉(14·25)、史鱼(15·7)。孔子离开卫国,一行人在匡地被围,但夫子一点也不慌乱(9·5),弟子颜渊还掉队了,"回何敢死"体现了二人的亲密关系(11·21)。接着,众人到了晋国边境,赵简子的家臣佛肸反叛赵简子,子欲往,子路表示反对,孔子进行了一番辩白(17·7)。之后孔子又回到了卫国,卫灵公的夫人南子召见孔子,子路不高兴了,逼得孔子对天发誓(6·28)。卫灵公和南子乘坐一辆马车,孔子乘车跟在后面,车队招摇过市,孔子很生气,批评卫灵公"未见好德如好色者也"(9·18)。最后,卫国发生了政变,卫国太子蒯聩派人刺杀南子,事败逃到晋国赵简子那里。卫灵公却想用兵了,向孔子询问军旅之事。孔子认为是父子相争,且涉及晋国,拒绝回答,不久就走了(15·1)。卫灵公不久就死了,逃亡太子蒯聩的儿子即位,是为卫出公。而蒯聩和父亲争完位子,又跑来抢儿子卫出公的位子,结果阴谋被粉碎。孔子欣赏伯夷叔齐让国之贤,是不会参与拥立卫出公的(7·15)。面对这些,孔子不得不感叹,卫国的政治和鲁国的政治同样都混乱啊(13·7)!

第四组:这部分内容主要讲了孔子周游宋、陈、楚国边界、卫、鲁等地的经历(60—68岁)。孔子离开卫国,来到卫宋交界处,来到仪这个地方,边境的长官来见他,夸赞孔子是"木铎金声"(3·24)。到了宋国,宋国的桓魋任司马的职位,却不做好事,因为孔子批评过他,所以他就想要谋害孔子,孔子表现得很镇定(7·23)。后来孔子来到楚国边界上。楚国的大将担任叶地长官,这是刚刚纳入楚国版图的新地区,所以他向孔子问政,孔子建议他安抚百姓(13·16),叶公听后很高兴,还向子路打听孔子(7·19)。后来孔子接连遇到了几位隐士:"楚狂接舆"(18·5),"长沮、桀溺"(18·6),"荷蓧丈人"(18·7)。他们都是有才能的人,面对这样的世道,选择隐居,并且对孔子多有嘲讽,但孔子还在努力践行自己的理想。后来,孔子又回到卫国,卫出公想要任用孔子,孔子打算先要"正名"(13·3,6·25)。后来,季康子召冉有回国,孔子也归心似箭,连喊"归与!归与"(5·22)。回到鲁国后,孔子发表了很多意见。鲁哀公问孔子政,孔子回答提拔正直的人(2·19)。季康子患盗,孔子批评季康子贪得无厌(12·18)。季康子想多杀人,使社会秩序稳定,孔子严厉批评他(12·19)。季氏将伐颛臾,孔子也明确反对(16·1)。冉有做季氏家臣时,帮他敛财,孔子号召大家反对冉有(11·17)。鲁国要改建仓库,闵子骞反对,孔子赞许闵子骞(11·14)。

(张超)

第二讲　以古律古，意从文求

《论语》中的孝道思想评价

【摘　要】 从世人所津津乐道的夏侯惇"拔矢啖睛"的故事说起，以引出世俗人口中所谓的孝道含有很多"异质"成分，往往将极端性的个人行为视为衡量标准和行为标尺。并进一步考察传统孝道思想的源头——《论语》中的孝道思想，然后再审视夏侯惇"拔矢啖睛"背后所折射的社会现象。这其实是封建王朝"以孝治天下"的思维，将《论语》中的孝道思想加以改造，将"孝"和"忠"有机地结合在一起，变成一种治国的方式和策略。

【关键词】 夏侯惇"拔矢啖睛"；《论语》中的孝道；被政治化的孝道

一、从夏侯惇"拔矢啖睛"说起

中国人，尤其是以宗法制度为基础的封建社会，向来看重家族家庭间的伦理关系。在中国家庭伦理关系中，无论古代还是现代，孝道都是最基础也是最重要的组成部分。入选"100位新中国成立以来感动中国人物"之一的农民企业家林秀贞有一句名言："不要和不孝敬父母的人交朋友！"正所谓"百善孝为先"，孝敬父母，人则敬之、誉之；违逆父母，人则唾之、弃之。

然而，在对具体事件的评论上，人们往往会褒贬不一。比如10月19日上午11点左右，台州医院心血管内科副主任医师葛卫力忙着抢救病人，而他自己的父亲则在一墙之隔的手术台上因心肌梗塞复发接受急救。新闻一出，引起人们的激烈讨论："葛卫力是敬业，还是不孝？"

演义小说《三国演义》成书于元末明初，第十八回中有一则为世人所津津乐道的故事——夏侯惇"拔矢啖睛"：

阵上曹性看见，暗地拈弓搭箭，觑得亲切，一箭射去，正中夏侯惇左目。惇大叫一声，急用手拔箭，不想连眼珠拔出，乃大呼曰："父精母血，不可弃也！"遂纳于口内啖之。

这种将自己的眼珠子吃掉的行为，在今人看来，确实匪夷所思。夏侯惇的生猛令人印象深刻，在此基础上我们可以揣测"纳于口内"背后的思维逻辑——"父精母血，不可弃也"。

《尔雅·释训》："善父母为孝。"《说文·老部》："孝，善事父母者。""孝"的语素义中本就含有"顺"的成分。这种"顺从"的成分可以延及封建政权上，正如《孝经》所言"君子之事亲孝，故忠可移于君"，唐明皇李隆基更是亲自为《孝经》作序，直言："圣人知孝之可以教人也，故因严以教敬，因亲以教爱。于是以顺移忠之道昭矣，立身扬名之义彰矣。"西汉司马迁《史记·报任安书》："太上不辱先，其次不辱身。"东汉班固《汉书·苏武传》："臣事君，犹子事父也。子为父死，无所恨。"

而这种"顺从"的成分一旦被延及封建政权上，统治阶级就会不遗余力地推崇、夸大"孝道"的作用，甚至会以封建意识的"孝顺"泯灭人性道义上的孝道。正因为如此，本是对《论语》有所继承、发展的后世典籍《孝经》等书，从西汉始，至后世王朝，皆被尊崇到"经"的地位。封建皇权的鼓吹，无限地放大了"孝"在人们生活中的作用。两汉"以《孝经》试士"；六朝皇帝亲自讲授、注解《孝经》，"以孝廉举士""以孝治天下"；隋唐以《孝经》颁行天下；两宋时以"御书《孝经》刊石"，并利用写诗著文、书法绘画等手段，不遗余力地宣传《孝经》。本是代表儒家思想发展变化的学术著作《孝经》，俨然成了封建统治阶级的"法宝"和"圣经"。西晋陈寿《三国志·张昭传》："权尝问卫尉严畯：'宁念小时所暗书不？'畯因诵《孝经》'仲尼居'。昭曰：'严畯鄙生，臣请为陛下诵之。'乃诵'君子之事上'，咸以昭为知所诵。"

不遵循封建统治阶级意识的孝道，便是"大逆不道""大不敬"。

刘义庆《世说新语·任诞》："阮籍遭母丧，在晋文王坐进酒肉。司隶何曾亦在坐，曰：'明公方以孝治天下，而阮籍以重丧，显于公坐饮酒食肉，宜流之海外，以正风教。'"

孔子二十世孙孔融："父之于子，当有何亲？论其本意，实为情欲发耳。子之于母，亦复奚为？譬如物寄瓶中，出则离矣。"后被曹操以"大逆不道，宜极重诛"的借口而杀。

第二讲 以古律古，意从文求

到了金元时期，更是呈现"有过之而无不及"之态势，更何况，女真文化、蒙古文化在强大的中原文化面前的不自信，让统治者对《孝经》的推崇到了无以复加的地步。元朝号称"以孝治天下"，并在政治、礼制、皇位继承、官吏选拔、法制及社会教化等诸多方面加以体现。比如："自世皇以来，诸帝皆谥曰孝。"（见表2-1）

表 2-1 元朝诸帝谥号、尊号表

名字	谥号	尊号
忽必烈	圣德神功文武皇帝	宪天述道仁文义武大光孝皇帝
铁穆耳	钦明广孝皇帝	
海山	仁惠宣孝皇帝	统天继圣钦文英武大章孝皇帝
爱育黎拔力八达	圣文钦孝皇帝	
硕德八剌	睿圣文孝皇帝	继天体道敬文仁武大昭孝皇帝
也孙铁木儿		
阿速吉八	德孝皇帝	
和世琜	翼献景孝皇帝	
图帖睦尔	圣明元孝皇帝	钦天统圣至德诚功大文孝皇帝
懿璘质班	冲圣嗣孝皇帝	
真金	文惠明孝皇帝	
答剌麻八剌	昭圣衍孝皇帝	
甘麻剌	光圣仁孝皇帝	

追流溯源，《孝经·开宗明义章》记载了这种逻辑背后的思想："身体发肤，受之父母，不敢毁伤，孝之始也。"身体发肤，即躯体、四肢、毛发和皮肤等，"眼睛"当然包含其内。保全父母所给予的肉体，能够无所损伤，这是"孝之始也"。

《孝经》中记载了孔子和曾子关于阐发"孝道"的言行，据学者考证，其书当由乐正子春（曾子弟子）的弟子或再传弟子加以整理[①]。《礼记·祭义》中载有乐正子春记录曾子的一段话：

父母全而生之，子全而归之，可谓孝矣。不亏其体，不辱其身，可谓全矣。

---

① 胡平生：《孝经译注》，北京：中华书局，2009年，第8页。

这段话和《孝经》中所言类似。而《论语·泰伯》中恰也论述了曾子去世前的一件事：

曾子有疾，召门弟子曰："启予足！启予手！《诗》云：'战战兢兢，如临深渊，如履薄冰。'而今而后，吾知免夫！小子！"

北宋学者邢昺解说道："曾子以为受身体于父母，不敢毁伤……言乃今日后，自知免于患难矣。"曾子一生小心谨慎地爱护着自己的身体，终生奉行"身体发肤，受之父母，不敢毁伤"的"孝道"原则，直至去世，这种思想负担才放下。

然而，明清时期的思想家和学者却对《三国演义》中夏侯惇"拔矢啖睛"的行为颇为不齿。明代李贽评语："夏侯惇啖睛，此勇者之常事，亦武夫之小节，史官津津道之，陋矣。"清初毛宗岗评语："若夏侯惇拔矢啖睛，不过一武夫之能，未足多也。"言辞间溢出的是不认可。

有意思的是，翻开西晋陈寿所著《三国志·夏侯惇传》，我们看到这样一段记载：

太祖自徐州还，惇从征吕布，为流矢所中，伤左目。[①]

史书中并无"拔矢啖睛"的记载，显然这一情节是小说家们的演绎和虚构，无非是为了强调夏侯惇的英勇无畏和孝亲忠君，只是这种"孝行"被披上了一层厚厚的、色彩艳丽的"政治外衣"。

二、《论语》之"孝道"

无论是曾子的"启足启手"，还是夏侯惇的"拔矢啖睛"，所反映的都是"身体发肤，受之父母，不敢毁伤"的"儒家思想"。然而，根据上文所述，我们可以看到，传统观念中的"孝道"有很多"异质"成分。我们有必要读一读《论语》中的原文，考察一下其中所反映的孝道。

《论语》属于语录体著作，而其中的孝道又是一个系统。我们把孔子及其弟子关于"孝"的言论条目聚集一起，加以统计分类共计21条，其中，谈及孝道核心思想的14条，谈及孝道社会作用的有7条（以下《论语》中所引条目编号依据杨伯峻所著《论语译注》），以有一个系统全面的认识。

(一) 孝道核心思想的内容

父母在世时，一是要"赡养"，二是要"敬养"。所谓的"赡养"，就是要做到为父母提供赖以生存的衣食等生活物资，并保证他们的身体健康；所谓的"敬

[①] 陈寿：《三国志》，北京：中华书局，1982年，第1223—1224页。

养",就是要对父母心怀敬畏,面露和颜悦色,作为子女要积极为父母分忧解愁。无论是物质层面的"赡养",还是精神层面的"敬养",都是为了回报父母的抚养之恩、教育之义。比如,面对父母犯错时,子女要委婉地劝谏(几谏),如果多次劝谏而父母没有听从,仍要对父母怀有敬爱之心,不要因此而对父母有所怨言。(2·6、2·7、2·8、4·18)

父母去世时,子女当极尽哀痛之心情。古人多有因父母去世而悲痛不能自持,以致"形销骨立",甚至因沉溺悲痛而致死的情况。为了表达这种哀痛之情,古代有守丧三年的习俗。面对弟子宰我"三年之丧"过于长久的质疑,孔子解释说,因为幼儿到了三岁才能"免于父母之怀"而独立行走。父母去世后,子女要以"三年之丧"的形式表达对父母三年怀中之爱的感恩之情。同时,要定时祭祀逝去的父母。(2·5、17·21、19·17)

1·11是针对常人而言。在古人的心目中,老者往往代表着丰富的生活经验和高深的智慧谋略,而家族的生存之道也正是通过长久积累、代代相传,甚至形成"家训",而被后代之人所继承。家训是家族传承的重要组成部分,对个人的教养、原则都有着重要的约束作用。能够继承父辈的生存哲学,其实是以思想传承的方式让先人活在后人的心中,这也是"孝道"的表现方式之一。19·18是针对当时的统治者而言的。孔子所生活的时代是私有制时代,国为君主之家产,家为卿大夫之领土,能够长久地保有先人筚路蓝缕、苦心经营而所获取的土地田产,也是"孝道"的具体体现。正如《中庸》中所记载的:"子曰:'武王、周公,其达孝矣乎!夫孝者,善继人之志,善述人之事者也。'"无论对常人来说,还是对统治者而言,自己获取功名、建功立业、扬名立万,都能够光耀祖先,这也就是《孝经》中所说的"立身行道,扬名于后世,孝之终也"。

当然,相比于去世后的"孝行",《论语》中更注重趁父母在世时,要及时行孝。面对年事渐高的父母,子女的心情是复杂的:一方面为父母的高寿而欣喜,另一方面也为父母越来越接近人生的终点而恐惧。正如《韩诗外传》中所言:"椎牛而祭墓,不如鸡豚逮亲存也。"与其在父母离世后,杀牛以隆重地祭祀,不如趁父母在世时,杀鸡宰猪以赡养父母。(4·19、4·21)

(二)"孝道"的社会功用

1·2、1·6、1·7、1·9、3·26、2·20、8·2,《论语》中这7条,均谈及"孝道"的社会功用。孔子及其弟子认为,"孝"是做人的根本、修身的基础和治政的需要。中国古代尤其注重榜样的作用,一国之君如何,关乎整个国家的人心归属问题。国君要充分做好各方面的榜样，尤其是在"事亲"方面。国君能够做到"孝"，则整个国家的民众就会趋向于仁义之道，民风也会因此而淳朴，属下和百姓对国君也会尽职尽责。

三、被政治化的"孝道"

从上面的部分可以看出，《论语》中的"孝道"思想完全出于最正常的人情和人性。这种"孝道"思想可以超越时代的限制，成为古今通行的"达德"。

夏侯惇"拔矢啖睛"和曾子"启足启手"，虽然都是出于"身体发肤，受之父母，不敢毁伤"的儒家思想，但二者的目的有着本质区别。日本学者太宰纯在《重刻古文孝经序》中说道：

《经》曰："身体发肤，受之父母，不敢毁伤，孝之始也。"诸家解，皆以为孝子不得以凡人事过失，毁伤其身体。孔传乃以为刑伤。盖三代之刑，有劓、刖及宫，宫非伤身乎？刖，非伤体乎？髡，非伤发乎？墨，非伤肤乎？以此观之，孔传尤有当也。

太宰纯赞同孔安国的看法，认为《孝经》中所言"不敢毁伤"，特指因触犯法律而遭受的各种肉体刑罚而造成的"毁伤"，因触犯法律而遭受肉刑，会让父母蒙羞。曾子是为了避免受刑戮而给父母蒙羞，"启足""启手"意在表明自己未受到刑罚处置，未给父母蒙羞。但夏侯惇"拔矢啖睛"式的行为显然和曾子不同。《说文·老部》："孝，善事父母者。""善事"往往要求"尽心奉养"和"绝对服从"，"孝"的语义中本就含有"顺"的成分。这种"顺从"的成分可以延及封建政权上，统治者打着"孝"的名义，将《论语》中的"敬孝"发展为"孝顺"，并树立一个个难以企及的道德模范，提供孝行的榜样标尺。这其实是"以孝治天下"的思维。

东吴孙权时期，孝道的顺从成分和政权的忠君思想，被牢牢地捆绑在一起，成为封建统治者的思想教育手段，统治者试图借此禁锢人们的思想，实行集权的封建统治。唐明皇亲自为《孝经》作注，他在序中说："圣人知孝之可以教人也，故因严以教敬，因亲以教爱。于是以顺移忠之道昭矣，立身扬名之义彰矣。""以顺移忠"则是将"孝顺"完全变成了"忠君"的一种方式，被彻底地政治化，将"孝道"做成了封建王朝统治的"政治外衣"。元代，更是将"孝治天下"运用到极致，《三国演义》和《二十四孝》也正是在这种背景下产生的。

《二十四孝》是由元代郭守正编录的从上古半信史时代的虞舜到北宋的朱寿昌历代二十四个孝子行孝的故事集。书中极力宣扬"孝悌之至，通于神明，光于四海，无所不通"的孝道思想。鲁迅在散文《二十四孝图》中对"二十四孝"进行了批判：

其中自然也有可以勉力仿效的，如"子路负米""黄香扇枕"之类。"陆绩怀橘"也并不难，……"哭竹生笋"就可疑，怕我的精诚未必会这样感动天地。……一到"卧冰求鲤"，可就有性命之虞了。……其中最使我不解，甚至于发生反感的，是"老莱娱亲"和"郭巨埋儿"两件事。……至于玩着"摇咕咚"的郭巨的儿子，却实在值得同情。

鲁迅所厌弃的，并非是"孝道"本身，而是这种极端的衡量标准。《二十四孝》中给人们树立了一个个衡量子女是否"孝顺"的榜样标尺，他们的所作所为都是常人难以企及的。宣扬这种"孝行"的统治者，常常打着"孝"的名义，宣扬迷信思想（孝悌之至，通于神明），希望百姓逆来顺受、愚孝。

四、结语

我们中国人，尤其在以宗法制度为基础的封建社会中，向来看重家族家庭间的伦理关系。在家庭伦理关系中，无论古代还是现代，孝道都是最基础，也是最重要的组成部分。正所谓"百善孝为先"，孝敬父母，人则敬之、誉之；违逆父母，人则唾之、弃之。但对父母所言之语、所行之事是否符合孝道，则没有统一标准；且在具体事情上，人们常褒贬不一，莫衷一是。社会永远在发展中，用以表达"孝道"的形式也可以是多样的。"孝道"的思想可以被规定，但"孝行"的具体方式却不可以被规定。

统编教材初中七年级语文上册编入《〈论语〉十二章》，其中收录的多是关于修身和学习的语句；高中语文必修一《名著导读》中也有对《论语》整部书的背景介绍和作品导读。其中，在"背景介绍"中指出："《论语》集中体现了孔子在政治、伦理、哲学、教育等方面的思想，是儒家最重要的经典著作。"正因为如此，人们往往会把儒家思想的代表著作和《论语》等同起来，也正是夏侯惇式的"愚孝"和《论语》或者孔子存在这种理论和实践的关系，人们也常常戴着"有色眼镜"去品读、阐释《论语》和评价孔子。王力在《训诂学上的一些问题》中指出："古人已经死了，我们只能通过他的语言去了解他的思想；我们不能反过来，先主观地认为他必然有这种思想，从而引出结论说，他既然有这种思想，他这一句话也只能作这种解释了。后一种做法有陷于主观臆测的危险。"[①]因此，我们读《论语》时，应该摒除"先入为主的成见"和"主观臆测的推断"，只从原文原句中去总

[①] 王力：《王力语言学论文集》，北京：商务印书馆，2000年，第518页。

结《论语》的"孝道"。

（袁忠欢）

◎ 课例

文以类聚，意从文求
——以《论语》中的孝道为例

【设计说明】

《考试说明》(2017年北京)明确考试内容："对作品基本内容、主旨或观点的整体把握；结合作品相关内容，对人物形象、思想内涵、艺术特色或表现手法的理解、分析；基于知识积累和生活经验，对作品文化价值、时代意义的感悟和评价。对古代文化经典中名言的积累、理解和运用。"

《北京市中小学语文学科教学改进意见》指出："高中积极引导学生感悟中华优秀传统文化的精神内涵。可以采取专题学习的形式，加深学生对中华璀璨国学文化、悠久历史文化的了解，教育学生弘扬民族精神，传承民族文化，发扬传统美德。"

【教学目标】

1. 理解《论语》中孝道的核心思想。
2. 初步建立科学的历史评价观，纠正"以今律古"的思维。
3. 对《论语》中的孝道有自己的评价，并对自己关于传统孝道的认识有所影响。

【教学重点】

1. 理解《论语》中孝道的核心思想。
2. 对《论语》中的孝道有自己的评价，并对自己关于传统孝道的认识有所影响。

【教学难点】

初步建立科学的历史评价观，纠正"以今律古"的思维。

第二讲　以古律古，意从文求　27

【教学过程】

一、导入

我们中华民族一向重视孝道：孝敬父母的人，人们称赞他；忤逆父母的人，人们鄙弃他。孝道思想源远流长，孝行之举数不胜数。但对父母所言之语、所行之事是否符合孝道，则没有统一标准；且在具体事情上，人们常褒贬不一，莫衷一是。《三国演义》中夏侯惇"拔矢啖睛"便是一例。元末明初罗贯中《三国演义》："阵上曹性看见，暗地拈弓搭箭，觑得亲切，一箭射去，正中夏侯惇左目。惇大叫一声，急用手拔箭，不想连眼珠拔出，乃大呼曰：'父精母血，不可弃也！'遂纳于口内啖之，仍复挺枪纵马，直取曹性。"

首先，夏侯惇"拔矢啖睛"之事实乃虚构。西晋陈寿《三国志·夏侯惇传》："太祖自徐州还，惇从征吕布，为流矢所中，伤左目。"其次，"拔矢啖睛"虽是虚构，但其中所包含的思想却自古就有。《论语·泰伯》："曾子有疾，召门弟子曰：'启予足！启予手！《诗》云：战战兢兢，如临深渊，如履薄冰。'而今而后，吾知免夫！小子！"

无论是曾子的"启足启手"，还是夏侯惇的"拔矢啖睛"，反映的都是"身体发肤，受之父母，不敢毁伤"的"儒家孝道"。有人对这种思想很反感，常借以大肆抨击儒家伦理，甚至全盘否定儒家的"孝道"。

二、《论语》中的孝道

"你要想知道梨子的味道，就要亲口尝一尝。"我们有必要读一读"儒家最重要的经典著作"《论语》中与孝道相关的原文。《论语》属于语录体著作，是记录孔子及其弟子言行的一部书。我们把《论语》中孔子及其弟子关于"孝"的言行汇总在一起考察，以有一个系统全面的认识。

孔子言行：直接记录 15 条（1·11 和 4·20 重复），曾子记录 2 条（19·17、19·18）。

曾子言行：2 条（1·9、8·3）；有子之言：1 条（1·2）；子夏之言：1 条（1·7）。

谈及孝道核心思想的有 14 条（用到 12 条，附录 2 条），谈及孝道社会作用的有 7 条。

请学生结合给出的原文和链接材料，分组讨论每部分孔子的孝道思想。

提示：①理解语句，要结合有关的资料，不可妄加揣测；②注意加点的词语；③注意孔子在针对不同的人所问及的同一个问题，给出的解答是不同的，是有一定的针对性的。

《论语》中孝道的核心思想

分组讨论1：

2·6 孟武伯问孝。子曰："父母唯其疾之忧。"

孟武伯：孟懿子的儿子。

《淮南子·说林》："忧父之疾者子，治之者医。"

2·7 子游问孝。子曰："今之孝者，是谓能养。至于犬马，皆能有养；不敬，何以别乎？"

2·8 子夏问孝。子曰："色难。有事，弟子服其劳；有酒食，先生馔，曾是以为孝乎？"

《礼记·祭义》："孝子之有深爱者必有和气，有和气者必有愉色，有愉色者必有婉容。"

4·18 子曰："事父母几谏。见志不从，又敬不违。劳而不怨。"

[明确]

去世	物质的"赡养"	保证体健，提供衣食	回报养育之恩
	精神的"敬养"	心怀敬畏，面露悦色，有事效劳，有错几谏	

分组讨论2：

19·17 曾子曰："吾闻诸夫子：人未有自致者也，必也亲丧乎！"

17·21 宰我问："三年之丧，期已久矣。君子三年不为礼，礼必坏；三年不为乐，乐必崩。旧谷既没，新谷既升，钻燧改火，期可已矣。"

子曰："食夫稻，衣夫锦，于女安乎？"

曰："安。"

"女安，则为之！夫君子之居丧，食旨不甘，闻乐不乐，居处不安，故不为也。今女安，则为之！"

宰我出。子曰："予之不仁也！子生三年，然后免于父母之怀。夫三年之丧，天下之通丧也，予也有三年之爱于其父母乎？"

彭林:"在服丧期间,应该时时追思死者对自己的恩情,为失去至亲骨肉而哀伤不已……在古代社会,凡是居丧期间的饮酒作乐、生儿子等行为,都会被视为丧失人性、不知亲情的禽兽之行,为社会所不齿。"

2·5 孟懿子问孝。子曰:"无违。"

樊迟御,子告之曰:"孟孙问孝于我,我对曰,无违。"樊迟曰:"何谓也?"子曰:"生,事之以礼;死,葬之以礼,祭之以礼。"

谥法:温柔圣善曰懿,性纯淑。

杨逢彬:古代的仪礼有一定的差等,天子、诸侯、大夫、士、庶人各不相同。……这种僭越的行为,是孔子最痛心的。

清明节扫墓缅怀先人、中元节祭祖祈福鬼神。

[明确]

去世	离世时的丧葬	致哀,守三年	追思养育之恩
	离世后的祭祀	以礼,有定时	

分组讨论3:

1·11 子曰:"父在,观其志;父没,观其行。三年无改于父之道,可谓孝矣。"

杨逢彬:我们全面考察《论语》及同时代典籍中"……之道",它有时指"某某通常的做法",但更多时候是表示善的、好的东西。这里也应该这样看,所以译为"合理做法"。

家训是指家庭对子孙立身处世、持家治业的教诲。如五代十国章仔钧的《章氏家训》、南北朝颜之推的《颜氏家训》、清初朱柏庐的《朱子治家格言》、曾国藩的《曾国藩家书》、近现代傅雷的《傅雷家书》等。

19·18 曾子曰:"吾闻诸夫子:孟庄子之孝也,其他可能也;其不改父之臣,与父之政,是难能也。"

孟庄子:鲁国大夫仲孙速,孟懿子的曾祖父。

《中庸》:"子曰:'武王、周公,其达孝矣乎!夫孝者:善继人之志,善述人之事者也。'"

[明确]

| 去世 | 持守 | 常人继父志；君主永享国 | 弘扬先祖声名 |

明白了上文中孔子所言的"孝道"，我们也就理解了下面的两句话：

4·19 子曰："父母在，不远游。游必有方。"

邢昺疏："父母既存，或时思欲见己，故不远游。游必有常所，欲使父母呼己，得即知其处也。"

4·21 子曰："父母之年，不可不知也。一则以喜，一则以惧。"

《大戴礼记》："有老幼焉，故君子思其不复者而先施焉。亲戚既没，虽欲孝，谁为孝？"

《韩诗外传》："椎牛而祭墓，不如鸡豚逮亲存也。"

由此可见，孔子的孝道完全出于人性，和"以顺移忠""孝治天下"并无关联。这也正是孔子的伟大之处，他的思想和主张是可以超越时代，通行古今的，即"达道达德"。儒家思想经历了一个发展变化的过程，大致分为四个时期。如果我们掺杂了其他时期的思想，或者用我们今天的思维去解读，势必会出错。再比如：

6·29 子曰："中庸之为德也，其至矣乎！民鲜久矣。"

13·23 子曰："君子和而不同，小人同而不和。"

9·18 子曰："吾未见好德如好色者也。"

17·25 子曰："唯女子与小人为难养也，近之则不孙，远之则怨。"

第一组中，如果我们用今天"明哲保身"的"中庸之道"，去解释《论语》中的"中庸"，肯定会产生误读。实际上，孔子所说的"中庸"就是"和"的思想，是儒家思想中的最高智慧和最终追求。第二组中，不管是"好德如好色者"，还是"女子与小人"，在《论语》中最初都是指特定的对象，并非泛泛之概论。如果我们把所指给扩大化了，势必会产生错误的解读。

三、课堂评价

有些人常常把儒家思想和"儒家最重要的经典著作"《论语》等同起来，并用今天的思维方式去解读《论语》中的相关语录。请结合《论语》中的具体语句，谈谈你是如何学习《论语》的。要求：条理清晰，言之有理。不少于 200 字。

（袁忠欢）

第三讲　化零为整，文以类聚

对《论语》进行整体性分类整合

【摘　要】针对《论语》结构松散的特点，可以采用整合的方式进行专题阅读。以《论语》的核心概念为主题，整合相关文本；或者以人物为核心，进行文本整合，有助于对文章内容、人物形象的把握，进而加深对文章思想的理解。

【关键词】专题式阅读整合；核心概念；人物

《论语》是孔子及其弟子的语录结集，体系松散，各篇各章内容分散，每一章都是一个独立的片段，而每篇的各章之间也缺乏一个统一的主题，由此给阅读造成了诸多困难。

枯燥、乏味、杂乱、深奥、晦涩是很多学生阅读的主要感受，久而久之，阅读的兴趣必然会消解殆尽。为此，我们可以打破传统读《论语》的顺序，采用"化零为整，文以类聚"的方式，在统一的主题下重新组织篇章，即按照某一主题，将《论语》中分散的内容重新整合，使得分散的内容集中起来，便于学生综合掌握《论语》的内容。

一、整合核心概念，理解作品思想

以《论语》中的核心概念为主题，将分散的内容组织成若干专题，是《论语》专题学习的重要方式。这种阅读方式已经成为普遍读法之一，前人有许多尝试，如《〈论语〉选读》便是其中的优秀作品的代表。全书内容按主题编排，共15课，大体分为政治、修身、学习与教育、哲学四个方面。其中，政治：1—4课；修身；5—9课；学习与教育：10—13课；哲学：14—15课。① 涉及的《论语》的重要概念有"为政以德""礼""仁""君子"等。

整合核心概念，构建专题阅读，对于学生理解作品的核心思想大有裨益。如通过阅读《〈论语〉选读》中的"为政以德"主题单元，我们可以迅速了解儒家所倡导的"德治"的内涵。本篇整合了2·1、2·3、13·9、12·7、1·5、16·1、12·9、13·6、12·19、2·20共10章文本，内容精练，主题集中。

"为政以德"出自《为政篇》："为政以德，譬如北辰居其所而众星共之。"意思是如果实行德治，群臣百姓就会自动围绕在统治者身边。这是强调道德对政治生活的决定作用，主张以道德教化为治国的原则。2·3通过对比用"政""刑"和"德""礼"治理百姓的不同效果，体现了儒家对"为政以德"的推崇，"政"和"刑"只能使人们消极地遵纪守法，而"德"和"礼"则可以使人们自觉地弃恶扬善。②

除了这些非常明显的带有关键字眼的篇目，《论语》中的很多内容对"为政以德"的内涵做了具体阐释。如13·9指明了"德治"的具体措施为：先使百姓富裕，再行教化；12·7点明了轻军备、重百姓信任的政治主张；1·5提出要"节用而爱人，使民以时"思想；16·1要求统治者安抚百姓，减少财富分配不均的现象；12·9在哀公向有若询问饥荒之年应该如何收税时，有若坚持要薄赋；13·6要求在位者要端正自身，这样百姓自然就会服从；12·19季康子想用杀人的方法来安定社会，孔子明确反对，并主张用善道来带领百姓；2·20孔子要求上位者能对百姓庄重，做到孝敬父母，慈爱百姓，百姓自然会有好的表现。

以上都是对"为政以德"的具体阐释。我们可以总结出，儒家的"德治"要求统治者首先要规范好自己的德行、操守，做好榜样。统治者有爱民之心，行爱民之政，使百姓富裕、社会安定，百姓才会信任在位者。同时，要减少刑罚、杀戮，轻徭薄赋，多行教化。

由此可见，通过整合核心概念，构建专题阅读，可以帮助学生在较少的文本材料中获取概念的内涵，使核心概念不再是抽象的术语，而是有内容、有对象、有具体措施的儒家主张，这也是我们阅读和教授《论语》的重要方式之一。

二、整合人物言行，构建人物形象

《论语》主要记述了孔子及其弟子的言行，在对话和一个个简短的事件中，

---

① 张万彬：《〈论语〉选读》，北京：语文出版社，2021年，第2页。
② 张万彬：《〈论语〉选读》，北京：语文出版社，2021年，第1页。

人物形象跃然纸上。就出现频率而言，孔子自不必说，弟子中子路出现次数最多，高达42次，子贡出现38次，颜回21次，不被大家所熟悉的子夏出现21次，子张18次，冉有16次，曾子有15次。[①] 就连出现次数较少的宰予、曾皙等也都个性鲜明。通过整合人物言行，构建专题阅读，将主要人物的形象建立起来，有利于学生对《论语》相关内容的把握。

除了孔子及重要弟子，各国君臣、隐士在《论语》中也有较多笔墨，当然涉及单个人物的内容较为单薄，可以将他们作为一类人的形象进行内容整合探究。

(一) 选取孔子的多个形象侧面整合文本

选取人物的多个形象侧面，将相关文本进行整合，进而在加深对人物了解的同时，加强对相关文本的理解，此种方式适合文本材料最为丰富的孔子。孔子的人物形象在《论语》中塑造得最突出，可选择的分析角度也比较多，此处我们试从孔子形象的三个侧面整合文本。

1. 孔子作为学者的形象。

孔子在年轻时便立志做一个有学问的人，"吾十有五而志于学"(《为政篇》)。他认为自己并不是天才，而是靠勤勉学习古代文化才获取了丰富的学问，"我非生而知之者，好古，敏以求之者也"(《述而篇》)。少时的求学之路是艰难的，但也磨炼了孔子，使得他博学多能，"吾少也贱，故多能鄙事"(《子罕篇》)，最终成为一个有学问的人。

孔子所向往的古代文化是三代先王尤其是西周时期的礼仪制度文化，他一心想要恢复周礼。他编订了五经，高度评价了《诗经》思想纯正，"《诗》三百，一言以蔽之，曰：思无邪"(《为政篇》)。他还教育自己的儿子孔鲤要好好学习《诗经》，以便提高自己的言谈能力。他对音乐也颇有研究，在齐国听了乐师表演《韶》乐，竟然三月不知肉味。他评价《韶》尽善尽美，评价《武》形式很好，但内容差一些，"子谓《韶》：'尽美矣，又尽善也'。谓《武》：'尽美矣，未尽善也'"(《八佾篇》)。这表明他是对其中的关于征伐的内容稍有微词。孔子在音乐上有很深的造诣，绝不仅仅是从艺术修养的角度而言，而是因为音乐作为礼乐制度的重要载体，是教化的重要手段。

2. 孔子作为理想追求者的形象。

我们以孔子对理想的追求为切入点，可以认识到孔子是一位"知其不可而为

[①] 李零：《去圣乃得真孔子》，北京：读书·生活·新知三联书店，2008年，第68—73页。

之"的理想主义者。孔子是一个志向远大的读书人，为实现自己的政治理想，他周游列国，并数次遇险，但始终坦然处之，即使在危急时刻也仍然坚持自己的理想。他将自己看作中国礼乐文化的继承者，以一种文化使命感坦然面对周游列国途中所遇到的各种危险。在匡地被围时，他说："文王既没，文不在兹乎？天之将丧斯文也，后死者不得与于斯文也；天之未丧斯文也，匡人其如予何？"（《子罕篇》）。面对司马桓魋之险，他也说："天生德于予，桓魋其如予何？"（《述而篇》）在陈绝粮，子路、子贡劝他有所妥协时，孔子予以严厉的批评，而对颜渊的言辞，孔子则毫不犹豫地进行了夸赞。从孔子所称道的颜回的"不容何病，不容然后见君子"（《史记·孔子世家》）的话中，我们可以看出，为了理想，他是不愿意违背原则的，即使不被所容，也依旧坚定无悔。孔子是一个理想主义者，在鲁国没有恢复周礼，实现仁政理想；便带领众弟子周游列国，结果又失败了。但从历史的维度看，孔子所创立的儒家思想影响了中国几千年，从这个角度说，他的确完成了其"斯文在兹"的理想。

因为要实现自己的恢复周礼、推行仁政的政治理想，孔子有时候也不得不做一些妥协。如要去见一些品行不端的家臣，大概是希望借他们的力量反抗专权的大夫或者推行仁政。如公山弗扰反叛季氏，召孔子，孔子便想要去任职，还引起子路的不满，孔子为自己辩解一番"如有用我者，吾其为东周乎"（《阳货篇》）。另一次是"佛肸召，子欲往"（《阳货篇》），佛肸是赵氏的家臣，与鲁国三桓把持朝政类似，晋国同样由各家大夫把持朝政，为韩氏、赵氏、魏氏、智氏、范氏、中行氏所控制。当然之后晋国的历史走向是智氏灭范氏、中行氏，又为韩、赵、魏三家所灭，晋国为三家瓜分。孔子曾说"危邦不入，乱邦不居"，但是为了理想的实现，又能不惧危险，在不违背原则的情况下想要委曲求全，有所变通，这是他难能可贵的品质。

3. 孔子作为教育家的形象。

孔子是一位杰出的教育家。在官学向私学转变的过程中，孔子是关键人物。作为一名教育家，孔子广收门徒，对于教育的普及有很大的贡献。他的学生来自各行各业，对于自己的酬劳，他看得很轻，"自行束脩以上，吾未尝无诲焉"（《述而篇》），这体现了他有教无类的思想。孔子还特别善于启发学生，循循善诱，颜渊就说过"夫子循循然善诱人"（《子罕篇》），孔子自己也说"不愤不启，不悱不发。举一隅不以三隅反，则不复也"（《述而篇》），这种教育方式正是现今所推崇的启发式教学，孔子在2 000多年前便有如此先进的教育思想，实在难得。

当然，孔子作为教育家最为我们所熟知的仍然是因材施教的一面，这一点在《论语》中有很多的体现。对于同样的问题，面对不同的学生，孔子的回答往往不同，这样的例子在《论语》中十分常见。比如子路、冉有都向孔子问"听到了就要行动吗"，孔子认为二人性格不同，因此对两人的回答截然相反。又如"司马牛问仁"，孔子针对司马牛"多言而躁"的特点，便告诫他要谨慎言语。当然，孔子的教育思想也有一些局限，如樊迟向他请教种地、治理菜园的方法，孔子批评他格局太小，觉着这些是小道，应该学"礼""义""信"大道。这自然是精英主义思想的体现，有其历史局限性，但总体而言，仍然瑕不掩瑜。

孔子的思想博大精深，人物经历十分丰富，以上三个角度仅是结合相关内容做了简要分析。通过以上分析，我们可以看到，就孔子形象的某个侧面梳理相关材料，并根据内容进行整合，既有利于人物形象的建立，也有利于深入理解相关内容。

(二)选取主要弟子整合文本

相传孔子弟子三千，贤者七十二人，其中《论语》中只提到了二十多人。以主要弟子为对象整合文本，整理其言行材料，可以使人物形象立体鲜明，这种方法适合于《论语》中出现较多的子路、子贡、颜渊等弟子。

在孔子的弟子中，子路的个性十分鲜明。他勇敢但有时候又有些鲁莽，因此屡屡被老师批评。在孔子问大家的志向时，子路一马当先，毫不犹豫地站起来说自己可以治理好一个内忧外患的中等国家，不仅能使其社会安定，而且礼仪教化也不会差，结果他遭到了老师的白眼。其他弟子就不一样了，一个比一个谦虚，冉有说自己治理一个纵横五六十里的国家，只限于使百姓富足。而公西华更是说自己不敢说能胜任，只是愿意学习做一个司仪官。我们可以看到，《论语》的这段文本对弟子的形象刻画得很真切，尤其是子路的形象更是活灵活现。因此，对于文本材料较多的主要人物，我们不妨以其为对象整合相关文本，探究人物形象，这样可以有助于对作品内容的理解。

(三)选取多个人物整合文本

《论语》有的人物出现并不频繁，文本较少，很难分析其人物形象，此时我们有必要选取多个人物进行文本整合。如出现次数较少的弟子，《论语》中提到的古人，当时的君臣、隐士等。通过文本整合的方式，分析这类人的特点，进而加深对这部分内容的理解。

对于《论语》中材料不是特别丰富的其他弟子，可以选择特定角度，选取多个人物的文本进行整合。《论语》中曾提出过"四科十哲"的说法,"德行:颜渊、闵子骞、冉伯牛、仲弓。言语:宰我、子贡。政事:冉有、季路。文学:子游、子夏"(《先进》)。我们可以选取同一科的几个人作为一类,进行文本整合、比较。如宰我、子贡虽然都属于言语科,但二人的形象还是有很大的不同,这种横向对比有助于把握人物的不同特质。

除孔子和众多弟子之外,《论语》还涉及前代贤人、国君臣子、隐士高人,可以把他们作为一类人整合文本。如孔子接连遇到的几位隐士:"楚狂接舆""长沮""桀溺""荷蓧丈人"。通过整合文本,我们可以发现,这些隐士都是有才能的人,面对这样的世道,他们选择隐居,并且对孔子多有嘲讽。但孔子不同,他虽然也有隐逸的思想倾向,"道不行,乘桴浮于海"(《公冶长》),"天下有道则见,无道则隐"(《泰伯》),但他终究放不下,还在努力践行着理想,即使知其不可也要为之,并且孔子对这些所谓的隐士高人尊敬有加。两相对比,我们便能看出孔子境界之高,胸襟之开阔,对这几章内容自然也会理解得更加透彻。

总之,选取多种角度,采用多种方式,对《论语》的相关文本进行整合,有利于我们更深刻地认识《论语》的核心概念,把握人物形象,深入理解相关篇章,进而理解作品的核心思想。

(张超)

◎ 课例

《论语》中的颜渊和子路

【设计说明】

《论语》是一部古代语录体散文集,通过对话和特定场景,塑造了许多鲜活的人物。我们以颜渊和子路为研究对象,梳理这两位弟子的形象。因记述过于分散,我们需要思考如何引导学生进行整体性阅读,以便还原这两位弟子真实而立体的形象,进而解读《论语》的内涵,提高鉴赏能力。

将《论语》中涉及颜渊与子路的记述整合起来,仔细阅读研讨,疏通文意,有利于探究文章深层内涵,体会颜渊与子路的人物形象和人物特征,把握儒家思想。为此,设计以下学习任务群,引导学生开展对《论语》中颜渊与子路相关篇章的学习。

第三讲　化零为整，文以类聚

【教学目标】

1. 引导学生仔细研读，理解文本大意，梳理关于颜渊和子路的相关信息。
2. 归纳合并颜渊和子路的相关文本，形成对颜渊和子路性格、思想的初步认识，对与其相关的仁、学、为政、志的内涵进行解读。

【教学过程】

导入

同学们，《论语》记载了孔子众多弟子的言行，在这些弟子里面，有两位弟子尤其引人注目。一是孔子最喜欢的学生颜渊，二是和孔子亦师亦友的弟子子路。今天我们就以这两位弟子为专题，看看二人在人物形象、言行思想上的不同特点。

任务一：二人之貌。

活动1：按表格梳理文本（见表3-1）。

阅读二人相关文本，按表格内容对相关文本进行分类，把握二人形象的异同。

表3-1　颜渊、子路人物形象梳理

人物	科目	与孔子年龄差	形象相关文本
颜渊	德行科	小孔子30岁	不违，如愚。……亦足以发 愿无伐善，无施劳 不迁怒，不贰过 三月不违仁 人不堪其忧，回也不改其乐 用之则行，舍之则藏 语之而不惰者 于吾言无所不说 子在，回何敢死 非礼勿视，非礼勿听，非礼勿言，非礼勿动 回虽不敏，请事斯语矣 噫！天丧予！天丧予！

续表

人物	科目	与孔子年龄差	形象相关文本
子路	政事科	小孔子9岁	由也好勇过我,无所取材 由也,千乘之国,可使治其赋也 子路有闻,未之能行,唯恐有闻(行动力强) 何必读书然后为学(重实践) 与朋友共敝之而无憾 子见南子,子路不说 公山弗扰以费畔,召,子欲往。子路不说 子疾病,子路使门人为臣 衣敝缊袍,与衣狐貉者立,而不耻者,其由也与 子路,行行如也 由也升堂矣 由也兼人,故退之

活动2:师生探讨,你更喜欢谁?为什么?

活动3:根据二人性格,自选10章以上文本,分组表演二人向孔子求学时的场景,可依照《论语》进行想象、加工。

[点拨]

颜渊属于德行科,比孔子小30岁。颜渊是孔子最得意的弟子,孔子认为他最好学,最能领会他的思想;也最欣赏他,所有的文本几乎都是在夸赞他。当在陈绝粮时,子路、子贡都劝孔子向现实妥协,只有颜渊的一句"不容然后见君子"(《史记·孔子世家》)最得孔子的心思。颜渊沉默寡言,非常尊敬老师,从来不反驳孔子,让孔子觉得颜回似乎有些愚钝,但多次观察后他又发现颜回领悟力很强,能够闻一知十,而且能够不犯第二次错误。孔子还称赞他可以长久地不违背仁德,这是非常高的评价。孔子认为他和自己一样,都是坚守底线、进退自如的人,能安贫乐道,不违背自己的原则,因此孔子将他列入德行科。

颜渊还谦虚低调,不迁怒于人,也从不夸耀自己的功劳,这一点实在让孔子喜欢。他勤奋好学,向孔子请教"仁",孔子告诉他"克己复礼为仁"(《颜渊篇》),他进一步追问了细则,得到"非礼勿视,非礼勿听,非礼勿言,非礼勿动"答复后,便谦虚地说,我虽然不聪明,但愿意依照这些话来做。

孔子和颜渊的关系是如此密切,以至于颜渊说孔子对自己像父亲一样。颜回死后,孔子伤心极了,反复诉说自己的悲痛,甚至发出"天丧予"的感叹,足见二人感情之深厚。

子路属于政事科,他比孔子小 9 岁,是孔子身边亮相最多的弟子,在孔子身边的时候也总是一副威猛刚强的样子。和沉静少言的颜渊不同,子路行动力强,一听说有什么要做的事便立马行动,而且他性格爽朗,丝毫不在意穿着好坏,"衣敝缊袍,与衣狐貉者立"(《子罕篇》)。因为性格的鲁莽,他没少被孔子打压,如"由也好勇过我,无所取材"(《公冶长篇》),在子路问孔子是不是听到了一件符合道义的事就去做时,孔子便提醒他要退让一些,原因便是子路的性子太莽撞了,缺乏理性。

当然,孔子也多方称赞过子路。如:称赞他的果断,"由也果";称赞过他的忠诚,"道不行,乘桴浮于海,从我者其由与"(《公冶长篇》);肯定他的执政才能,"由也,千乘之国,可使治其赋也"(《公冶长篇》)。孔子对子路弹瑟的曲调有所不满,提出了批评,由此弟子们不尊敬子路,这时孔子又立刻肯定子路的水平不错,这显然是对子路的维护。

而对待孔子,子路不像颜渊那样"不违",他们的关系亦师亦友。子路心直口快,想反驳孔子就直说。如孔子见南子,子路就不高兴,逼得孔子都得对天发誓。在学习方面,子路更重实践,有分歧时也会毫不客气地批评孔子迂腐:"有是哉,子之迂也!奚其正?"他重视实践,觉得老读书并不好,主张在实践中学习,"何必读书然后为学"(《先进篇》),因此又被孔子批评。可以说,子路是《论语》中形象最饱满的人物之一。

提示:活动 2 要求学生选择喜欢的人物,能结合文本给出理由即可;活动 3 学生在表演时可将材料整合,仿照《典籍里的中国》的形式还原弟子求学场景,并通过适当的肢体语言表现人物特点。

任务二:二人之思。

活动 1:按表格内容对相关文本进行分类,把握二人思想的异同(见表 3-2)。

表 3-2　颜渊和子路的思想异同

人物	关于仁	关于学	关于为政	关于志
颜渊	回也,其心三月不违仁 克己复礼为仁 回虽不敏,请事斯语矣	不违,如愚 回也闻一以知十 有颜回者好学,不迁怒,不贰过 语之而不惰者 吾见其进也,未见其止也	用之则行,舍之则藏	愿无伐善,无施劳 一箪食,一瓢饮,在陋巷,人不堪其忧,回也不改其乐

续表

人物	关于仁	关于学	关于为政	关于志
子路	其余则日月至焉而已矣 孟武伯问子路仁乎？子曰："不知也。"	有民人焉，有社稷焉，何必读书然后为学 子见南子，子路不说 有是哉，子之迂也！奚其正？	千乘之国，可使治其赋也 由也果，于从政乎何有？ 今由与求也，可谓具臣矣	愿车马、衣轻裘与朋友共敝之而无憾 比及三年，可使有勇，且知方也

活动 2：结合筛选内容比较二人的思想差异。

活动 3：结合文本和课堂所学，选择一人写一篇人物介绍，不少于 800 字。

[点拨]

在仁的方面，颜渊被孔子所赞扬。孔子认为，颜渊是弟子中最能践行"仁"的人，"其心三月不违仁，其余则日月至焉而已矣"（《雍也》），而对子路则说"由也，千乘之国，可使治其赋也，不知其仁也"（《公冶长》），这就肯定了他的执政才能，而对其"仁"不置可否。在孔子看来，仁是一种很难达到的完美的道德境界，连自己也未能达到。那么颜渊是如何做到依仁而行的呢？我们可以从以下内容稍加探究。颜渊曾经向孔子问"仁"，孔子回答"克己复礼为仁"，并给出了四条细则——"非礼勿视，非礼勿听，非礼勿言，非礼勿动"，即在生活的各个方面都要严格约束自己，依礼而行，而颜渊也立刻表示自己愿意依此而行，这恐怕是颜渊能够长久行仁的重要原因吧。

在为学的方面，孔子盛赞颜渊好学，而子路也有自己的见解，他更注重在实践中学习。颜渊对老师的话从不懈怠，总是在进步。由于他从不反对老师，孔子觉得似乎这样太愚钝了，但在私下考察后发现颜渊对孔子的内容也有所发挥，因此知道他并不愚，而且领悟力很强，能够举一反三，闻一知十。需要明确的是，颜渊的学习并不局限于典籍、礼法方面，他在德行上的精进也是好学的表现，因此孔子称赞"有颜回者好学，不迁怒，不贰过"。而子路更重视在实践中学习"有民人焉，有社稷焉，何必读书然后为学"（《先进篇》），他还因此遭到了孔子的批评。和颜渊从不反对老师不同，在跟随夫子学习的过程中，子路总是敢于发表个人意见。如：孔子见南子，子路明确反对；若出仕卫国，孔子想要先"正名"，子路更是不客气地嘲笑孔子迂腐。

在为政方面孔子认为颜回能"用之则行，舍之则藏"，是一个有底线、坚守原则的人。在陈绝粮时，子路对孔子的仁义之道提出了怀疑，而颜回则认为"不容然后见君子"，可见他即使无法施展自己的政治才华，也不愿放弃原则，因而能"一箪食，一瓢饮，在陋巷"而"不改其乐"（《雍也》）。子路为人果敢，在孔子看来这就是有政才。作为政事科的弟子，他对自己十分自信，认为自己可治理一个处境非常糟糕的千乘之国："千乘之国，摄乎大国之间，加之以师旅，因之以饥馑；由也为之，比及三年，可使有勇，且知方也。"（《先进篇》）与颜回不同，子路当过季氏的家臣，展示过自己的政治才能，在"季氏将伐颛臾"的时候和冉有去见孔子，孔子批评他们未能阻止季氏，没有尽到从政者的责任。当然，他从政也是讲原则的，如孔子想去公山弗扰那做官，子路认为公山弗扰是反叛之人，便加以阻拦。

在志向方面，子路说过"愿车马、衣轻裘与朋友共敝之而无憾"（《公冶长》），愿意向朋友分享自己的财物，很讲义气。而颜渊则说"愿无伐善，无施劳"，非常谦逊。二人所述的志向和他们的性格息息相关，但都积极向上，体现了对他人的关怀。

（张超）

第四讲　辞有古今，道无优劣

在读懂中读"活"《论语》

【摘　要】 从《论语》中所谈的"道"入手，讨论"道"的多重含义，以对《论语》整本书的核心思想有一个总体的把握。结合孔子的身世、生活的背景和《论语》中的相关内容，对"道"进行展开讨论。

【关键词】 孔子的成长；《论语》中的道；学习

一、青少年的孔子和求道

青少年的孔子虽然屡经挫折，但后来仍能做到精通六艺，为君王所器重，更立下了"志于学"这样在当时空前高远的志向，可以说为日后成为圣贤打好了基础。而他在青年时期就能完成此举，着实令人有些好奇。

首先，虽然孔子的家族历史很辉煌，其祖上为殷商王朝的君王，历史上曾出现过多位贤君和贤臣。到了周朝，也出现过两位名臣。这对孔子有一定的激励作用，但这很难促使孔子立志于学问。而且到了他父亲这一代，家族成员的身份仅为士。父亲在他三岁时就离世了，这使得幼年时期的孔子不易接受当时很好的教育。甚至为了生计，他还需要学习一些当时比较低下的"鄙事"。可孔子非常认真好学，对后来传统的六艺有了很好的把握，就连国君都对他尊敬有加。可以说，当时的孔子已经熟知这几门技艺，他能领悟出一条比谋求仕途、做专业儒者境界更高的人生道路，这一点不通过大量对六艺的学习是几乎不可能实现的。这反映了孔子对于学业的勤奋。同时，环境的熏陶对他肯定有不小的影响。鲁国，为周礼的创始人周公的封地。而周礼可谓是维护周朝社会运转的一套成熟的制度，并且孔子很小就玩祭祀的启蒙游戏。所以他对周朝的礼法文化有所了解，在这样的文化熏陶下，孔子的境界自然高于常人。

他在之后的仕途之中从不拘泥于官场，做什么事"而已矣"就可以了。他把大部分精力都投入到求学寻道等方面上，完成着自己定下的远大理想。由此可见孔子对于志向的努力，这是他成圣路上的关键。他此时已经满腹经纶，又饱含着十足的热情，即将影响后来中国人的面貌，使那些担当天下、担当道义的君子儒们开始出现。孔子凭借惊人的努力，克服了家庭经济上对他的不利影响，并领悟出了志于大道的人生目标。家境并不一定是一个人成功，乃至人成圣的必要条件，勤奋刻苦的学习态度最为重要。在青少年时期孔子同样受到打击甚至嘲笑，但他没有因此而自暴自弃。

鲍鹏山在《孔子传》中曾说："打击，可以毁灭庸人。而豪杰之士，则在打击中愈挫愈勇，百炼成钢。"①而这一点值得我们在面对困难和挫折时去回味，去学习。

二、孔子的求道方法

不偏不倚、张弛有度是重要的把控，合乎中庸之道的哲学。学习是自己的事情，永远要明确学习的对象，对自己负责。

至于学习的方法，选择繁多，适合自身即可。就像子夏、子贡选择在与孔子讨论时直接思考提问；而颜回常常沉默寡言，"退而省其私"，但这并不是愚钝的表现。只是学习这件事，始终离不开思考。如果说学习可以让我们避免懈怠，那么思考便能拨开厚重的迷雾。时常反思，老师教的知识学会了吗？学习过程中是否及时温习思考？有智慧的人，意识到自身不足，能够勇于承认并积极改正。生而知之者很少，学而知之需要遵循举一反三的原则，勤于思考，触类旁通。

学习固然可以用以争取功名利禄，正如孔子所言，如果富贵可以求得，即使为人执鞭也愿从事。但从本质来讲，学习不应成为我们前行的枷锁。一个知识，知之只是结果，好之、乐之是比结果更重要的过程。对于学习的态度，有志于学、增长自身才干是初级目标，治国理政、实现人生价值是终极目标。如此讲来，享受学而时习的乐趣，即使箪食瓢饮、恶衣恶食也不足为惧，从而达到朝闻道夕死可矣的境界，绝非易事。

欲提升能力，则多闻多见、敏言慎行必不可少，从实践中体验、尝试是重中之重，一切学识、理论都不能脱离实际而存在。当然，才能必须建立在德行

---

① 鲍鹏山：《孔子传》，北京：中国青年出版社，2021年，第8页。

之上。比起周公旦的才能和美德，我们更赞颂的是他宽广的胸怀和谦逊的品格。先前子贡曾询问孔子，怎样才能算作君子。孔子告诉他说，君子先履行他的言论然后才发表话语。诚信是立人之本，在与人交往时言出必行是真诚的体现。就像牛车没有车辕前驾牲口的横木，无信之人如何在社会上前行？人的生存依靠的是正直，不正直的人能够生存只是侥幸罢了。"己所不欲，勿施于人。"将心比心真诚相待而非巧言令色、伪善讨好，后者是孔子所厌恶、认为可耻的人。

　　礼乐教化，仁是根本。合乎礼制即为心怀仁德的外在表现，非礼的事不要做，并非所有人都能称得上仁，但仁其实距离我们并不遥远。正如孔子所言，我想要达到仁，仁就居于心底了。希望我们在成长过程中不要忘记初心，保持热忱的追求，始终坚信人性向善的力量，周济穷苦，志愿服务社会。

　　人生的旅途以生活为主干。在合适的时间做合适的事，合乎时令规律——任何事情不能贪多，要适度。读书陶冶情操，但也难免会受官禄影响。明确个人理想，邦有道则仕，将个人与社会相结合，向贤能的人看齐便可洗去浮躁。朋友之间互相交流思想、取长补短，学习良好品德，审视缺陷不足，这便是"三人行必有我师"的道理。

　　笃信好学，守死善道，内心有所坚守。这世上不缺少莽夫之勇，需要的是迎难而上的勇气与知不可为而为的信念。道不行就乘桴浮于海，切勿将自身局限在狭小的自我世界里。

三、《论语》中的"道"

　　语言用来呈现思想，思想借助语言展开。古之文献语言又以文字来承载，汉字属于表意文字，具有极强的承载功能。文字之中有思维，有文化，有情感，有逻辑，古人的思想通过语言文字流传于后世，后世通过解读语言文字来探究古人的思想。语言文字把握不准，思想解读就会出现偏差。我们对经典最大的伤害，不是不读，也不是读不懂，而是读错、扭曲或是肆意地敷衍发挥，无论这种扭曲或敷衍是有意的，还是无意的。

　　今天的文学类作品或论述类作品，多借助多种文学手法呈现；今人阅读书籍（尤其是现当代的书籍），亦不求甚解，不太注重对词汇本身的咀嚼。语言文字用以描写客观世界或主观思维，物有不同，即以不同之字词来承载，字词有不同（即便是近义词、同义词，甚至是同形字、异写字），便意味着它们所对应的客观事物有所不同。但今人传情达意，无须细细斟酌；然古人著作尤重斟字酌句，字词是古人传情达意的全部方式，尤其是在上古汉语中。上古汉语的词汇系统的表现能力，远远大于今天的词汇系统。

"朝闻道，夕死可矣。"《论语》中的"道"具有多重含义，把它简单地解读为"真理"并不确切。"道""德"同时出现的时候（倡导"理"是北宋时期的理学家们所为），它们之间有着严格区别。"志于道，据于德。""道"和"德"作为孔子思想中的核心概念，有着不同的含义。孔子所追求的"道"，本质上和老子的"道"是一样的。《老子》第二十五章说："有物混成，先天地生，寂兮寥兮，独立而不改，周行而不殆，可以为天地母。吾不知其名，字之曰道，强为之名曰大。"①

"道"是什么？老子说，我知道是什么，但我没有办法（不是不愿意，而是做不到）给它命名，我只能在这里描述它的特点：它生于天地之前，无声无形，它具有独立性、绝对性、运动性和循环性的特点。其实，老子、孔子所追求的"道"，类似于黑格尔《法哲学原理》中的"绝对观念"，只不过老子更强调"天道"，孔子更关注"人道"，但"人道"有很大一部分受"天道"支配。"朝"可以和"夕"对举，也可以和"暮"对举，但"夕"和"暮"的含义不同。"夕"并不是晚上的意思，"暮"才是夜晚的意思，比如"暮色四起"。从古文字形体角度而言，"朝"指日升于草丛中而月仍悬于空中，"夕"为半月形，"暮"指日已落入草丛中。古人计时，大时段以"日出""日落"为节点：日出至日落为白昼，日落至日出为黑夜。"朝"指日出的时刻，"夕"指日落前，而"暮"指日落后。"朝""夕"属于同一时间段，日出日落；"朝""暮"属于两个时间段，白昼和黑夜。在这里，孔子说"朝闻夕死"，其实强调的时间段更短，以此说明"道"之难知和"道"之价值：即便以生命换取亦可，即便以生于世间一天换取亦可。

四、《论语》中的"道德仁义"

人皆知"道德仁义"，皆言"道德仁义"，然鲜知何为"道"，何为"德"，何为"仁"，何为"义"；人皆知"礼法文艺"，皆言"礼法文艺"，然鲜知何为"礼法"，何为"文艺"；人皆知"圣贤材能"，皆言"圣贤材能"，然鲜知何为"圣贤材能"。礼乃仁之外化，仁是人德之本，人德取则天道。礼之制，本源于仁，因仁设法，因时制礼。故而，孔子说："人而不仁如礼何。"礼法，因势利导，犹就地取材、因地制宜。若商鞅《更法》所言："知者作法，而愚者制焉；贤者更礼，而不肖者拘焉。"②后世不知其理，法先王而茫昧尊古，嘉庆由此而日渐衰败。"大道废，

---

① 陈鼓应：《老子今注今译》，北京：商务印书馆，2003年，第128页。
② 张觉霞：《〈商君书〉译注》，北京：商务印书馆，2022年，第124页。

有仁义。"后世不知礼本于仁，故制礼以为约束，而常人却视礼法为桎梏，以为道德之条目、僵化之教条。孔子曰，恭、慎、勇、直，无礼，则劳、葸、乱、绞；孔子又曰，"礼之用，和为贵"，"知和而和，不以礼节之"。"博学于文"之"文"乃古今典籍也，非文章也。"博学于文"者，常因知识超人而肆无忌惮，故须"约之以礼"，方能"行己有耻"。孙悟空因了七十二番变化，加以生性顽劣，常放僻邪侈、无不为己，加以金箍棒护体，更是相得益彰；然有唐三藏者存、紧箍咒者存，可约之。"博学于文"是学习内容，"约之以礼"是学习导向；七十二番变化、金箍棒，是文；唐三藏、紧箍咒，是礼。

而"道"具有超拔苦难之意义。愤可"忘食"，乐可"忘忧"，乐可"忘年"。这种对饮食、忧患和年龄的"忘"，不是一种消极的"回避"，更不是一种痛苦的"遗忘"，而是一种积极的"超拔"和自我超越的"喜悦"。人不堪其忧，回也不改其乐；《韶》令人三月不知肉味，曲肱而枕之，乐亦在其中矣；短褐穿结，箪瓢屡空，晏如也；以中有足乐者，不知口体之奉不若人也……寻孔颜乐处，所乐何事？陶渊明为何而晏如，宋濂又为何而足乐也？孔子尤其强调文化和道德的价值，强调一个人的主观能动性。一个勇猛刚健的"君子儒"，应勇于承担起社会发展的责任，精进有为，锐意进取。一个人的生命融入社会的发展，自觉承担起社会的责任，自觉肩负起社会的命运，他的学习、他的奋斗就有了明确的方向，"恶衣恶食"如此区区之小事，又何足挂在心间？"君子儒"心里装的是民众，是社会，是国家，是天下，"不以物喜""不以己悲"，"我将无我，不负人民"。

在古人心中，知识和天道具有生命力，人的生命可以和"天道""真理"融为一体，心中充盈天地浩然之正气，人性、天道、真理相合为一，永不消亡。所谓"好之者不如乐之者"，"乐之者"自身生命和天道、真理浑然一体，因得道而喜，以失道而忧。"不失其所者久，死而不亡者寿。"古之先贤、今之国士，肉身虽逝，其道永存。"德不孤，必有邻！"他们的功业、他们的德行、他们的贡献、他们的精神，已经变成了"天道""真理"的组成部分，泽被今人，"名传于后世，与日月并而不息"，他们永垂不朽！

五、结语

孔子认为执政者应该是有道德、有修行的君子。而只有有道德的君子执掌政权，才会形成和谐的社会秩序；同时，执政者的言行举止应起到榜样和表率的作用，成为百姓学习的模范和效仿的典范。在体用关系中，"道"体现了"人格美"，而"人格美"反过来又促进"道"的贯彻实施。《论语》中的很多概念，如忠、恕、仁、义、礼等，呈现出既有理性又有感性的特点。这些概念组成了君子的品质和特点，它们同样也连接着道与人格美。既是道的组成部分，又是人格美的组成部分，道隐于这些品质特点中，透过这些品质特点，又体现了人格美。①

不同阶段的君子，由于对"道"的认识体悟不同，君子的表现也不尽相同，人格美的光辉也随之有了不同的表现。少年勤奋好学；中年具备了自立的本事，开始承担责任；四五十岁的时候能洞明世事，智慧通达；六七十岁的时候，性格能柔能刚，做事随心所欲。这几个阶段是传承变化的，又是不可截然分开的。在传承变化中，君子之道和其所体现的人格美，也相应具备了辩证统一的特点，使得君子体现的不仅仅是入世，还有出世，即超越的一面，"这两种思想看起来相反，其实却正相反相成，使中国人在入世和出世之间，得以较好地取得平衡"。

在《论语》中，尤为学者们津津乐道的是在《侍坐》一篇，几个弟子相继言其志，最后夫子喟然叹曰："吾与点也！"这其中既有内心宁静喜悦的审美体验，也表达了对美好生活向往和憧憬的人生态度。也可以说，这是对现实中基于君子之道和人格美的一种超越。

（袁忠欢）

◎课例

《子路、曾皙、冉有、公西华侍坐》中的"治世之道"

【设计说明】

（一）课标分析

《普通高中语文课程标准（2017年版2020年修订）》在"语言积累、梳理与探究"学习任务群的"学习目标与内容"中指出："通过文言文阅读，梳理文言词语在不同上下文中的词义和用法，把握古今汉语词义的异同，既能沟通古今词义的发展关系，又要避免用现代意义理解古义，做到对中华优秀传统文化作品的准确理解。"在"教学提示"中明确："本任务群重在过程的典型性，不论是积累、梳理还是探究，都注重发展语感，增强对语言规律的认识，不追求知识点的全

---

① 徐长春：《浅析〈论语〉中君子之"道"与"人格美"的体用关系》，《安徽文学》（下半月），2009年第1期，第194页。

面与系统,切忌违背学生自主学习的精神,生硬灌输一些语言学条文。"

在"文学阅读与写作"学习任务群"学习目标与内容"中指出:"精读古今中外优秀的文学作品,感受作品中的艺术形象,理解欣赏作品的语言表达,把握作品的内涵,理解作者的创作意图。结合自己的生活经验和阅读写作经历,发挥想象,加深对作品的理解,力求有自己的发现。"在"教学提示"中明确:"文学作品的阅读与写作,应以学生自主阅读、讨论、写作、交流为主。应结合作品的学习和写作实践,由学生自主梳理探究,使所学的文学知识结构化。"

可见,"语言积累、梳理与探究"学习任务群与"文学阅读与写作"学习任务群都要求,在学习文言文时,应关注语言的积累、梳理与探究三个方面的内容,在学习过程中要重视过程的典型性,符合学生自主学习的精神。同时,应引导学生通过自主阅读、讨论、写作、交流,感受作品中的艺术形象,理解欣赏作品的语言表达,把握作品的内涵,理解作者的创作意图。

(二)教材分析

《子路、曾皙、冉有、公西华侍坐》是《论语》中的经典篇章。在统编版教材中,《侍坐》位于必修下册第一单元第一课。本单元以"中华文明之光"为人文主题,其选文都是诸子学说的经典篇章。单元导语指出:"学习本单元,要在理解文意的基础上,整体把握经典选篇的思想内涵,认识其文化价值,思考其现代意义。"重点在于培养学生借助注释等理解文意,初步了解儒、道的思想特征,体会相关篇章论事说理的技巧和不同的表达风格,思考其现代意义。在该选文的学习提示部分指出:"《子路、曾皙、冉有、公西华侍坐》记录了孔子和弟子的谈话,学习时要理解四位弟子的人生志向,思考孔子为什么对他们的说法表现出不同的态度。"也就是说,理解文意和感受篇章"志"的话题是《侍坐》重要的教学线索。

【教学目标】

1. 通过多次诵读、默读找准文章话题"志",围绕话题"志"理顺文脉,划分文章层次。

2. 通过自主翻译,在翻译中更深刻地理解文章大意,提升文言文阅读能力。(重点)

3. 通过讨论"最喜爱的人",把握文中的人物形象,感受孔子作为大教育家的风范。(重点)

4."吾与点也"的原因探讨。(难点)

【教学过程】

导入

《侍坐》是《论语》中的经典篇目,我们在熟悉文本的基础上,将本节课分成三个研讨专题:一是《侍坐》是否是伪作;二是《侍坐》中的人物形象;三是孔子为何对曾皙之志"喟然而叹"。我们在结合相关资料的基础上,分成三个小组讨论。

任务一:《侍坐》是否是伪作。

有人认为《侍坐》中的相关描写,和其他篇目不太相同,所以推断是后人的伪作。我们从本文中名和字的适用关系上来做考察。请同学们根据《论语》中的相关记载完成下面横线上和表格中的内容(见表4-1、表4-2):

曰:"_____,尔何如?"

曰:"_____,尔何如?"

曰:"_____,尔何如?"

_____、_____、_____、_____侍坐

曰:"夫子何哂_____也?"

表 4-1　孔门师生的年龄比较

姓名	字	生卒年	小于孔子
孔丘		前551—前479	—
仲由		前542—前480	九岁
曾点		不详(曾子:前505—前435)	(曾子四十六岁)
冉求		前522—?	二十九岁
公西赤		前509—?	四十二岁

11·2 德行:颜渊、闵子骞、冉伯牛、仲弓;言语:宰我、子贡;政事:冉有、季路;文学:子游、子夏。

表 4-2　孔门四科十哲分类

德行	____ 子渊	____ 子骞	____ 伯牛	____ 仲弓
言语	____ 子我	____ 子贡		
政事	____ 子有	____ 季路		
文学	____ 子游	____ 子夏		

补充资料1：

后世取字，有许多是引经据典。如唐代陆羽字鸿渐，取自《易·渐卦》"鸿渐于陆，其羽可用为仪"；宋代楼伯圭字禹锡，出自《书·禹贡》"禹锡玄圭"。

名字的组合方式，自古及今，当不下几十种。习见而常用者，约为以下八种。

第一，同义相协。名与字为同义词，二者相为辅佐，互作解释。如宋欧阳修字永叔，《广雅》："修，长也。"《说文》："永，水长也。"

第二，反义相应。名与字皆为反义词，二者对立相应，各从反面作解。如孔子弟子曾点字晳，《说文·黑部》："点（繁体作"點"），小黑也。""晳"，意为洁白，点、晳相对。

第三，连类相及。义类相近或相似，因甲而及乙。三国孙策字伯符，策、符皆为信物，只形制与用途不一。

第四，景仰前贤。因为倾慕前代圣贤，向他们看齐，于是就袭用其名字。汉司马相如字长卿，《史记》说他"慕蔺相如之为人，更名相如"。蔺相如为赵国上卿，故以"长卿"为字。这既表示蔺相如的身分，也体现了司马相如建功立业的愿望。北齐颜之推字介，是拆春秋晋国介之推的姓名以为名、字。据《左传》，晋文公封赏随从逃亡的群臣，介之推不去述功，文公也未加封赏，介之推遂携母隐居绵山。后文公以焚山方式欲使出山，介之推不出，遂烧死于绵山。

——吉常宏《中国人的名字别号》（有删节）

补充资料2：

从命名取字上说，名是由长辈所起，行于家庭之内。字是行冠礼时由嘉宾所起，意在"敬名"，是行于外的。由此便形成两个原则：名是尊长所叫，或用于自称；字是给外人叫的，不能用于自称。尊长对卑幼者自称名，源自上古。《论语》中，孔子与弟子们谈话，都自称名，如《述而》"丘也幸，苟有过，人必知之"，《季氏》"丘也闻有国有家者"，都是自称名。平辈之间称字。亲友中同一辈

第四讲　辞有古今，道无优劣

分的，原则上都称字。孔门弟子彼此间都称字。对朋友不能呼其名，这是传统的礼仪准则，除非对方没有字。许多历史题材的文艺作品，常常忽略这一点，实在欠妥。兄弟之间也以字相称。兄对弟，对称或叙述过程中都可以；弟对兄，一般只用于叙述时称呼。关于称尊长的字。先秦有称尊长字的，如孔门弟子常称老师"仲尼"。

根据以上材料和《侍坐》中的相关称呼，我们可以明确地看到：无论是孔子对弟子们的称呼，还是孔子弟子们之间的称呼，抑或是《侍坐》本身的撰写者，其中对于人物的称呼都是符合古代的礼制的，这充分说明，《侍坐》应该是一次据实记载的师生座谈会。

任务二：简要概括《侍坐》中人物的形象特点。

根据《侍坐》中的相关内容，由组内的同学们完成下面两个表格中（见表4-3、表4-4）的相关内容。各自填写完毕后，组内相互交流，形成一个相对统一的认知（有不同的意见，可以共同呈现），然后向全班同学汇报。

表 4-3　孔子对弟子不同志向的态度(1)

姓名/字	各言其志	孔子态度
仲由/季路		
冉求/子有		
公西赤/子华		
曾点/子皙		

表 4-4　孔子对弟子不同志向的态度(2)

姓名/字	言行举止	各显其情
仲由/季路		
冉求/子有		
公西赤/子华		
曾点/子皙		
孔丘/仲尼		

参考示例(见表4-5、表4-6):

表4-5　孔子对弟子不同志向的态度参考答案(1)

姓名/字	各言其志	孔子态度
仲由/季路	千乘之国,有勇知方	夫子哂之
冉求/子有	家邑足民,礼乐俟士	非邦也与
公西赤/子华	宗庙会同,愿为小相	孰能为大
曾点/子皙	浴沂风台,咏歌而归	吾与点也

表4-6　孔子对弟子不同志向的态度参考答案(2)

姓名/字	言行举止	各显其情
仲由/季路	率尔而对	坦诚率直,鲁莽自信
冉求/子有	以俟君子	谦虚谨慎,言语分寸
公西赤/子华	愿学焉	谦恭有礼,娴于辞令
曾点/子皙	舍瑟而作	懂礼爱乐,卓尔不群
孔丘/仲尼	各言尔志	和善平易,仁者风范

根据任务一和任务二中的相关讨论,完成下面图画中的人物对应关系,并依据上面两个任务中的相关内容,简要说明理由。

图画中的人物从左到右依次为:_____、_____、_____、_____、_____。

任务三：根据古人的注疏，讨论为何孔子"吾与点也"。

面对各位弟子的"言志"，孔子为何单独对曾皙的志向"喟然而叹"？前人的注疏中主要有以下看法：

①说《论》之家，以为浴者，浴沂水中也；风，干身也。周之四月，正岁二月也，尚寒，安得浴而风干身？由此言之，涉水不浴，雩祭审矣。……孔子曰："吾与点也。"善点之言，欲以雩祭调和阴阳，故与之也。

——东汉王充《论衡·明雩篇》

②包（咸）曰："莫春者，季春三月也。春服既成，衣单袷（jiá）之时，我欲得冠者五六人，童子六七人，浴乎沂水之上，风凉于舞雩之下，歌咏先王之道，而归夫子之门。"

——三国何晏《论语集解》

③暮春者，既暖，故与诸朋友相随往沂水而浴也。

——南朝梁皇侃《论语义疏》

④浴，盥濯也，今上巳祓除是也。沂，水名，在鲁城南，地志以为有温泉焉，理或然也。风，乘凉也。舞雩，祭天祷雨之处，有坛墠树木也。咏，歌也。曾点之学，盖有以见夫人欲尽处，天理流行，随处充满，无少欠阙。故其动静之际，从容如此。而其言志，则又不过即其所居之位，乐其日用之常，初无舍己为人之意。而其胸次悠然，直与天地万物上下同流，各得其所之妙，隐然自见于言外。视三子之规规于事为之末者，其气象不侔矣，故夫子叹息而深许之。而门人记其本末独加详焉，盖亦有以识此矣。

——南宋朱熹《论语集注》

⑤圣人无一日忘天下，子路能兵，冉有能足民，公西华能礼乐，倘明王复作，天下宗予，与二三子各行其志，则东周之复，期月而已可也。无如辙环天下，终于吾道之不行，不如沂水春风，一歌一浴，较浮海居夷，其乐殊胜。盖三子之言毕，而夫子心伤矣。适曾点旷达之言，泠然入耳，遂不觉叹而与之，非果与圣心契合也。如果与圣心契合，在夫子当莞尔而笑，不当喟然而叹。

——清袁枚《小仓山房文集》

⑥汉《唐扶颂》："四远童冠，抠衣受业。五六六七，化道若神。"此以童冠为曾点弟子，是《鲁论》之说。

——清刘宝楠《论语正义》

⑦孔子与曾点者，以点之所言为太平社会之缩影也。

——近代杨树达《论语疏证》

请同学们根据上面注疏中的相关内容，并结合《论语》中的其他内容，详细说明自己认同哪一种看法。

[点拨]

综合起来，上面的注疏中主要有三种看法和见解。

解读一：孔子当时时运不济，有出世之心。此种说法认为曾晳描述的是恬淡退隐的生活，与当时正处政治失意、不受重用的孔子心境相符合，因而孔子长叹一声说"对啊！"因时运不济而不再有前面三者的壮志雄心，因之短暂萌生退意。

解读二：曾晳描绘的画面正是孔子心中的理想国。在《论语·公冶长》篇中孔子曾道出自己的志向："老者安之，朋友信之，少者怀之。"这与曾晳所描绘的画面最为接近。曾晳的志向着眼于人民的幸福而非国家的强弱，他描绘了一个人民安居乐业，怡然自得，自己与民同乐的画面，这也正是孔子心中的理想国。而这种理想国正是建立在前面三人所描绘的社会场景基础之上的，也就是国富民强且经历过礼治教化的太平盛世，因此可以说曾晳之志实际上是包含着前三人的志向的。

解读三：曾晳描绘的是鲁国求雨的雩祭场景，真正体现出了孔子以礼治国的理念。这种说法认为"浴乎沂"为去除旧垢的过程，是被禊（克己）仪式的场景，克己复礼，曾晳深明孔子的"礼乐之道"。一说认为，"浴乎沂"是祭祀前的净身仪式，"春服"指的是祭祀礼服，"风乎舞雩"实际是"讽乎舞雩"、吟诵《诗经》，"咏而归"应为"咏而馈"，即呈上贡品。他认为曾晳所述为一套古"礼"，因而曾晳的理想是恢复礼制，因此深得孔子之心。

课下作业

请将《侍坐》用白话文的形式改写，要求：能够尽可能还原原文中的情节和人物形象，可以适当想象和加工。

（袁忠欢）

第五讲　含英咀华，点石成金

《论语》在高考语文中的考查方式

【摘　要】梳理近些年高考题发现，《论语》在高考语文中的考查方式主要有四类。第一类是对基础默写的考查，包括上下句默写；给出翻译，默写原句或上下句。第二类是对字、词、句意思的考查，包括重点字、词意思考查，句子翻译的考查和句子不同解读的考查。第三类是内容理解考查，包括文本内容、思想的考查，人物品质、特点考查，归纳概念能力考查。第四类是综合迁移应用题，包括作品比较和微写作。此外，《论语》与高考作文的关系也较为密切。

【关键词】高考语文；《论语》；考查方式

随着整本书阅读活动的推进，《论语》考查也逐步纳入各地高考，本文将简要归纳、分析近几年的高考语文题目类型，并在此基础上提出备考策略。

一、基础默写考查

第一种类型为同学们最熟悉的给出上下句，原文默写。如：

2018年江苏卷　浴乎沂，_____，咏而归。(《论语·先进》)

2018年浙江卷　不愤不启，_____。_____，则不复也。(《论语》)

2020年浙江卷　凤兮！凤兮！何德之衰！_____，_____。(《论语》)

原文默写类型的题目一般是给出上句，默写下句，或中间挖空。较少出现难度较大的给出下句，默写上句的题目。考查的内容一般是名句，如2018年江苏卷的考查内容涉及典故"沂水春风"；2018年浙江卷的考查内容涉及成语"举一反三"；2020年浙江卷的内容涉及成语"往者不谏，来者可追"。在备考这种类型题目的过程中，要注重对名句，尤其是包含成语的名句的掌握。

第二种类型为给出翻译，默写原句。(全国卷一般采用此种形式)形式如下：

2018年全国卷Ⅰ 《论语·为政》中"＿＿＿＿＿＿，＿＿＿＿＿＿"两句指出，成为教师的条件是温习学过的知识进而又能从中获得新的理解与体会。

2019年全国卷Ⅲ 《论语·子罕》中，孔子用"＿＿＿＿＿＿，＿＿＿＿＿＿"两句话阐明，即使是一个普通人，也是有坚定的志向的；要改变一个人的志向，是很困难的。

这类题目实际上是给定翻译，写出原文，要注意定位相关的标志词。如2018年全国卷Ⅰ中的"两句指出"，2019年全国卷Ⅲ中的"用""两句话阐明"等词汇，实际上是默写原句的信号。

第三种类型为给出翻译，按提示要求默写上下句。如：

2020年新高考卷Ⅰ 《论语·先进》中写到孔子的四个弟子侍坐时各言其志，子路的志向是，用三年时间治理一个饱经忧患的千乘之国，"＿＿＿＿＿＿，＿＿＿＿＿＿"。

这类题目一般在原文翻译的后面直接加上横线，要求默写相应的句子，使得前后语意连贯。这样的题目难度较大，解题的思路一般是：搜索翻译所对应的原文句子，一般答案即为此原文的下文，再将答案放回题目，观察是否匹配。如2020年新高考卷Ⅰ中，"子路……用三年时间治理一个饱经忧患的千乘之国"对应的原文为"由也为之，比及三年"，下文为"可使有勇，且知方也"，代入文本中发现文意连贯，两小句即为本题答案。

二、重点字、词、句意考查

(一)重点字、词意思考查

除了相对简单的背诵默写考查，高考《论语》还考查学生对重点字词的掌握情况。如：

2019年北京卷 "不以其道得之，不处也。"本句中的"其道"指什么？全段表达了孔子的什么思想？

2020年浙江卷 子曰："道千乘之国，敬事而信，节用而爱人，使民以时。"(《论语·学而》)从材料中可以看出孔子的政治思想是以＿＿＿＿＿＿为本。"敬事"的意思是＿＿＿＿＿＿。

这类题目着眼于《论语》篇目中的关键字词，考查其含义，这些关键字往往是文本的核心概念，对整段材料的理解有重要作用，并且和后面的问答题联系紧密，是解题的关键。如 2019 年高考北京卷，所考查的"道"即为仁义之道，是全段的核心概念，后面的问题"全段表达了孔子的什么思想"也是围绕这一核心概念展开的。

(二)句子翻译的考查

除了重点字词的检测，句子的翻译也是考试的重点之一。涉及的类型有句子的翻译，或者句子的不同解读的翻译，要求学生能读懂文本的基本意思，并进行较为准确的翻译，有时所考句子涉及特殊句式，要加以注意。如：

2019 年浙江卷　子曰："君子道者三，我无能焉：仁者不忧，知者不惑，勇者不惧。"子贡曰："夫子自道也。"(《论语·宪问》)

"夫子自道"在句中的意思是＿＿＿＿＿。子贡认为孔子的"我无能"是＿＿＿＿＿的说法。

本题目"夫子自道"包含了宾语前置的特殊句式，应该说难度还是不小的，需要将语序换成正常语序"夫子道自"，即"先生在说自己"，在此基础上，进一步推断出子贡认为孔子便是这样的人，这是理解第二小问"我无能"的基础。"我无能"的意思是"我不能做到"，通过这两小句的综合分析，便能判断出子贡认为孔子的"我无能"是自谦的说法。

(三)句子不同解读的考查

《论语》文字俭省，各家解说十分复杂，甚至意思截然相反，但各家解说基本上都可以自圆其说。这类题目通常要求考生能理解不同说法的内容，并可以进行一定的解说。这类题目既考验学生的文本理解能力，也需要学生的思维灵活，掌握不同说法的内在逻辑。有些题目还要求学生对不同的说法进行评价，给出自己赞成的说法，并说出理由，这对学生的逻辑思维提出了较高的要求。如：

2019 年北京卷　子曰："富与贵，是人之所欲也；不以其道得之，不处也。贫与贱，是人之所恶也；<u>不以其道得之，不去也</u>。君子去仁，恶乎成名？君子无终食之间违仁，造次必于是，颠沛必于是。"(《论语·里仁》)

……

"不以其道得之，不去也。"杨伯峻《论语译注》认为，"得之"应改为"去之"；也有学者认为，"不以其道得之"的"不"字应删去。请根据以上两种不同解读，分别解释句意。

本章的主题是富贵观,提到了"富贵"和"贫贱"两种状态。两种解读虽然在文字表达上有所区别,但说的都是"安贫乐道"的精神。第一种解读为:不通过仁义之道摆脱贫贱,那么就不离开贫贱。第二种解读为:因行仁义之道而陷入贫贱,那么就不摆脱贫贱的状态。

在解答这类题目时,需要我们思维灵活,并对《论语》的主旨有较深的理解,灵活处理文本的多样性。在日常的学习中,要多积累、多接触《论语》文本的多元解读,以便开阔思维,适应此类题型的考查。

三、内容理解考查

(一)概括文本的主要内容、思想

这种类型的题目要求学生能读懂文段的主要内容,并能用精练的语言概括出来。这就要求学生对《论语》有比较好的了解,不仅能理解文本的字面意思,还要掌握文字背后的内容、观点。如:

2018年北京卷 《论语》记录了孔子与弟子间的许多对话,如《先进》篇:子路问:"闻斯行诸?"子曰:"有父兄在,如之何其闻斯行之?"

冉有问:"闻斯行诸?"子曰:"闻斯行之。"

公西华曰:"由也问闻斯行诸,子曰,'有父兄在';求也问闻斯行诸,子曰,'闻斯行之'。赤也惑,敢问。"子曰:"求也退,故进之;由也兼人,故退之。"

请简要概述孔子三次回答的内容,并说明短文反映了孔子怎样的思想。

本题需要概述孔子的三次回答的内容,与翻译题类似。在考查文本内容的基础上,本题还考查了这些文本所反映的孔子的思想,这就要求在读《论语》时不能停留在文本的表面含义上,还要体悟、掌握其背后的思想。本题的第二问要求同学们从内容中总结出孔子"因材施教"的教育思想,针对每个学生的特点给出不同的指导。对于文本思想的考查题,在日常学习中要加强对《论语》思想的学习掌握,如儒家的仁义观、执政观、教育观、学习观等。万变不离其宗,只有真正读懂《论语》,领悟其思想,才能在考试中立于不败之地。

(二)人物品质、特点的考查

《论语》中涉及人物众多,除了孔子外,还记载了众多弟子的言行,其中比较重要的有子路、颜回、子夏等。其中子路出现次数最多,高达42次;子贡出现38次;颜回21次。不被大家所熟悉的子夏出现21次,子张18次,冉有16

次，曾子15次。① 在高考语文中，经常会将孔子或者弟子的言行材料收集在一起，进行归纳赏析人物形象、品质、思想等。如：

2020年北京卷　子曰："我非生而知之者，好古，敏以求之者也。"(《述而》)

子曰："盖有不知而作之者，我无是也。多闻，择其善者而从之，多见而识之，知之次也。"(《述而》)

太宰问于子贡曰："夫子圣者与？何其多能也？"子贡曰："固天纵之将圣，又多能也。"子闻之，曰："太宰知我乎！吾少也贱，故多能鄙事。君子多乎哉？不多也。"(《子罕》)

综合以上材料，简述孔子获取知识的途径，并就其中一点谈谈对你的启示。

本题将不同篇目的类似内容整合在一起，构成了关于孔子的学习观的内容，要求读者通过阅读材料，在理解题目和文本内容的基础上，根据"好古""多闻，择其善者而从之，多见而识之""多能鄙事"等语句总结出孔子获取知识的方式。

(三) 归纳重要概念的考查

这类题目往往就某一概念提供多条材料，考查学生就某一概念对材料进行归纳、综合的能力。如将某一概念的含义解释清楚，将某个人物的不同品质归纳在一起。这类题目的每条材料多提供一个角度，有几条材料大致就有几个思考的角度，也即有几个采分点。当然也可能几则材料表达同一内涵，要求对材料的共性进行概括。如：

2022年浙江卷　子曰："礼云礼云，玉帛云乎哉？乐云乐云，钟鼓云乎哉？"(《论语·阳货》)

子曰："人而不仁，如礼何？人而不仁，如乐何？"(《论语·八佾》)

子与人歌而善，必使反之，而后和之。(《论语·述而》)

概括说明第一则材料、第二则材料内涵的共性。

本题考查"仁"和"礼""乐"的关系，二者是实质与形式的关系。仁是礼乐的核心，礼乐只是仁的外在表现，没有仁的礼、乐徒具形式；礼、乐的真正意义，不在于玉帛钟鼓等外在形式，而在于内在的根本精神。第一则材料表达较为具体，更形象化；第二则材料则较为直接，更具有议论性；二者内涵一致。

这类题目要求在《论语》的日常学习中，对其中的"仁""礼""乐""忠恕""言

---

① 李零：《去圣乃得真孔子》，北京：生活·读书·新知三联书店，2008年，第68—73页。

行""君子""小人"等重要概念有较深的理解，并把握概念间的关系。

四、综合迁移应用

(一)和其他作品进行比较

在理解《论语》文本内涵的基础上，要求学生分析不同作品之间的联系或区别，这类题目的难度较大。如：

2014年福建卷　①富与贵，是人之所欲也；不以其道得之，不处也。(《论语·里仁》)

②非其义也，非其道也，一介不以与人，一介不以取诸人。(《孟子·万章上》)

(1)请概括上面两个选段主张的共同之处。

(2)上面两个选段主张的不同之处是什么？请简要分析。

本题要求作答者首先明白这两部作品片段的文本内涵，同时要有较强的分析、比较能力，分析出相同之处和不同之处。相同之处是二者都要求取得富贵需要遵循原则，"以其道得之"对应着"非其道也""不以取诸人"。不同之处则在于文本②在"道"之外还多了"义"这一原则，在"其道得之"之外，还要做到"不以与人"。这样的题目不仅需要对作品进行正确的理解，还需要对文本进行细致的比较和分析，难度加大。

(二)微写作题目

该类题目要求我们既对《论语》有一个整体的把握，了解其基本内容、涉及的主要人物、主要思想、经典的意义。有的还要对相关的文本有引用能力，能够借助名句对《论语》做整体的介绍，并要格外注意经典作品和当今时代的联系。如：

2018年北京卷　读了《论语》，在孔子的众弟子之中，你喜欢颜回，还是曾参，或者其他哪位？请选择一位，为他写一段评语。要求：符合人物特征。150～200字。

本题考查了《论语》的主要弟子。形式为微写作题。要想将人物的特征表现出来，就需要同学们对该弟子的言行举止相关的文本有较好的了解，最好能做一些引用。如对颜回的德行、好学、追随老师等文本内容较为熟悉，则此题迎刃而解。

2020年天津卷　在某校读书交流活动中，有同学说"我就读不进《红楼梦》"，有同学说"我就不爱读《三国演义》"，还有同学说"《论语》读起来才没劲呢"。请针对此现象，任选上述三本书中的一本，结合小说情节或《论语》名句，谈谈如何"走进经典"。要求100字左右。

本题考查的一项重要内容是对《论语》内容的整体把握，要求作答者能引用名句，谈读《论语》的方法。这就要求学生对《论语》的名句熟稔于心，能够恰当引用，既介绍《论语》的主要内容，又论证《论语》对当今学生现实生活的意义。

五、《论语》与考场作文

作文题目虽然不是对《论语》内容的直接考查，但作文中的素材可以引用《论语》名句或事例，如孔子与弟子，孔子周游列国的经历可以作为事例材料。《论语》涉及的关键话题有法制、礼治、执政的理念、个人的品德修养、学习进阶之道、本职责任、成功与失败等话题。这些名句往往能振聋发聩，言简意丰，既能提高文章的说理性，又能增加文章的文采。

此外，高考作文中的关键概念、主要内容有时和《论语》的关键概念、思想联系紧密，掌握好《论语》的内容，有助于这类题目的理解和作答。如2020年北京作文"学习今说"，提到了学习的概念，我们知道，学习是《论语》中的重要概念，"学而时习之，不亦说乎"，学和习的深刻含义在第一篇第一章便出现了，整体而言，《论语》整本书就在教我们如何不断学习，提高我们的才能和德行，做一个心怀天下的君子，因此，若在平时将"学习"的概念讲透，这道作文题便占得部分先机。

（张超）

◎课例

北京语文高考之《论语》备考

【设计说明】

作为整本书阅读的重要内容，《论语》已于2018年起纳入北京市高考考查范围。除2022年未考查外，《论语》试题已连续四年出现在高考试卷上。《论语》虽文字不多，只有15 000余字，却具有先秦文字微言大义的特质。掌握哪些内容，掌握到何种程度，考生在备考过程中往往感觉很棘手。如何让学生在学习《论语》的过程中有的放矢，在整体上对高考《论语》的考查内容、深度有一个了解，这是教师要考虑的重要内容。

因此，我们通过梳理近年来的北京高考题，设计了以下任务活动，以促进学生对高考《论语》的考题类型的了解和把握。

【教学目标】

1. 了解北京《论语》高考题的类型。
2. 学习备考策略。

【教学过程】

导入

同学们，自 2018 年起，北京高考语文便把《论语》纳入重点考查范围。今天，我们就来梳理一下这几年的高考《论语》题，以对北京高考中的《论语》题有一个整体把握。

任务一：北京高考《论语》题目类型的整体把握。

活动 1：学生阅读北京高考题，完成题目，核对答案。

活动 2：教师讲解高考真题。

2018 年真题：

《论语》记录了孔子与弟子间的许多对话，如《先进》篇：

子路问："闻斯行诸？"子曰："有父兄在，如之何其闻斯行之？"

冉有问："闻斯行诸？"子曰："闻斯行之。"

公西华曰："由也问闻斯行诸，子曰，'有父兄在'；求也问闻斯行诸，子曰，'闻斯行之'。赤也惑，敢问。"子曰："求也退，故进之；由也兼人，故退之。"

请简要概述孔子三次回答的内容，并说明短文反映了孔子怎样的思想。

本题文本是《论语》中的名篇，所考查的孔子因材施教的思想，也是孔子作为教育家最为人们所熟知的一面，整体而言还是较为简单的。第一问要求概述孔子三次回答的内容，首先要明确孔子分别对子路、冉有、公西华所答内容，其中子路和冉有问了同样的问题，孔子的回答不同，一进一退，公西华感到不解，孔子向其解释了原因。此问要求简要概述，因此可以不对问题和回答的细节做解说。

第五讲　含英咀华·点石成金

2019年真题：

子曰："富与贵，是人之所欲也；不以其道得之，不处也。贫与贱，是人之所恶也；不以其道得之，不去也。君子去仁，恶乎成名？君子无终食之间违仁，造次必于是，颠沛必于是。"（《论语·里仁》）

（1）"不以其道得之，不处也。"本句中的"其道"指什么？全段表达了孔子的什么思想？

（2）"不以其道得之，不去也。"杨伯峻《论语译注》认为，"得之"应改为"去之"；也有学者认为，"不以其道得之"的"不"字应删去。请根据以上两种不同解读，分别解释句意。

本题考查了孔子的富贵观。儒家的富贵观的基本内涵是：首先儒家并不反对对富贵的追求，反而鼓励以正当的方式追求富贵，"富而可求也，虽执鞭之士，吾亦为之"（《述而篇》），"邦有道，贫且贱焉，耻也"（《泰伯篇》）。但同时，儒家格外强调追求富贵不可违背道义，否则宁可安于贫贱，"不义而富且贵，于我如浮云"（《述而篇》），"邦无道，富且贵焉，耻也"（《泰伯篇》），本题文本所讲的也是这个道理。

第一问"其道"意思的解释，要联系下文中两次出现的"仁"字，"其道"在该文本中指的就是仁义之道，意思是君子在追求富贵的过程中绝对不能丢掉仁义之道。全段表达的思想自然是君子在无论何种状况下都不能离开仁德。第二问的两种不同解读虽然字面翻译不同，但核心思想是一致的。第一种说法指不能通过仁义之道摆脱贫贱，就安于贫贱，第二种说法指因行仁义之道陷入贫贱，自己也能安贫乐道，二者殊途同归，内涵一致。

2020年真题：

子曰："我非生而知之者，好古，敏以求之者也。"（《述而》）

子曰："盖有不知而作之者，我无是也。多闻，择其善者而从之，多见而识之，知之次也。"（《述而》）

太宰问于子贡曰："夫子圣者与？何其多能也？"子贡曰："固天纵之将圣，又多能也。"子闻之，曰："太宰知我乎！吾少也贱，故多能鄙事。君子多乎哉？不多也。"（《子罕》）

（1）请解释"生而知之者"与"不知而作之者"。

（2）综合以上材料，简述孔子获取知识的途径，并就其中一点谈谈对你的启示。

第(1)小问考查了两个概念，属于文本理解题，将不同篇章内容放在一起属于比较阅读。"生而知之者"指生来就有知识的人，如天才般的人物；"不知而作之者"是自己不懂却凭空造作的人。这两种都不是孔子所认可的获取知识的途径。在做题的过程中，自然而然地体现了我们的比较思维。

第(2)小问属于归纳概括题。《论语》有近500章内容，章与章之间并不是孤立无关的。高考中的归纳概括题，是将具有相同或相似思想的记述放在一起进行考查。这类题目不是简单的累加，而是各章互相解释、补充，共同为同一个主题服务。在归纳孔子获取知识的途径时，我们要注意从不同的文本获取不同角度的内容。如本题中"好古"指学习研究古代文化；"多闻，择其善者而从之"，指要增广见闻，择善而从，善于从他人那里扩充见识，学习优秀品质；"故多能鄙事"指孔子自谦学了很多卑贱的技艺，这是从实践中掌握多种技艺。至于后面的谈谈对自己的启发，则就其中一点简单论说即可。

2021年真题：

子曰："由也！女闻六言六蔽矣乎？"对曰："未也。"

"居！吾语女。好仁不好学，其蔽也愚；好知不好学，其蔽也荡；好信不好学，其蔽也贼；好直不好学，其蔽也绞；好勇不好学，其蔽也乱；好刚不好学，其蔽也狂。"（《阳货》）

孔子为什么把学习与道德修养联系在一起？请从"六言六蔽"中任选两个，用自己的话加以解释。

本题主要考查学习的内涵，除学习外，涉及的主要概念有六种美德及其对应的六种弊端。仁、智、信、直、勇、刚是六种美德，但如果不学习，伴随这六种美德有六种弊病，愚、荡、贼、绞、乱、狂。要想扬长避短，还需要通过不断学习，来提升自己的智慧和道德水平，避免因偏信而产生弊病，如一味爱好仁德，却没有通过学习来提高明辨是非的能力，就容易陷入愚钝，被人欺骗；一味讲求直率，却没有通过学习学会尊重他人，就会显得对他人刻薄。

第一问考查的是学习与道德修养的关系，通过学习可以提高我们的道德修养水平，避免不好学的弊端，后一问则是对文本翻译的考查。

活动3：依据下表（见表5-1、表5-2）补充完整题目的主要内容和考查类型。

第五讲　含英咀华，点石成金

表 5-1　近几年北京高考《论语》题目的主要内容和考查类型

年份	所属篇目	主要内容	主要题型
2018	《先进篇》	孔子因材施教的教育思想	句子翻译、概括教育思想
2019			
2020			
2021			

[明确]

表 5-2　近几年北京高考《论语》题目的主要内容和考查类型参考答案

年份	所属篇目	主要内容	主要题型
2018	《先进篇》	孔子因材施教的教育思想	句子翻译、概括教育思想
2019	《里仁篇》	孔子的富贵观	关键词解释、句子翻译
2020	《述而篇》（2 章）《子罕篇》（1 章）	孔子如何学习	短句解释、归纳材料、感悟启发
2021	《阳货篇》	好德不好学的弊端	句子翻译、内容理解

任务二：北京高考《论语》题的备考策略研讨。

活动 1：小组梳理北京高考题目中未涉及的重要概念、人物。

活动 2：师生讨论交流备考的策略。

[点拨]

北京高考题的考查角度较为丰富，考查内容有一定深度。从核心概念的角度而言，这四道真题涉及了教育观、学习观、富贵观，其中学习观考查了两次，且较有深度。儒家的学习观中，学习方式多种多样，可以向古人学习，可以向他人学习，也可以在实践中学习。学习内容包含典章书籍、礼仪规范，还包括德行修养等各个方面，内涵十分丰富。而这两道真题基本囊括了儒家学习观的内涵。如 2020 年真题涉及孔子学习的方式，包括：学习古代文化，这是向古人学习；增广见闻，择善而从，这是向他人学习；注重实践，掌握多种技艺，这是在社会实践中学习。而 2021 年高考真题则进一步考查了学和德之间的关系。

在已考查过的教育观、学习观、富贵观中，我们要注意其中未考查过的角度。如孔子的教育观除了因材施教，还有"有教无类""诲人不倦""不愤不启，不悱不发"等角度，这些需要同学们留意。除了已经考查的这些重要观念，有许多核心概念虽然还未进入试卷，但在《论语》这本书中十分重要，如"仁""礼""君子""小人""德""为政"等，这些概念的基本含义要在日常学习中掌握牢固。

从人物的角度而言，这几篇真题基本上围绕孔子的言行展开，未涉及其他人物的言行。对于《论语》中记载比较多的，个性鲜明的主要弟子，也要加以关注。

从题型分布看，北京高考《论语》题以句子翻译为主，在平时学习过程中要注意对文本意思的重视，尤其要注意不同解读下，文本的顺畅翻译。在此基础上，还要理解文本内容，蕴含的主要思想，并能依据文本内容迁移应用，获得感悟启发。

从题型的组织形式上看，北京《论语》高考题较多地考查单章内容，而2020年高考真题整合了3章不同的文本材料。同学们在备考过程中还要注意整合材料的能力的培养。

（张超）

《红楼梦》整本书阅读

第六讲　奇书之纲

如何阅读古代章回体长篇小说
——以《红楼梦》为例*

【摘　要】章回体是中国古代长篇小说的传统形式。其形式特点是分章标回，讲述故事。《红楼梦》是章回体长篇小说的佳作，在赏读时可以利用其形式特征，进行阅读。比如利用回目观其大略，通读全书；或可根据回目选择感兴趣的章节前后勾连，进行跳读等。而且，《红楼梦》的前五回，为整部小说搭建了一个完整的框架，我们可以在精细研读前五回的基础上，把握全文的情节走向和创作主旨。

【关键词】章回体小说；回目的作用；《红楼梦》整本书研读策略

《红楼梦》是古代章回体小说的翘楚，共一百二十回。全书以贾府的盛衰之变和宝玉、黛玉、宝钗三人的爱情婚姻悲剧为主要线索，写尽人情世态，是文学和文化的宝库。这样一部规模宏大的长篇巨著，如能善加品读，浸润其中，必然能从中汲取丰富的营养，从而提升阅读鉴赏能力，促进对中华优秀传统文化的思考和文化自信的形成。但是，《红楼梦》作为长篇章回体小说，也是有"槛"的，这个"槛"对不同的阅读者而言也各不相同：可能是文白相间的语言，可能是一百二十回的故事长度，可能是层出不穷的人物和错综复杂的人物关系，也可能是千头万绪的日常起居和家庭琐事……那么，如何才能通过文字进入这个世界呢？阅读前我们需要做好什么样的准备？阅读中如何生发并保持对《红楼

---

* 此篇中所引《红楼梦》原文，均选自曹雪芹著，无名氏续，程伟元、高鹗整理：《红楼梦》，北京：人民文学出版社，2017年。

梦》的兴趣，甚至能够对书中的某些话题进行深入探究呢？这就是本章的写作缘由，希望能顺着作者给我们留下的伏脉"缘溪而行"，克服"初极狭才通人"的阅读障碍，最终"豁然开朗"，形成适合自己的读书方法，进入那片红楼宇宙。

一、了解章回体小说，走进《红楼梦》

章回体是中国古代长篇小说的传统形式，其形式为分章标回，讲述故事。章回体长篇小说是在宋元讲史话本的基础上发展而来的。话本因故事丰富，人物众多，需要分卷编次，分目安排，方便讲史艺人演说；又因为提示和概括内容的需要，每一回目都有一个标题。这也就初步奠定了章回体长篇小说的基本框架和体制。明清时期，章回体小说的回目标题从原先简单的分回标目，发展到用句式整饬、对仗工整的偶句来概括本章内容。至此，古代章回体长篇小说的形式固定下来了。

从内容上看，章回体长篇小说早期以历史演义、英雄传奇、神魔怪异为主。为了让小说情节精彩有吸引力，突出人物或是表达某种主题，作者会去大力渲染虚构，让故事情节越加丰富，对人物的塑造和对社会生活的描摹也更为多样和细腻。发展至明清时期，《三国演义》《水浒》《西游记》等作品的出现，标志着章回体长篇小说的艺术水平也达到了空前的高度。这些作品的内容多是先有零散故事在民间流传，经过历代说话和讲史艺人的补充，逐步完善起来的，最后由文人作者加工而成书的。而《红楼梦》的成书过程则与上述大不相同。它的故事是由曹雪芹原创，内容上则可归类为摹写百变的人情世态，写尽人间悲欢离合的世情小说。

曹雪芹（约1715—约1763），名霑，字梦阮，号雪芹，又号芹溪、芹圃。祖籍辽阳，先世原是汉人，明末入满洲籍，属满洲正白旗包衣[①]。出生于江宁（今南京），出身清代内务府正白旗包衣世家。从曾祖父曹玺开始，祖父曹寅、父亲曹颙（一说曹頫）三代四人先后担任江宁织造，达六十年之久。康熙六下江南，祖父曹寅接驾四次，极受宠信。雍正初年，由于封建统治阶级的内部争斗，加之曹頫管理失职、亏空巨大、家风奢靡，继而被参劾骚扰驿站、受审期间秘密转移家财等罪，被雍正下旨抄家，全家迁回北京，曹家至此败落。

曹雪芹的人生，从少年时期的锦衣纨绔、饫甘餍肥，到中年的茅椽蓬牖、瓦灶绳床，大起大落，深感世态炎凉，对人生、社会有了深刻的思考和认知。

[①] 袁行霈：《中国文学史》（第四卷），北京：北京出版社，1999年，第299页。

才有了这部"字字看来皆是血""披阅十载,增删五次"的《红楼梦》,将"半生潦倒之罪,编述一集,以告天下人"。撰写修订完前八十回,书未完而离世,后四十回为高鹗续作,因而目前流传的通行本为一百二十回。

《红楼梦》原名《石头记》,小说故事以贾、史、王、薛四大家族的兴衰沉浮作为背景,以贾宝玉、林黛玉、薛宝钗三人的爱情故事为主线,兼以描绘了一众灵秀独钟、性情各异的闺阁女子,展示了古代社会的百态人生和女子们的人情美;也通过家族衰败、爱情的悲剧及众女子群芳凋落展示了悲剧美。王国维曾言,《红楼梦》是一出彻头彻尾之悲剧,其主旨是"大背于吾国人之精神,而其价值亦即存乎此"。在作者呈现给我们的"红楼世界"中,大致编年兼顾人物塑造。故事首尾完整、构思严密、人物众多、文备众体、包蕴社会万象、主题多重而深邃,极富东方美学和哲学思想。可以说,《红楼梦》是中国古代章回体小说的巅峰之作,也是中国文学宝库中最为璀璨的瑰宝。

二、《红楼梦》整本书阅读策略

(一)通读全书,观其大略

读这样一部长篇巨制,开始时不需要太过纠结于细节,而是应通读全书,观其大略,以了解情节为主。古代章回体小说有回目,回目是对本章重要内容的提示和概括,可以帮助我们了解故事发生的时间和空间,认识人物、了解人物性格,梳理小说的大致情节结构,了解作者的褒贬态度等。所以读前先读一下目录,观其大略,是事半功倍的最好方法。

读目录的时候,可以不拘一格,看到感兴趣的章节内容,进行跳读。然后从该章情节辐射,化零为整,前后勾连阅读。比如小说的第四十回是"史太君两宴大观园　金鸳鸯三宣牙牌令",这一回中主要的事件是刘姥姥二进荣国府,在宴席上随机应变、机灵凑趣,逗乐了贾府上下,情节热闹有趣,在阅读时可以以刘姥姥活动的事件为中心,阅读相关的第三十九回到四十二回,整个故事有首有尾地读完。

同样的方法,也可以尝试将目录里提到的诗社、节令、重大事件等相似情节串联阅读。比如把大观园中贾宝玉和众姐妹诗歌切磋的情节放在一起阅读,比如第三十七回海棠诗社、三十八回菊花诗、五十回芦雪广联诗和七十回林黛玉重建桃花社等。还有重大事件,如三十三回的宝玉挨打,根据回目里的"不肖种种大承笞挞"以及本回内容可以看出,宝玉挨打的原因,除了与第三十二回的金钏跳井事件直接相关,更有二十八回"蒋玉菡情赠茜香罗"这样的缘故。这样,通过目录的提示,就完成了一个重要事件的前后勾连。

根据目录提示挑选同类事件章节进行跳读,可以更清晰地感受到不同人物的才情、性格、心理等方面的特点和差异。这样的阅读方式也能为进一步的品读和探究打下良好的基础。总之,无论是顺序阅读还是根据兴趣跳读,都要有一个故事的整体意识。建议都要制订好阅读计划,并圈点勾画,概括归纳读过的情节,并养成认识和探究人物的阅读意识,养成读过留痕的阅读习惯。

在通读全书的过程中,除了利用目录阅读,我们还要重视《红楼梦》的前五回。"《红楼梦》为细针密线之作,在前五回中曹雪芹有着明确的构架意识。而前五回的纲领作用,与这种构架意识有着密不可分的关系。"①作者为了把这样一个头绪纷繁的故事讲清楚,在这五回中用"草蛇灰线""伏脉千里"叙事手法,搭建了全书的框架。比如主人公宝黛二人,在第一回的神话故事里出现过,又在第二回贾雨村和冷子兴的对话中出现过。所以,二人虽然还未正式亮相,但是他们注定缠绵悲情的"木石姻缘"和各自的性情就已经给读者留下了深刻的印象。而在第三回中,故事的穿插人物从贾雨村自然过渡到王熙凤,并以其言行推进情节、建构人物活动的环境。还有贾家的代际关系、"四大家族"间婚嫁关系错综复杂,也仅用了第二回中贾雨村和冷子兴的对话和第四回中的一张"护官符"就合情合理地梳理清楚,且在故事中丝毫不觉突兀。"茫茫大士""渺渺真人""空空道人""好了歌"等名字,也表达了作者半生颠沛后对于社会人生的感悟等。这些内容是前五回中我们需要读出来的。

第一回是全书开篇,作者写了两个神话。其一是大荒山青梗峰无稽崖下,一块女娲补天时遗留的不堪大用之石,心有不甘,由茫茫大士、渺渺真人带入世间,经历了种种炎凉悲欢,重回大荒,经历书于石上,名为《石头记》。后被空空道人所见,抄录流传。从这里开始进入《红楼梦》的正文。接着又以江南甄士隐一梦写起,带出木石前盟的神话。甄士隐与寄居葫芦庙的贾雨村交谈,接着交代了甄士隐和贾雨村命运的荣枯转变。

在第二、三两回中,贾雨村是一个重要的人物,在故事中穿针引线。第二回中由其官场失势,受聘林家教书,引出本书主角林黛玉;借与冷子兴聊天的情节,提到了本书另一位主人公"衔玉而生"的贾宝玉;也大致梳理了贾家宁荣两府五世"水(字旁)""代""文(反文旁)""玉(字旁)""草(字头)"的谱系脉络,简

---

① 卜喜逢:《析〈红楼梦〉前五回的纲领作用》,《红楼梦学刊》,2022年第5期,第172页。

单交代了贾家核心人物的身份地位、亲属关系等。第三回中，贾雨村护送林黛玉入京，结识贾政，平步青云。本回也透过林黛玉的眼睛，第一次将贾府的富贵显赫和规矩威严展示在读者面前。除了宝黛初见和摔玉这样的名场面，贾母、王夫人、"三春"、王熙凤等主要人物也依次出现。本回也与前一回形成补充印证，使贾雨村和冷子兴的对话中谈及的人物和他们各自的性情禀赋具象化、立体化了。

第四回写贾雨村补授应天府，借"护官符"引出四大家族、他们的阶层地位及利益关系。也由薛蟠的人命官司，自然带出了宝钗进京待选、宝钗入贾府、宝黛钗相见等故事情节。在这一回中，作者从贾府出来，将故事架构在更为广阔的社会背景当中，使贾府和与之相关的一切人物、事件更具有现实性和典型性。

第五回又是一个神话故事。写贾宝玉梦游幻境，看金钗名册，知晓了仙界不可泄露的玄机；听红楼仙曲，暗示和提醒了情节走向，以及众女子"万艳同杯""千红一窟"的悲剧命运，传达了作者对她们的怜惜和痛挽。

总之，作者用了五回的篇幅，交代了事情发生的社会环境和背景，"剧透"了家族的盛极而衰的结局，以及贾宝玉和众女子的悲剧命运。也就是说，小说的主要情节、人物、环境和主旨全在《红楼梦》的前五回中。因此，《红楼梦》虽未完，仍能给读者或者续者留下一个极明确的框架和结局。

(二) 含英咀华，品悟探究

在情节大致明确的基础上，我们会发现《红楼梦》是以人物为中心，以网状结构推进故事的。人物中心是贾宝玉、林黛玉、薛宝钗，其他人物则围绕着他们生成了一个个或大或小的社会环境。故事刚一开始，贾雨村或直接或间接地串联他们的故事；在贾家，王熙凤更是各种事件和关系的交点，她不但参与了宝黛钗的情感、婚姻的过程，也反映了整个贾府的兴衰。《红楼梦》的故事是人物的故事，他们构成了一个真实的社会环境。因此，品读人物，是读懂《红楼梦》、进一步探究主题的关键。

读《红楼梦》品读人物形象。《红楼梦》最成功之处是塑造了一大批性情、年龄、阶层地位、生活环境各不相同的人物。从天子贵胄到四王八公、钟鼎之家到其他各级官员，以及丫鬟仆妇、门人小厮、贫苦农妇……虽然着墨力度有深有浅，但三言两语便可传神，言行举止描写真实而典型。

首先是声口毕肖，各具特色，令人印象深刻。比如林黛玉的真诚聪慧、多愁善感；薛宝钗的守拙藏愚、安分随时；史湘云的娇憨直爽、聪慧开朗；迎春、探春、惜春三人或懦，或敏，或廉介孤独，各不相同。

其次，人物的性格、形象是处于变化中的。比如一开始林黛玉因"金玉良缘"的预言，对薛宝钗、史湘云心怀芥蒂，三人之间因而关系微妙，对薛宝钗的含酸针对，与史湘云也几度翻脸。后面三人在大观园中因久相处而彼此了解，因才情相当而相互欣赏。比如：宝钗、黛玉的和解契机是黛玉误用了《西厢记》的典故，被宝钗听到，然后背后给她点出，没有让黛玉难堪，或是再犯类似的错误，这个过程中黛玉被宝钗的真诚所感动，也反省了自己之前对宝钗的态度是有问题的；史湘云和黛玉则是在交往和切磋中，慢慢了解了对方，解除了误会，惺惺相惜，产生了真挚的友谊。情节主要集中在四十二回"蘅芜君兰言解疑癖"、四十五回"金兰契互剖金兰语"、七十六回的"凹晶馆联诗"等情节中。在故事情节的演进中，我们可以看到人物的性格、心理随着人物成熟而发生变化的过程。

最后，人物的性格也是多侧面的，多角度的。鲁迅先生在《中国小说的历史的变迁》中曾说，作者在塑造人物的时候"敢于如实描写，并无讳饰，和从前的小说叙好人完全是好的，坏人完全是坏的，大不相同，所以其中所叙的人物，都是真的人物"。比如贾宝玉，既聪明灵秀、纯真温厚，又叛逆桀骜、顽劣懦弱；对女子的态度既有尊重欣赏的"女清男浊论"，也有厌恶贬低的"女子三变论"（鱼眼论）。宝玉平时对身边的女子无微不至，做低伏小，怜惜龄官避雨却忘记自己也淋在雨里，"撕扇"博晴雯一笑；而当他发起公子脾气，却摔茶杯撑茜雪，嫌弃丫鬟服侍自己戴帽时手笨骂人"蠢材"，因下人开门慢了动脚踢人，结果误中袭人，导致袭人吐血。再如王熙凤的性格在不同的情境和事件中被展现得丰富而立体：对贾母尽心竭力，百般逢迎；对一众姐妹亲切贴心，爱护有加；对下人脸酸心硬，不留情面；对刘姥姥先是敷衍傲慢，后是敬重信任；对贾瑞、尤二姐侵犯自己利益的人则下手毒辣，赶尽杀绝。正是因为人物性格上的多侧面、多角度，不虚美，不隐恶，让人物瑕瑜互见，真正做到了真实自然。以上这些都非常值得去细细研读。我们通过这样的情节去认识真实的人物，了解人物的心理、性格，探究人物的典型性和意义，才能了解作者的苦心孤诣，与之同频共振。

读《红楼梦》品悟多重主题。《红楼梦》的故事和框架都是别具一格的，它所包含的主题也是深邃而多元的。鲁迅先生在《中国小说的历史的变迁》中说："自有《红楼梦》出来以后,传统的思想和写法都打破了。"此言非虚。首先是书中写的是一众闺阁女子,"今风尘碌碌,一事无成,忽念及当日所有之女子,一一细考较去,觉其行止见识,皆出于我之上。……我之罪固不免,然闺阁中本自历历有人,万不可因我之不肖,自护己短,一并使其泯灭也"。曹雪芹真挚地承认女子的价值,认为她们是应该因其行止见识而被记载的。《红楼梦》回目中有对她们的一字评价,如袭人为贤、平儿为俏、晴雯为勇、探春为敏、紫鹃为慧、湘云为憨……其实都能看到作者对女子能力的欣赏肯定,而不是肤浅的对姿色的品鉴。尤三姐与"四烈婢"(晴雯、金钏、鸳鸯、司棋),虽是身居下贱,但都敢于用生命去对抗加害她们的不公命运。更不用说林黛云、薛宝钗、史湘云、惜春等一众女子所具备的超出男子的才情和能力。可以看出,作者写女子,是把女子放在了平等的位置上,而不是把女子当作被观赏、被消费、被拯救的对象,这是一种先进的女性观点。作者写这些美好女子,也不回避写出她们在家族败丧时会遭受灾祸难以善终的命运,这是作者深刻的思想之一。

《红楼梦》虽在开篇写大荒山无稽崖,寓意荒唐无稽,"茫茫渺渺空空","真事隐去,假语村言"以示全无可查,但这种"无为有时有还无"的特殊笔法,反而让读者更加相信书中的故事是真实世界的镜像,不断地揣测与求证。其实我们看到他"大旨谈情"就好。并且,作者忠实记录现实的一切,并不是要否定现实世界的意义,而是要肯定现实人生的种种美。"情"是其中最重要的部分。那么,《红楼梦》中的情又是如何的呢?首先,宝、黛的美好恋情是建立在青梅竹马、情投意合、彼此倾心的情感基础上的。其次,二人都热爱美的事物,都具备创造美和欣赏美的能力,有着相同的审美能力和世界观。最后,他们同样厌弃科举禄囊,反对礼教纲常,不愿遵从封建家长给他们规定的生活道路,有同样叛逆的风骨,二人具备同样的人生观和价值观。他们的自由恋爱从最初就具有对封建家族的叛逆性,并因此显得精神内在格外契合。然而,这种叛逆的爱情是没有成长的基础的,必然会遭到社会、家族、制度的联合绞杀。因此,虽然描写爱情的作品古已有之,但宝玉、黛玉、宝钗三人的爱情悲剧和婚姻悲剧打破了才子佳人终成眷属的大团圆结局的窠臼,婚恋之悲剧惊心动魄。作者撕开了封建家族的温情面纱,揭露其罪恶的嘴脸,这是作者深刻的思想之二。

《红楼梦》写的是一个百年望族腐朽奢靡、被抄检破败的过程。只是写一家吗?并不是,书中第十六回还有一个江南甄家,也是世代簪缨之家,其富比贾家尤甚:"……如今现在江南的甄家,嗳哟哟,好势派!独他家接驾四次,若不是我们亲眼看见，告诉谁谁也不信的。别讲银子成了土泥，凭是世上所有的，没有不是堆山塞海的，'罪过可惜'四个字竟顾不得了。"凤姐道："常听见我们太爷们也这样说，岂有不信的。只纳罕他家怎么就这么富贵呢？"贾家有贾元春入宫为妃，甄家曾入宫探视老太妃，可见与皇家有亲属关系，所以甄家地位贵不可比。五十六回中，甄家奉旨进京造访贾府，提及家中也有一个宝玉，声量容貌脾气秉性也与贾家宝玉近似。甄家先于贾家获罪抄家，富贵不再。甄家为何败落书中未明言，但贾家的败落写得非常清楚。政治上失势，生活上豪奢浪费；子孙辈难当大任，目无王法，仗势欺人，"乌眼鸡"似的争权夺利，打自己的算盘。《红楼梦》写建省亲别墅，堆山凿池、起楼堆阁、种竹栽花，采买古玩珍禽、戏班僧尼，花费巨大以至于要典当腾挪；写田庄的乌进孝进租无法满足贾家的胃口，填补漏洞，揭示了贾府奢靡的生活与财源枯竭之间的严重矛盾。加之元春去世、太监勒索、王熙凤放印子钱和弄权谋私、贾赦逼死石呆子等事件，都在贾家颓败到近乎坍圮的空壳子上凿出新的漏洞。其实作者写这甄贾二家，是当时中国封建社会的一个缩影。联系作者所生活的时代，虽是"康乾盛世"，海晏河清，一片升平；但真正敏感而清醒的人，会看到尖锐的社会矛盾和内部的朽坏。就像贾府"外面的架子虽未甚倒，内囊却也尽上来了"。封建王朝无外乎就是放大的贾家，贾家的倾覆，就是封建社会的必然命运。因此，《红楼梦》其实是封建社会的末世颓音。

《红楼梦》是中国文学发展史上的一座丰碑，是一部中国封建社会的百科全书，因其真实而艺术地还原生活的独特手法、博大而深邃的内容、独特的美学魅力和文化内涵，让后来者模仿、研究，甚至形成了一门独立的"红学"。今天我们更要去读它，不是为了考试，而是为了去经历，去感受。只有阅读，才能丰富我们的心灵，学会发现美并欣赏美，继承好传统文化，并从中汲取力量。

（刘季）

◎课例

《红楼梦》整本书阅读设计方案

【设计说明】

《红楼梦》这样的长篇巨制，人物众多，人际交往复杂，情节头绪多，前后伏笔多，除此之外，还有大量的诗词歌赋。如何整体规划和阅读《红楼梦》呢？根据《红楼梦》的特征，整本书阅读计划大致可以分为两步：第一步，是通过前五回观其大概，整体把握小说的情节、结构、主要人物及其命运，初步了解小说的思想内涵；第二步，细读小说文本，加深对小说人物、情节、结构、手法、语言、主题、思想、文化的分析和品味，进而达到对这部经典著作的全面学习。据此，设计如下五个学习任务供参考。

【教学目标】

1. 致广大，通过前五回阅读，建立整本书包括主要情节、人物关系的经线。
2. 尽精微，细读文本，以情节、人物分析建立小说的纬线。
3. 赏美文，关注小说结构、叙事特点，领略精彩的艺术表现。

【教学过程】

一、前五回整体感知

《红楼梦》的前五回是小说的总纲，它如同长河之源，绵延而下，为后文埋下了无数伏笔。在思想内容、故事主线情节、人物设定等方面有提纲挈领的作用。但是前五回的特殊写法，比如神话世界，隐语判词，跨度极大的时空，前面的出场人物如贾雨村、甄士隐与后文正文人物的关联究竟是怎样的等，都是让学生感到困惑的点。因此，通过两大任务五个活动，了解小说结构上"草蛇灰线，伏脉千里"的含义，并为第二步的细读小说打下基础。

任务一：主要情节线的梳理和猜想。

《红楼梦》前五回，有三个神话，看似扑朔迷离，实则是现实世界的映照。阅读相关回目，勾画出这三个世界，并与现实世界建立联系。

活动1：勾画虚幻世界。

可参看本书第七讲《"补天""还泪""太虚幻境"的神话隐喻表达》一章。

从三个虚幻世界中，可以了解到它们对应的现实中的家族盛衰、爱情悲剧（还泪了情）和红楼人物（主要是一众女子）陨落的悲剧。由此，故事的主线初现。

活动2：阅读小说第二回贾雨村与冷子兴的对话，填写贾府世系表（见表6-1）。

表 6-1　贾府世系表

第一代	贾演 （宁国公）	贾源 （荣国公）	命名特征： "水"字辈	寓意：水是生命之源，寓意建立功勋，是家族辉煌的初始
第二代			命名特征：	寓意：
第三代			命名特征：	寓意：
第四代			命名特征：	寓意：
第五代			命名特征：	寓意：

[明确]

贾家第一代："水"字辈，水有源头之意。宁、荣二公贾演、贾源，建功立业，是家族辉煌的初始。

贾家第二代："代"字辈，有接替更迭之意。贾代化、贾代善承袭家业。

贾家第三代："文"字辈，有文治之意，家族由武功转为文治。子孙有贾赦、贾敬、贾政、贾敏。

贾家第四代："玉"字辈，有贵重、美好之意。理应振兴家族，却金玉其外、败絮其中。子孙有贾珍、贾琏、贾珠、贾宝玉、贾环。

贾家第五代："草"字辈，草芥蒲柳，易折贫贱，寓意贾府败落于此代。子孙有贾蓉、贾蔷等。

活动 3：由上面的世系表，结合每代婚嫁情况和第四回"护官符"，绘制四大家族主要人物关系图。

《红楼梦》是世情小说，众多的人物和相互关系构成了人物生活的环境。除此之外，还可以根据故事的进展，进一步绘制贾府近支人物表、主要人物主仆关系表等。这对了解贾府的代际关系、主仆关系、婚姻关系有很大的帮助。总之，根据内容勾画人物关系图，也是在熟悉小说的典型环境，并为下一步细读品味做好准备。

任务二：理解地名、人名、判词的隐喻系统。

《红楼梦》中的一大语言特色，就是其中的地名、人名、物名等自成一个隐喻系统，是通过谐音、谶语等方式实现的。设计相关的梳理学习，便于学生去理解内容，认识人物，并了解人物的命运。

活动 1：梳理地名、人名、物名谐音表（见表 6-2、表 6-3、表 6-4）。

表 6-2　地名谐音表

地名	谐音	暗示
大荒山无稽崖		
青埂峰		
十里街、人情巷、葫芦庙		

表 6-3　人名谐音表

人名	谐音	暗示
茫茫大士、渺渺真人、空空道人		
甄士隐、甄英莲、霍启、封肃		
贾雨村、葫芦僧、娇杏、冯渊		
元春、迎春、探春、惜春		
秦可卿		

表 6-4　物名谐音表

物名	谐音	暗示
群芳髓		
千红一窟		
万艳同杯		

活动 2：梳理红楼正、副册判词、图谶、曲子的内容，理解并推断人物命运（见表 6-5）。

表 6-5　对判词和曲子的理解及人物命运的推断

姓名	判词和曲子的主要内容	人物命运
贾元春		
贾迎春		
贾探春		
林黛玉		
薛宝钗		
王熙凤		
……	……	……

通过这样一系列梳理活动，让学生了解《红楼梦》作者利用谐音、谶语来表达隐喻的语言系统，能够据此在前五回对主要人物的命运有一个大致的了解，并能在后面的章回中遇到类似情况时，主动思考作者的用意。

二、文本细读，深入探究

利用专题阅读，串联前后情节，品读人物，是读懂和理解作者深刻思想内涵的必由之路。

任务三：探寻贾府走向败落的必然。

活动1：通过关键情节跳读，探究贾家败落的原因。

在小说的第二回贾雨村和冷子兴的对话中，提到贾家"生齿日繁，事务日盛，主仆上下，安富尊荣者尽多，运筹谋画者无一；其日用排场费用，又不能将就省俭，如今外面的架子虽未甚倒，内囊却也尽上来了。这还是小事。更有一件大事：谁知这样钟鸣鼎食之家，翰墨诗书之族，如今的儿孙，竟一代不如一代了"。阅读第二、四、十三、十五、十七——十八、二十八、三十三、五十三、七十四、七十五、九十五、九十九、一〇五回，完成下面的表格（见表6-6）。

表6-6 贾家败落原因表

内因		外因
家族扩张		缺乏政治眼光：
生活奢靡		
子孙不肖	男子：	
	女子：	失去政治靠山：

[明确]

以上回目时间空间跨度较大，但整体看下来，能够发现贾家败落的必然。

贾家宁荣二公以武功起家，赢得功名奕世，富贵传家。但是，第二代贾代化死后，贾家就丧失了京营节度使这个实权职位，在政治上已经靠边站了。至第三代文字辈时，皇家对贾家的恩宠已经日渐淡薄。贾家爵位品级降低。贾敬曾考中进士，是最有能力和希望振兴家业的人，但全然不以家族发展为意，反而一心学道，在都外玄真观修炼，烧丹炼汞，放纵家人胡作非为。只剩下贾政担着个五品工部员外郎的虚职。可以说，贾家从第三代的"文"字辈开始，已经回天乏力。到第四代"玉"字辈贾珍荒淫无耻，贾琏能力有限、难堪大任，贾宝玉更是被贾母一味纵容得难堪大用，皆是一无所用的公子哥。第五代"草"字辈更是一群聚赌好色、放纵淫乱之徒。贾家几代居然没有几个爱读书求上进的男子，更无可以力挽狂澜、拯救家族之人。加上兄弟阋墙、嫡庶算计、相互怨恨，从内部加速了贾家的败落。

其一，贾家自上而下耽于享乐，生活奢靡。宁、荣二府的气派豪奢已是显而易见的了，在此基础上还修建了大观园，凿池堆山，搜尽珍玩，万象俱备。其中光是采买戏子尼姑就耗费三万余两银子。而在当时，二十两银子就够庄户人家生活一年的。大观园中的景致让生活在皇家的元春都感叹奢靡太过了。还有一次次的婚丧节庆，人情往来。即使守着金山，也有凿空的时候。

其二，贾家财务管理制度混乱。荣国府的当家人贾政不理家务，王夫人也是表面上不管事，让贾琏和王熙凤实际掌权。二人贪财弄权，王熙凤挪用公款放高利贷中饱私囊。上行下效，底下的银库房总领吴新登、仓头戴良等人，层层克扣，敲诈勒索，损公肥私。

其三，身为公卿却没有政治敏感，反而目无法纪，仗势欺人。王熙凤弄权铁槛寺，为了三千两银子，走节度使的关系，拆散张金哥和守备公子的婚约，致二人自尽殉情；秦可卿出殡，竟敢逾矩用坏了事的义忠亲王千岁的棺材板；林如海举荐，贾政修书一封，就能让失了官的贾雨村得以起复；贾赦想要石呆子的古扇，贾雨村就能立刻抄了石呆子的家，把扇子送来；尤二姐一事，王熙凤自导自演，自己唆使告自家男人在国丧、家丧期间婚娶，全无政治危机意识，之后居然还能自己平事，都察院形同自家衙门。更不要提其姻亲薛蟠强抢民女，屡次打死人命，贾家全不在意，还与之结亲……贾家平日做派的猖狂，一笔一笔，都在加快贾家的败亡速度。

其四，贾家失去了政治靠山，在政治斗争中落败，导致家族倾覆。从小说第一〇五回的"锦衣军查抄宁国府，骢马使弹劾平安州"的内容可知，贾府被抄，表面上看是贾赦因为"交通外官、依势凌弱"，作恶多端传到御史耳中，御史派人查问清楚后派人抄家。其实，从政治原因上考虑，更重要的是贾元春、王子腾在第九十五回中相继暴病而亡，使贾家失去了政治上的依仗。王子腾是四大家族中王家的后代，都太尉统制县伯王公之后，与王夫人、薛姨妈、王子胜是兄妹关系。他初任京营节度使，后擢九省统制，奉旨查边，旋升九省都检点。

从封疆大吏，一路上升将拜相，直至位高权重，事实上在《红楼梦》故事里，他的官位权势远大于贾家，这也是王熙凤作为"玉"字辈的媳妇，能越过邢夫人、王夫人，在两府都能管家理事的背后原因。王子腾是王家的实际掌权者，也是四大家族中的权势核心。王子腾在外朝、贾元春在内廷，共同织就了一张人际网，庇护四大家族，一荣俱荣，一损俱损。但他暴毙之后还被海疆御史弹劾，内容是追责他在任期间留下的亏空，因本人已亡故，责令他的弟弟王子胜、侄子王仁继续赔补。王子腾及王氏家族的倒台，也导致贾家失去保护，受到牵连，甚至被其他公卿政治势力借机打压，终被抄家，一败涂地。

活动2：撰写贾府运行状况调查，并探讨振兴贾府的可行性报告。

任务四：建立人物形象档案。

在情节和环境中研读人物，体会《红楼梦》中立体的人物形象。这种立体的人物形象是生动而富于变化的，要通过情节的发展去梳理、描画。所以，分析特定人物时，需要关注到尽可能多的情节和环境，而非某一个孤立的章节。

以下面的林黛玉的形象梳理表格为例（见表6-7）：

表6-7 林黛玉形象梳理表

回目	相关人物	书中相关情节	林黛玉形象
第二回	贾雨村	聪明清秀、怯弱多病、对母亲侍汤奉药	孝顺、聪明、敏感、体弱
第三回	贾府众人	林黛玉进贾府	聪慧、谨慎、自尊
第七回	周瑞家的	送宫花，黛玉嫌弃最后送给自己	自尊敏感、清高感性
第八回	贾宝玉、薛宝钗、薛姨妈、李嬷嬷	探宝钗黛玉半含酸	敏感、伶俐、随机应变
第十七、十八回	贾府众人	元妃省亲，比试诗才	聪明、孤高
第二十回	薛宝钗、贾宝玉、史湘云	黛玉俏语谑娇音	俏皮专情
第二十二回	史湘云、贾宝玉、王熙凤	史湘云失言，说戏子扮上像黛玉。黛玉向宝玉发脾气	敏感多疑、高度自尊
第二十三回	贾宝玉	共读《会真记》，爱情萌芽	叛逆、聪慧

续表

回目	相关人物	书中相关情节	林黛玉形象
第二十六回	贾宝玉	黛玉葬花	情感细腻、热爱美好事物、孤傲不阿
第二十九、三十回	贾宝玉、史湘云、薛宝钗	金麒麟引出金玉良缘、木石前盟之争,宝玉摔玉,宝黛诉肺腑	敏感、专情、多疑、口不应心、高度自尊、对爱情重视和排他
第三十七、三十八回	大观园中众姐妹	诗社赛诗	才情横溢、思维敏捷
第四十二回	薛宝钗	薛宝钗听出黛玉用了《西厢记》的典故,背地里向黛玉指出,提点忠告;嘲笑刘姥姥	娇憨可爱、善于接纳忠告;不知疾苦
第四十五回	薛宝钗	二人和解,情同姐妹	真诚聪慧、敏感孤苦
第四十八回	香菱、其他姐妹	悉心指导香菱学诗	真诚耐心、热情善良
第九十六、九十八回	贾宝玉、王熙凤	爱情失落,魂归离恨天	真诚坦率、忠于爱情

从以上这些情节中,可以相对较全面地看到林黛玉的人物形象,她聪颖谨慎,才思敏捷且体弱多病。她的敏感多疑、尖酸刻薄多半是因她孤苦无依;因为对于爱情专一而深情,所以在意"金玉良缘",导致与宝钗、湘云时常发生口角,解除误会后能认错并真诚相待;对于需要帮助的人真诚耐心,毫无保留;循规蹈矩,但内心坦率叛逆,厌恶庸俗虚伪。对美的事物能感知欣赏,并深深留恋。她为爱而生,又为爱而死,内心纯粹而高贵。这样的黛玉形象才相对清晰且完整。在分析《红楼梦》中一众人物时,可以参考这样的方式,分析十二钗中的其他人物,也可以选择袭人、晴雯这样的大丫头,或者是刘姥姥、贾雨村、甄士隐这样的线索人物。总之,力求将散碎的情节事件前后关联,整体感知人物。

在此基础上,还可以利用表格梳理的方式,明晰人物间的联系,摸清楚主要人物的朋友圈。从而更全面立体地了解红楼人物,通过他们的行事方式、命运结局去了解作者寄寓在作品中的思想内涵。

活动:以林黛玉为例,填写下面的朋友圈(见表6-8)。

表 6-8 林黛玉的朋友圈

亲人		朋友		丫鬟仆人	
人名	两人关系和人物特点	人名	两人关系和人物特点	人名	两人关系和人物特点

任务五：探究小说艺术表现手法和丰富的文化意蕴。

《红楼梦》，除塑造了丰富多彩的人物形象外，在情节叙事和小说结构上也独具匠心。它又不仅仅是一部世情小说，在琐碎的日常生活描写中，处处洋溢着文化的气息。在这里，我们能看到封建时代的生活制度、民风习俗、饮食服饰、诗词文化，等等，这些也都可以成为我们阅读《红楼梦》的一把钥匙。下面就让我们展开一些具体而微的学习探究。

（刘季）

第七讲　神话之意

"补天""还泪""太虚幻境"的神话隐喻表达

【摘　要】对于文学名著《红楼梦》的阅读来说，神话的内容既是难点，也是重点，却易被忽略。前五回中出现的三个神话"补天""还泪""太虚幻境"，其实关乎宏旨，可谓是解读此书的一把钥匙。理解这三个神话，有助于读者在短时间内把握全书的主旨、情节、人物、风格等小说要素，深入领会全书所蕴含的丰富深厚的思想文化内涵。

【关键词】神话；"还泪"；"补天"；"太虚幻境"；隐喻

高中语文新教材引导我们在完整阅读《红楼梦》前，首先要重点关注该书的前五回。在前五回中，不仅有大量的写实内容，如甄士隐的家庭悲剧，贾雨村的人生起伏，林黛玉眼中的贾府群像，也有三个神话故事："补天""还泪""太虚幻境"。可见，要读懂前五回，就不能局限于仅关注其中的写实内容，还必须关注三个神话，具体分析，深入理解，从而高屋建瓴。并且，这些神话的复杂性，势必给阅读此书带来较大困扰，是学生亟须克服的阅读障碍。

一、神话与《红楼梦》

神话，产生于人类的童年时期，可以被看作是人类文化的源头。"神话"一词，在中国现有文献中最早出现在清光绪二十九年（1903）的《神话、历史养成的人物》一文，该文晚于《红楼梦》的成书时间。可见，"神话"作为一个总结文学经验的明确概念，在中国文学中出现较晚。

什么是神话？高尔基说："一般说来，神话乃是自然现象，对自然的斗争，以及社会生活在广大的艺术概括中的反映。"①这一定义认为神话和现实联系紧密。这表明神话在"虚构"性之外，也有"真实"性，既"假"也"真"。《红楼梦》中的三个神话，亦真亦幻，实为一种丰富的隐喻表达，暗喻了"真"的现实。

二、三则神话

(一)"补天"

"补天"神话在古代文献中数次出现，在《红楼梦》中，这个神话看起来更像是"女娲补天"神话的后续。《红楼梦》中的神话与中国传统的"补天"神话有何异同？这种运用又有何作用呢？

从同的角度来看，二者都涉及三点：女娲，石，补天。

1. 关于女娲。远古神话中，补天的女娲乃一女性，炼石补天以救苍生于危难之中，最终除患安民，富有智慧和力量，堪称英雄。曹雪芹沿用这一神话原型，蕴含着他对女性的赞美和认可。"这本书从女性开始，用一种尊敬的态度来写女性，整本书女性的地位这么重要，在中国小说里面是少有的。"②作者也借贾宝玉之口反复表达过对男性和女性的不同评价。的确如此，一部《红楼梦》就是一曲女性的赞歌。高贵如薛宝钗、林黛玉、贾探春、史湘云等，形象光彩照人；即使卑微如香菱、袭人、晴雯等，也是形象迷人，充满魅力；这些女性让贾府一众男子相形见绌。

2. 关于石。远古神话中，女娲炼石后的产物是"五色石"，是指五颜六色、精致美丽的石头。传统文化中，"玉""石"同物。令人不难将补天石与小说中"衔玉而诞"、名字中含"玉"的贾宝玉相联系。《红楼梦》中，"五彩石"变为"顽石"，可理解为极坚硬的石头，抑或是顽劣的石头。第一回提到顽石是补天单单剩下未用，被抛弃在青埂峰下的一块。顽石是神瑛侍者的前身，神瑛侍者下凡成为贾宝玉，因此由"石"而为"玉"，固然告别了远古神话的粗朴色彩，使故事具有了文明和文化气息，但"五色"与"顽"的饰词之差，有作者更深的良苦用心。贾宝玉出身富贵，形象俊秀，修养不凡，"美质如玉"。

比如在《红楼梦》第十七至十八回中，贾宝玉面对大观园中众多地点居所，一路题名，往往引用典故，且作分析，一方面显出文学积累丰厚，文学素养了得，另一方面也体现出他颖悟聪慧、善于思考的特点。贾宝玉尽管文才远不及

---

① 袁珂：《中国古代神话》，上海：华东师范大学出版社，2017年，第1页。
② 白先勇：《白先勇细说红楼梦》，桂林：广西师范大学出版社，2017年，第39页。

林黛玉、薛宝钗等闺中才女，但吟诗作赋也时常能一挥而就，可见绝非整日混迹于女子群中不思上进的花花公子。

然而，他的形象核心不在于文明教养，而在于对封建道统的叛逆，对功名利禄的鄙弃。《西江月》词二首对贾宝玉的正话反说，似贬实褒，字面上看，当然是世人眼中的顽劣面目。在词中，贾宝玉痴痴傻傻，无缘无故地多愁善感，不学无术，草包一个，言行乖僻，无视世俗。难以度过富贵贫穷，空负美好的青春岁月，对于家国几无作为，不值得指望。作者甚至说贾宝玉的没本事是天下独一无二的，劝告富贵人家的子弟都不要去效仿他。

贾宝玉对于贾府女孩子们的亲近和爱护，固然有他作为一位贵族公子文明素养的因素，但更重要的是他内心拥有女性美好、尊重女性的观念。宝玉对女子们几乎不分贵贱，都施以友善，可以说，他真的是"爱博而情专"。深爱着黛玉自不必说，和史湘云轻松愉快的相处自不必说。即使像平儿这样的侍妾，他也能在她遭受贾琏王熙凤夫妻俩慢待、内心深感委屈之时，接进屋内休息整妆，对她温柔以待，无尽怜惜；甚至对于龄官这样的贾府乐伎，也能在她画蔷，对贾蔷心心念念之时，被她的一往情深所感染、所打动，还关切她在雨中会不会被淋着，十分怜惜。这在贾宝玉所生活的时代，是极其难能可贵，也是极其具有叛逆性的。

主人公贾宝玉对封建道统的执着的反感，如顽石的坚硬；其身为豪门公子的顽皮放纵，则是顽石的人格化体现。

3. 关于"补天"。远古神话中，"五色石"以己之力得补苍天；而《红楼梦》中，顽石却是被女娲弃用的唯一一块补天之石，是多余之物，其用几近于无。如第一回所说，它虽经锻炼，具备了灵性，但因自己无材未被入选，于是自怨自艾。

就隐喻而言，顽石的补天被弃首先让我们想到贾宝玉。他富于性灵，不乏才学，比如在贾政巡检大观园时，宝玉给各处题名，出口成章；而对人对事，他也是有情有理，擅抒己见。然而，在贾政等封建正统人士看来，宝玉始终是不务正业之徒，庸庸碌碌之辈，难登大雅之堂。作为家族继承人，宝玉最终未能力挽狂澜，振兴家业，延续富贵，而是最终消失在一片"真干净"的"白茫茫"之中，令人无限唏嘘，不是补"现实之天"的弃石又是什么？

由小说进一步联系现实，作者曹雪芹是末代贵族子弟，家族仰赖与皇室之亲，享尽荣华富贵，而后突遭变故，家道中落，一蹶不振，他后半生潦倒，流不尽辛酸泪。由这样的作者反观书中的"补天"内容，就会感到，这个神话恰是一个极大的象征，象征着封建社会中知识分子即"士"的普遍宿命：尽管他们德才兼备，然而，其理想抱负的实现必须依托于君主的青睐，所以理想往往照不进现实，怀才不遇，内心有更多的无奈乃至悲愤，只能含蓄寄寓于诗文中。曹雪芹的知己脂砚斋点评小说（以下简称"脂评"）中"无材补天，幻形入世"二句，说"八字便是作者一生惭恨"，不为虚言。

此神话中的数字和名称，也有明显的隐喻意味。凡涉及数字，皆有隐喻意义。比如"炼成高经十二丈""方经二十四丈"，脂评为"总应十二钗""照应副十二钗"；"三万六千五百块"补天石，脂评为"合周天之数"，即对应三万六千五百这一百年之期。"百年大族"是中国传统文化中的固有说法，世纪轮回常常可能是家族没落的转折点，这和书中贾府盛极而衰的境况相吻合。再如物名及人名。"大荒山""无稽崖"，脂评为"荒唐""无稽"，即无从查考；"青埂峰"则为"情根"之意。

"补天"神话中还蕴含着儒释道的哲学思想内涵。

乱世混乱，继而有女娲补天救世，顽石无材被弃，"如今的这宁荣两门也都萧疏了，不比先时的光景"（第二回）脂评为"记清此句。可知书中之荣府已是末世了"[①]。这样意思的评注不止一处。反复提及末世，这正是儒家思想救济天下而又无力回天、经世济国而又怀才不遇的体现，为儒家思想添上了浓重的现实悲剧色彩。

还有浓厚的佛道色彩。一僧一道正是佛道思想的形象载体，"万境归空"一句，具有非常浓厚的佛道哲学意蕴。脂评认为是这部书的总纲，可见其在书中的地位。从书名来看，《红楼梦》别名《情僧录》，此中"情僧"，既是曹雪芹，又是贾宝玉，对应的正是从空无一物去认识各种表面现象，又从表面现象中懂得情感，再从其中解脱懂得这些都是因为外物表面所引起的，最后懂得外物的表现还是无的佛门思想。

由此可见，曹雪芹对"补天"神话进行了继承和改变，其作用一方面概括性地表现了本书的关键人物形象——美好的女性，以及封建正统的叛逆者贾宝玉；另一方面表达了作者对某些现实规律的深切体验，同时，也为全书增添了文化底蕴上的厚重感。

[①] 曹雪芹著，脂砚斋评：《脂砚斋批评本红楼梦》，长沙：岳麓书社，2006年，第17页。

(二)"还泪"神话

"还泪",即眼泪还债,这一神话出现在甄士隐的梦境中,他听闻一僧一道交谈。简言之,这个神话讲述了赤瑕宫的神瑛侍者对三生石畔灵河旁边的绛珠仙草施与甘露灌溉的恩情,使其化成人形女体。绛珠仙草无以为报,只能用一辈子的眼泪来偿还,并追随神瑛侍者下凡。

这就是所谓"木石前盟",《红楼梦》中贾宝玉与林黛玉的爱情故事的前缘。其中的隐喻表达也非常丰富。

名字的隐喻。赤瑕意为红玉瑕疵。贾宝玉号怡红公子,佩戴通灵宝玉,可知二者联系;神瑛侍者和通灵宝玉义同词异,赤瑕宫主人、神瑛侍者和贾宝玉是三位一体的,而绛珠仙草即是林黛玉的前身。"离恨天"即游荡在恨天之外。"蜜青果"即心中幽深之情,由"灌愁海"可知情愁深深深几许。

贾宝玉与林黛玉两情缱绻,然而他们的爱情萦绕着误会和泪水。《红楼梦》前八十回里,林黛玉哭了十几次,其中多数是为贾宝玉而哭。从中能看出"还泪"神话中神瑛侍者的施与和绛珠仙草的感恩的影子。

比如第十七回,贾政视察大观园工程,和宝玉在园中偶遇,在一众宾客面前充分展现出题匾额的文学才华,让贾政颇为满意。随后被贾政的几个小厮拦腰抱住,分了荷包扇囊。林黛玉以为自己送宝玉的荷包也被给人了,赌气剪香袋。宝玉见此,从里面衣服里拿出荷包,示之黛玉,表达自己的珍视之心,让黛玉无言以对,只能潸然泪下。

再如第二十八回,林黛玉因去宝玉处叩门被拒,勾起多愁善感的她寄人篱下的凄楚心情,因而在芒种节众人欢乐之时,黯然神伤,独自葬花,被宝玉看到,禁不住悲恸,向黛玉剖明一番自己的真心。黛玉震惊之余,又流下了眼泪。二人和好如初。

又如第三十二回,史湘云劝诫宝玉好好读书,交往仕人,以便将来应酬自如。一番话引起了宝玉的反感,对袭人直抒胸臆,说林黛玉从不说这些"混帐话",让悄悄走来的林黛玉惊喜悲叹,引为知音。感动欣慰之余,想到自己的薄命身世,不禁泪如雨下。

第九十八回,林黛玉甚至因爱而泪尽人亡。此回题目正与第一回中的"还泪"神话扣合。

总之,神瑛侍者与绛珠仙草的仙界因缘,即是贾宝玉与林黛玉的人间爱情的神话体现。"还泪"神话,既隐喻了宝黛二人的深远情缘,也喻示了二人爱情的高度，它来自神界，牢不可破，命里纠缠。

(三)"太虚幻境"

"太虚幻境"神话出现在第五回，极其丰富，也非常完整。它的前情是宁国府请荣国府人过去赏花，后来，贾宝玉在宁国府贾蓉媳妇秦可卿房里睡觉，在警幻仙姑的带领下神游太虚幻境。贾宝玉在"薄命司"里看了金陵十二钗正册、副册、又副册，看到了金陵十二钗及晴雯、袭人、香菱等人的批语和以后的命运，入室品了"千红一窟"茶，饮了"万艳同杯"酒，听了《红楼梦》仙曲十二支。仙姑又将其妹秦可卿许配给宝玉。宝玉在与可卿难舍难分时，至迷津处，被雷声惊醒。

这一神话架构至关重要。"应该说，作者从第一回开始，慢慢架起来，至此整个神话架构完成。"[①]"太虚幻境"神话隐含着作者曹雪芹的人生体验，隐含着他的人生观和世界观。

首先有宁国府贾珍的儿媳秦氏——秦可卿。秦，即情。在太虚幻境即宝玉的梦境中，她化身为叫兼美、字可卿的女子，是警幻仙姑之妹，这一人物具有象征意义。秦可卿的判词一针见血，揭示了《红楼梦》的"情"字底色。警幻仙姑，顾名思义，是来警示贾宝玉人生是孽海情天，经历了种种"情"的考验后，复归于空无。

曹雪芹在这一神话中，用以韵文形式出现的判词和《红楼梦》曲来隐喻人物的特征与命运。其中，人物不仅有大家闺秀如林黛玉、薛宝钗等，还有地位不高甚至低下的香菱、晴雯、袭人等，可以说涵盖了尊卑贵贱的不同类型。作者通过图画(判词前边的画)隐喻、文字隐喻(判词中的字词暗示)等，含蓄地揭示了大观园女子的命运走向甚至结局。这些判词具有"谶语"(事后会应验的预言)和谜语的特点。作者不明说，而是让读者在初步得知后，再随后慢慢了解人物的现实故事，这就使这些判词和曲成为人物命运的概括和象征。

老子《道德经》认为，道大而虚静。"太虚幻境"之意即谓世间万物(包括人)皆由太虚之处幻化而来。两边的对联"假作真时真亦假，无为有处有还无"是曹雪芹对迷失的世人的点拨。"群芳髓"，是花的精髓提炼，实则是集聚精华的美好女性。"千红一窟""万艳同杯"具谐音之妙，揭示了《红楼梦》中众多女性的美及悲。金陵十二钗大多命运悲惨，而《红楼梦》曲就是她们的一支支挽歌。《枉凝

---

① 白先勇：《白先勇细说红楼梦》，桂林：广西师范大学出版社，2017年，第39页。

眉》这样的曲词也有"还泪"神话的明显渗透。

宝玉游历了一番美丽的幻境，体验了一番奇情，迷津受惊，大梦终醒。作者曹雪芹的隐喻是无情而深刻的，是他个人参悟得道的过程。而《红楼梦》中多情公子博爱众女，深爱黛玉，却对她们的悲剧爱莫能助，看尽感情世界的种种离散悲欢，最终宝玉得通灵悟仙缘，这正是"太虚幻境"在书中的具体情节和人物展现。

三、《红楼梦》三则神话的意义和价值

曹雪芹架构的"补天""还泪""太虚幻境"三个神话，由第一回始，到第五回基本结束，它成为全书的总纲，在小说要素体现和写作特色呈现方面，具有巨大的意义和价值。

就情节而言，它们揭示了全书的情节主线，即贾宝玉与众多美好女性之间的由喜而悲的情感经历。

就主题而言，它们通过这种情感经历及其结局，流露出世间万般都归于空无的观念，使《红楼梦》具有了哲学意蕴和文学高度。

就人物而言，它们简要展示了全书重要人物的核心形象，并含蓄地揭示了其悲剧命运。

就风格而言，它们使《红楼梦》更富有想象力，是对书中现实主义内容的补充。它们的象征性，使《红楼梦》呈现出浪漫主义和现实主义相结合的风格，弥补了人间故事的局限和不足。

《红楼梦》反映出儒家思想在社会中的统治地位，神话中的僧道言行作为补充，共同组成中国传统社会的主流文化思想。神话与宗教思想贯穿，使全书富有深厚的文化底蕴和丰富的思想内涵，提升了这部小说的哲学境界。

不难看出，若删去这三个神话，尽管故事也能内容自足，逻辑自洽，却会失去厚重感、想象力和氛围感。正如《红楼梦》研究专家白先勇先生所言，《红楼梦》最大的特点之一，在于曹雪芹所建立起来的神话，是由浪漫主义色彩浓厚的超现实的内容引导的，然后在这种引导下进入了现实主义色彩浓厚的写实部分。神话与人间的结合，僧人道士在书中自由自在的来去，是如此自然奇妙，不令读者有丝毫生硬、突兀、古怪之感。"好像太虚幻境、警幻仙姑、茫茫大士、渺渺真人……真有这么回事，然后一降回到人间，贾母、王熙凤、宝玉、黛玉……也觉得是真有其人。它的神话架构笼罩全书，具有重要的象征性，也给

予写作极大的支撑与自由。"①

（李巧梅）

◎ 课例

《红楼梦》三则神话故事梳理与探究

【设计说明】

《红楼梦》的"补天""还泪""太虚幻境"三则神话解读是学生的阅读难点，也是重点。怎样引起学生对这三则神话的足够重视，帮助他们对此进行具体而深入的解读，并由此获得整本书阅读的某些重要方法，又避免学术研究的单调，让学生感到有切入点，饶有趣味？

基于神话的重要性以及对学情的掌握，我们依据以小见大的学习原则，配合现在强调的学习任务群意识，开展小组研究活动，成果展示。基于《红楼梦》的小说的体裁特点，我们紧扣主题、情节、人物、环境等小说要素，带领学生紧扣作品题材，有的放矢地进行小专题研究，并汇总成大专题，使学生得到"既专且博""既细且广"的学习收获。

【教学目标】

1. 梳理三则神话的具体内容，把握其隐喻的重点。
2. 联系《红楼梦》全书的相关情节，印证三则神话的隐喻性。
3. 结合神话及这三则神话的内容，了解"神话"概念的内涵，探究《红楼梦》中神话隐喻表达的作用及意义。

【学习任务群】

任务一：三则神话内容梳理。

具体任务包括：通过分角色朗读或戏剧表演，再现三则神话故事的主要内容；填写表格，落实三则神话故事的基本内容。

---

① 白先勇：《白先勇细说红楼梦》，桂林：广西师范大学出版社，2017年，第73页。

任务二：三则神话隐喻性表达分析。

具体任务包括：阅读关注书中具体内容，查阅相关研究资料，在了解"补天"神话、"还泪"神话、"太虚幻境"神话的深层文化内涵的基础上，课堂讨论并填写表格，对"补天"神话、"还泪"神话、"太虚幻境"神话中女子命运的隐喻性表达进行具体分析。

任务三：三则神话隐喻的情节印证。

具体任务包括：阅读《红楼梦》，查阅相关内容，寻找"补天"神话、"还泪"神话、"太虚幻境"神话的隐喻性表达在书中对应的典型情节；课堂进行该专题的展示。

【教学过程】

根据全体报名、自愿结组的原则，让学生选择自己喜欢的任务加入，每个任务即是一个小组。课前已开展查阅整理资料、制作课件工作。课上，小组成员首先明确各小组的展示任务和相应顺序。

任务一：三则神话的内容梳理。

活动1："补天"神话（第一回"原来女娲氏炼石补天之时……地舆邦国却反失落无考"）分角色朗读——旁白、顽石、僧人、道人。

小组代表发言，概述这则神话的主要内容。

活动2："还泪"神话（第一回中的"只听道人问道……既如此，便随你去来"，加以改编）戏剧表演。角色：道人、僧人、神瑛侍者、绛珠仙草、警幻仙姑。

小组代表发言，概述这则神话的主要内容。

活动3："太虚幻境"神话（第五回中的"那宝玉刚合上眼，他如何从梦里叫出来"，删除判词、曲部分，压缩对话，加以改编）戏剧表演。角色：秦可卿、贾宝玉、警幻仙姑、夜叉海鬼、旁白。

小组代表发言，概述这则神话的主要内容。

活动4：全体同学课后填写表格（见表7-1），落实本项学习成果。

表 7-1　神话的主要内容

神话名称	前情 （前面内容）	后续 （后面内容）	内容概述	所涉人物	重要名称
补天					
还泪					
太虚幻境					

任务二：神话梳理——具体分析三则神话的隐喻性表达。

活动 1：小组围绕三则神话，课下搜集查阅相关资料，整合为"'补天''还泪''太虚幻境'神话的传统文化内涵"专题小报告，与全体同学在课前分享，为课堂专题讨论提供基础。

活动 2：课堂集体讨论"补天"神话的隐喻性表达，并填写下面的表格（见表 7-2）。

表 7-2　"补天"神话的隐喻性表达

神话喻体	隐喻	简要分析
被弃的顽石		
大荒山无稽崖	故事荒唐无据	大荒意为"大荒唐"，无稽意为"无从查考"，暗示故事的荒诞性，及其虚幻色彩、神秘气息
三万六千五百块 高经十二丈 方经二十四丈		

[点拨]

远古神话中，女娲作为一位女性，炼石补天，在危难之中拯救了苍生，最终除患安民。她富有智慧和力量，堪称英雄。作者曹雪芹沿用这一神话原型，蕴含着他对女性的赞美和认可。

主人公贾宝玉对封建道统的执着的反感，如顽石的坚硬；其身为豪门公子的顽皮放纵，则是顽石的人格化体现。

由小说进一步联系现实，作为末代贵族子弟的曹雪芹曾享尽荣华富贵，而后突遭变故，穷困潦倒。"补天"神话恰是一个极大的象征，象征着封建社会中知识分子即"士"难以掌控自身命运的普遍宿命。

第七讲　神话之意

活动3：课堂集体讨论"还泪"神话的隐喻性表达，并填写下面的表格（见表7-3）。

表 7-3　"还泪"神话的隐喻性表达

神话喻体	隐喻	简要分析
赤瑕宫神瑛侍者		
绛珠仙草	林黛玉	"绛珠"是红色的珠子，喻义"血泪"，是林黛玉寄人篱下、郁郁寡欢的一生的形象性概括，寓示着林黛玉爱哭的性格和悲惨的结局
离恨天、蜜青果、灌愁海		

[点拨]

"还泪"神话，揭示了贾宝玉、林黛玉尘缘爱情的神界前生，可谓是因缘天定。无情的仙草经受灌溉，被赋予深情。仙草化为人形，随同下凡，还泪报恩，揭示了宝黛二人深刻的感情羁绊，以及他们的爱情中浓重的宿命般的悲伤。

活动4：课堂集体讨论"太虚幻境"神话的隐喻性表达，并填写下面的表格（见表7-4）。

表 7-4　"太虚幻境"神话的隐喻性表达

神话喻体	隐喻
太虚幻境	
警幻仙姑	天界仙女，掌管人间女子命运簿籍。意为提醒人要警惕幻觉
迷津	
……	

[点拨]

太虚幻境是一个幽玄迷幻的存在，也是一种心灵的高深境界。高贵、富于性灵的贾宝玉梦游太虚幻境，看过贾府里上中下三等女子的籍册，历经种种声色幻梦，仍未觉悟，最终还是堕入深邃的迷津，这正是芸芸众生于滚滚红尘中一定会经历的一番人生历程，也是心路历程。而且大多数人即使坠入万劫不复的深渊，终其一生也仍执迷不悟。

任务三：三则神话的情节印证。

活动1：小组课下仔细阅读《红楼梦》，搜集典型情节或内容，提交课堂；课堂集体讨论，思考并说说这些典型情节或内容分别和哪一则神话联系紧密。

示例1：《红楼梦》第三回中的《西江月》词二首。

这一内容对应的是"补天"神话。在词中，贾宝玉痴痴傻傻，无缘无故地多愁善感，不学无术，草包一个，言行乖僻，无视世俗。难以度过富贵贫穷，空负美好的青春岁月，对于家国几无作为，不值得指望。作者甚至说贾宝玉的没本事是天下独一无二的，劝告富贵人家的子弟都不要去效仿他。

从全书来看，两首词是对贾宝玉的正话反说，似贬实褒；不过如果从字面上看，它们当然是世人眼中的贾宝玉的顽劣面目的概括：主人公贾宝玉对封建道统的执着的反感，如顽石的坚硬；其身为豪门公子的顽皮放纵，则是顽石的人格化体现。

示例2：《红楼梦》第十七回、二十八回、三十二回中宝玉、黛玉二人的交往，黛玉的流泪。比如：

宝玉又说："林妹妹不说这样混帐话，若说这话，我也和他生分了。"……林黛玉听了这话，不觉又喜又惊，又悲又叹。所喜者，果然自己眼力不错，素日认他是个知己，果然是个知己。所惊者，他在人前一片私心称扬于我，其亲热厚密，竟不避嫌疑。所叹者，你既为我之知己，自然我亦可为你之知己矣；既你我为知己，则又何必有金玉之论哉；既有金玉之论，亦该你我有之，则又何必来一宝钗哉！所悲者，父母早逝，虽有铭心刻骨之言，无人为我主张。况近日每觉神思恍惚，病已渐成，医者更云气弱血亏，恐致劳怯之症。你我虽为知己，但恐自不能久待，你纵为我知己，奈我薄命何！想到此间，不禁滚下泪来。待进去相见，自觉无味，便一面拭泪，一面抽身回去了。（第三十二回）

以上几个文段对应的是"还泪"神话。我们可以看出，在贾宝玉和林黛玉的日常互动中，常常是宝玉对黛玉关心呵护、时时在意，赔不是，增小心，或粗或细，或直接或含蓄地表达真心真意，这恰似"还泪"神话中，神瑛侍者对绛珠仙草无私的灌溉施与；而林黛玉面对宝玉的众多小事时，或惊或叹，时悲时喜，动辄流泪，则是绛珠仙草面对神瑛侍者的深情厚爱，随其悲喜，以泪报恩的人间体现。在第九十八回中，林黛玉甚至因爱而泪尽人亡。此回题目正与第一回中的"还泪"神话扣合。

活动2：小组课下仔细阅读《红楼梦》中"金陵十二钗"及香菱、袭人、晴雯的相关内容，了解其结局，搜集能印证她们的判词和歌曲其他重要内容的典型情节，并在课上引导全体同学填写下面的表格（见表 7-5），可配合朗读判词和歌曲，或将判词和歌曲配乐演唱。

表 7-5　与判词和歌曲有关的典型情节

"太虚幻境"中众女	人物结局	与判词和歌曲有关的典型情节
林黛玉		
薛宝钗		
史湘云		
贾元春		
……		

[点拨]

"太虚幻境"神话中出现的判词和曲，以简要形象的文学笔法含蓄地揭示了《红楼梦》中主要女性的命运和结局，有助于读者在总观她们的命运和结局后，以更从容的心态来仔细了解和感受她们具体的人生故事和其美好形象。

【总结】

三个神话，是全书的总纲。

在情节方面，它们揭示了全书的情节主线，即贾宝玉与众多美好女性之间的由喜而悲的情感经历。

在主题方面，它们具有哲学意蕴和深度，使全书富有深厚的文化底蕴和丰富的思想内涵。

在人物方面，它们简要展示了书中重要人物的形象，并含蓄揭示了其悲剧命运。

在风格方面，它们使《红楼梦》呈现出浪漫主义和现实主义相结合的风格，弥补了人间故事的局限和不足。

（李巧梅）

第八讲　形象之美

"诗""花""人"交相辉映的艺术形象
——以"林黛玉"形象塑造为例

【摘　要】"以花喻人"是《红楼梦》塑造人物形象的独特手法，小说中出现"多花对一人"情况的，林黛玉是其中一个。同时，黛玉与花之关系，又离不开诗。故而，在黛玉形象塑造上，形成了诗、花、人交相辉映的特点。林黛玉撷英入诗，诗中菊花孤高冷傲，桃花色魅寿短，与黛玉孤标傲世、情深不寿的形象完美融合。此外，曹雪芹特以既有桃花姿容，又有傲然心性的芙蓉作为林黛玉的主花喻，并以《芙蓉女儿诔》实诔黛玉，更是凸显了林黛玉诗、花、人完美融合、熠熠生辉的文学形象。

【关键词】林黛玉；菊花；桃花；芙蓉；诗；交相辉映

林黛玉的前世之身是一株绛珠仙草，《枉凝眉》赞美她是阆苑仙葩；这株世外仙姝虽草胎卉质，却灵气逼人。她从天而降，成为大观园一众芳菲中最风流袅娜、清高孤傲的一个；也成为最顾影自怜、哀戚幽怨的一个。在《红楼梦》一书中，林黛玉和许多花有关联：风露清愁的芙蓉花，孤标傲世的东篱菊，一朝春尽红颜老的桃花。曹雪芹笔下的林黛玉，荟聚花的精魂，演绎了一场花事的芬芳与哀伤，在大观园的生活时空中，在香草诗情的精神维度里，成为令人恸哭的千红之一。

林黛玉与花之关系，又离不开诗。正如《咏菊》中那个昏晓被诗魔侵扰的诗人，她对花事的关照和移情最终变成一首首诗歌。大观园青春王国的诗社活动起于探春，但黛玉无疑是诗会的骨干力量。第一次诗会，众姐妹（其实只有钗、黛、探春）做《咏白海棠》（限门盆魂痕昏）。钗、黛就分别写出了"淡极始知花更艳，愁多焉得玉无痕""偷来梨蕊三分白，借得梅花一缕魂"的佳句，李纨一锤定音，认为宝钗的诗含蓄浑厚，应该得冠，黛玉的诗风流别致，可以居次。这个评判非常精准，这正是钗黛性格的经纬分野。第一次诗才角逐，黛玉虽然居次，但毫不逊色。她的不同凡响，别具一格表露得十分充分。而曹雪芹终归是要给黛玉一个舞台的，让她口齿噙香，诉解秋心，这便是菊花诗会。这一次，林黛玉大放异彩。诗会一共写出十二首菊花诗，黛玉一人写了三首，冠绝全场，以"诗也新""立意更新""巧的却好，不露堆砌生硬"而拔得头筹。

《咏菊》诗立意新颖，题为《咏菊》却没有直接咏花，而是吟咏一个痴迷菊花的诗人。"无赖诗魔昏晓侵，绕篱欹石自沉音，毫端蕴秀临霜写，口齿噙香对月吟。"这位爱菊的诗人，苦心孤诣写菊花，像着魔一样，夙兴夜寐，反复推敲。诗人锦心绣口，能够共情菊花，于是写出了精彩的诗句。那么菊花令诗人为之沉吟的精彩又在哪里呢？"满纸自怜题素怨，片言谁解诉秋心。一从陶令平章后，千古高风说到今。"原来咏菊的诗人感受到菊花虽自有遗世独立的品格却不被他人理解，普天之下，除了陶元亮之外，无人欣赏菊花的一片秋心。为此，诗人也情不自禁打抱不平，替菊花写下秋心无人理解的素怨。这首《咏菊》不直接咏花，却又在咏花，似乎在写爱菊的诗人，其实又好像是在写黛玉自己。至此，黛玉早已如庄周化蝶，与菊花物我相忘了。

《问菊》很好地承接了《咏菊》。面对素怨秋心的菊花，诗人提出"孤标傲世偕谁隐""一样花开为底迟""圃露庭霜何寂寞""鸿归蛩病可相思"一连串的问题，这是黛玉因菊花不被赏识而产生的疑问，也是她内心世界挣扎的体现。孤标傲世既是花格，也是黛玉的人格写照，然而这份孤傲的情怀知音寥寥，虽然还有一个宝玉欣赏她，但这种相知会维持多久呢？假如宝玉不能与她偕隐，在雁归蛩嘶的深秋，黛玉会不会陷入无尽的绝望呢？现实中"你我既为知己，何来一宝钗"，既有"木石前盟"，何来"金玉良缘"？诗歌中那俊逸的菊花，不愿与百花争妍斗艳，在深秋独秀，却也害怕没有知音，无人陪伴。不得不说，这样的纠结，确实是一种林黛玉式的忧虑。

《菊梦》更是沉酣一梦的破碎，"和云伴月不分明"，"醒时幽怨""无限情"。菊花梦醒，理想与现实的反差巨大，梦魇犹如谶语，预告了爱情的凋零和理想的破灭。

林黛玉的三首菊花诗看似写花，实则是对人物的隐喻。或可独立欣赏，但最好融会贯通来读，就更能体会出花品即人格，花运为人命的寓意。林黛玉诗才卓绝，想必能写好各种花草，但曹雪芹一定要她写菊花才夺魁，不得不说大有深意。菊花，蕊寒香冷，凌傲秋芳，又自带隐者之风骨，这与林黛玉的孤傲冷僻、超凡脱俗的精神气质最为吻合，一句"孤标傲世偕谁隐"更可谓深入人心。

有着精神傲骨的林黛玉却偏偏多愁多病，让人不禁联想到她笔下那些"红消香断有谁怜"的桃花。以桃花入诗在《红楼梦》中有两处：一处在《葬花吟》，另一处在《桃花行》。而黛玉的《葬花吟》与《桃花行》又好像"专为命薄如桃花的林黛玉的夭亡，预做象征性的写照"。[1]

黛玉葬花不是普通的伤春感怀，为了这一场葬花，曹雪芹在小说中做了细致的铺垫。第二十六回"潇湘馆春困发幽情"写到林黛玉听说贾政召见宝玉，心中替他担心，于是晚饭过后，准备到宝玉面前问个究竟。谁知走到院子，看见宝钗已走在前面，所以故意放慢脚步，跟随而来。在怡红院门前，黛玉叩门两次，都吃了闭门羹，听到院中交谈欢笑的声音，于是林黛玉也"不顾苍苔露冷，花径风寒，独立墙角花阴之下，悲悲戚戚呜咽起来"。这段泪洒芳幽的过渡文字为字字血泪的《葬花吟》做了十足的铺垫，特别是黛玉在花阴之下哭泣时，曹雪芹写下了"花魂默默无情绪，鸟梦痴痴何处惊"的诗句，这不是闲笔，那花阴下的呜咽之声最终会以诗的方式喷涌而出，这就是《葬花吟》。

"葬花"是林黛玉生活中颇有标识性的一个举动，也是大观园中独特的一个事件。沁芳闸边桃花林下的石头，是宝黛共读《会真记》的地方，犄角上有一个花冢，是宝黛共同掩埋桃花的处所，桃花见证了宝黛相知相惜的种种美好瞬间。然而，越是美好，越是不易把握。特别是经过怡红院的冷遇，那些若即若离的幸福仿佛转瞬即逝的春天，惹人烦忧。《葬花吟》写道"花谢花飞花满天""红消香断有谁怜""闺中女儿惜春暮""愁绪满怀无释处"，这些不仅是青春少女感时伤怀的情绪，更是对自身命运的悲吟，面对蹉跎易逝的如花青春，黛玉的内心充满了愁绪，更何况在这底色悲凉的青春里，还有"柳丝榆荚自芳菲，不管桃飘与李飞"的人情凉薄，有"梁间燕子太无情""花魂鸟魂总难留"的百般无奈，这才有了诗人的生命顿悟：明媚的花朵能够鲜艳几时，一旦飘零终将无处寻觅。蔡义江先生讲《葬花吟》"并非一味地哀伤凄恻，其中有着一种抑塞不平之气"[2]。诗歌超越了少女惜春的一般情感，倾注了诗人对生命的深深思考："一年三百六十

---

[1] 蔡义江：《红楼梦诗词曲赋鉴赏》，北京：中华书局，2004年，第338页。
[2] 蔡义江：《红楼梦诗词曲赋鉴赏》，北京：中华书局，2004年，第196页。

日,风刀霜剑严相逼。"人需要多少勇气来面对如此恶劣的生存环境,在被逼入死角的那一刻,诗人也试图抗争,她希望自己能生出飞翔的双翼,追随着飘逝的花朵飞向天的尽头。然而,在天的尽头,就一定有人生的"香丘"吗?恶是一切不幸的源头,只要它不被消灭,美好就会不断被伤害,这就是生存的残酷与无奈。对诗人来讲,与其不断嗟叹生命的脆弱,妄念未必可得的幸福,不如把清清白白的生命用一抔净土掩埋,宁为玉碎,不求瓦全,这就是林黛玉的不同凡响。这种桀骜不驯的风骨和东篱隐者的风流一脉相承。《葬花吟》虽然始于对桃花的悲悼,又超越了一般的惜春:由花及人时,也并不只有对自身处境的哀戚,而是"甩掉了一切攀附依从的力量支撑,舍弃了红尘中一切虚无缥缈的幻想,超越了一切世俗诱惑的羁绊,埋葬了一切尘世的扰攘,毫不犹豫地向着精神的太虚幻境飞升"[①]。吟诵《葬花吟》之时,贾府的烈火烹油之势尚有余温,宝黛爱情还在酝酿发酵,所以这首诗的谶语迹象较为隐蔽。

而《桃花行》则写于海棠诗社寥落沉寂、无所作为之后。尽管又是一年桃红,但此时的大观园早已是风声鹤唳,人人自危。绣春囊事件后,晴雯受辱,一命呜呼,司棋、入画相继被逐,大观园内一波未平,一波又起,黛玉更是强打精神写下《桃花行》。诗中写道,春风轻软,桃花盛开,可是闺中的女儿清晨却懒于梳妆,独自凭栏,向东风哭泣,她的血泪如桃花鲜艳,长流不断,泪水流干的时候,也正是春花憔悴的时刻;黄昏时分,憔悴的花掩映着憔悴的人,陪伴她们的还有远处杜鹃悲切的啼哭声……桃花是中国诗歌的传统意象,《诗经·桃夭》中有"桃之夭夭,灼灼其华,之子于归,宜其室家"的诗句,茂盛艳丽的桃花是美好姻缘的象征,然而桃红易为风雨摧折,又常常预示不能善终的爱情。李渔《闲情偶记》这样描述桃花:"色之极魅者莫过于桃,而寿之极短者亦莫过于桃,红颜薄命之说当为此种。"[②]林黛玉性情虽然桀骜孤标,但其命运与"红颜薄命"的桃花最为契合,黛玉写《桃花行》时的心绪早已不像宝黛共读《会真记》时那般春意融融,此刻她沉疴已成,自己的婚姻也没有着落,这一首《桃花行》确有哀歌渐起、异兆隐隐的迹象,成为悲凉命运的诗谶。

与林黛玉有关的第三种花是芙蓉。小说第六十三回"寿怡红群芳开夜宴,死金丹独艳理亲丧"中,曹公特意为群芳安排了抽取花名签的情节,围绕着红楼人

---

① 王庆杰:《〈葬花词〉与〈芙蓉女儿诔〉文化精神生态比较》,《文学教育》(上),2012年第2期。
② 李渔著,王连海注释:《闲情偶记图说》,济南:山东画报出版社,2003年,第301页。

物的命运展开了预判。林黛玉抽到的花名签是"芙蓉——风露清愁",并配有欧阳修一句诗"莫怨东风当自嗟"。这首诗原是欧阳修感慨王昭君命运多艰的,"莫怨东风当自嗟"的前句是"红颜胜人多薄命",对人物的结局表达可谓一清二楚,显然,曹雪芹不想这样明示,于是隐去上句,只做了暗示。

那么,风露清愁的"芙蓉花"到底是怎样的花呢?是水芙蓉,还是木芙蓉?这个问题曾一度成为红学研究者热烈讨论的话题。我们先来看看李渔在《闲情偶记》里对芙蓉的介绍:"水芙蓉之于夏,木芙蓉之于秋。""水芙蓉必须池沼,木则随地可植,虽居岸上,如在水中。""木芙蓉傍水而居,而岸不见此花者,非至俗之人,即薄福不能消受之人。"①《红楼梦》确实也未曾明示过这芙蓉花是水中的荷花,还是陆生的木芙蓉。不过小说中有"池上芙蓉"的说法,也有将诔文挂在"芙蓉枝"上的描写。于是,又引发"池上"非"池中"的争论……不少红楼爱好者支持水芙蓉这种观点,水中莲花,出淤泥而不染,与林黛玉的精神自洁很契合。但是更多的研究者都倾向于木芙蓉,主要理由有三个。其一,木芙蓉耐水湿,喜傍水而居,花朵硕大,《本草纲目》记载木芙蓉艳如荷花,特别是雨后打湿的芙蓉花更加别致,有纤细风流之美。王安石《木芙蓉》"正似美人初醉着,强抬青镜欲妆慵",如此袅娜风流与娇柔多情的花容,颇合林黛玉的神韵。黛玉之美在于"态生两靥之愁,娇袭一身之病。泪光点点,娇喘微微。闲静时如娇花照水,行动处似弱柳扶风"。她的娇花照水之态与木芙蓉的"照水弄娇斜"可作比照。②其二,木芙蓉美在照水,德在抗霜,此花盛开于农历九月至十一月,此时百花凋零,它却傲霜绽放。故而也被称为"拒霜花"。③ 苏轼《和陈述古拒霜花》云"千林扫作一番黄,只有芙蓉独自芳。唤作拒霜知未称,看来却是最宜霜",这一点似乎又和菊花的凌霜盛开的精神气质有莫名的联系,也非常契合林黛玉的孤标傲世的性情。其三,民间有芙蓉花的传说。相传五代后蜀皇帝孟昶为其一位宠妃在成都城内遍植芙蓉。后蜀灭国后,宠妃不堪新皇凌辱,以死明志,故而芙蓉花也有坚贞不渝的花格,与林黛玉对爱情执着不渝也很吻合。不过,黛玉与芙蓉的关联,小说中明写之处很少,远不及菊花和桃花。对芙蓉极尽描述之能事的是一篇祭文《芙蓉女儿诔》。

诔,是记叙逝者生前主要事迹,寄托哀思的抒情文字。晴雯被逐出大观园,

---

① 李渔著,王连海注释:《闲情偶记图说》,济南:山东画报出版社,2003年,第310页。
② 刘霜:《〈红楼梦〉"以花喻人"研究》,青海师范大学硕士论文,2017年。
③ 刘霜:《〈红楼梦〉"以花喻人"研究》,青海师范大学硕士论文,2017年。

在屈辱中死去，宝玉听小丫头说晴雯要去掌管芙蓉花，念及主仆一场，于是为她写文祭奠。小说这里有一处神来之笔，写宝玉念诔文招魂时，从芙蓉花丛深处走出林黛玉来。随后，宝、黛二人对这篇祭文的字句进行一番推敲。当宝玉把"红绡帐里，公子多情；黄土陇中，女儿薄命"改为"茜纱窗下，我本无缘；黄土陇中，卿何薄命"时，黛玉听了，陡然变色。茜纱窗是大观园中潇湘馆专有的装饰，宝玉的无心之语却触碰了黛玉敏感的神经。关于这一神来之笔，脂砚斋曾评"当知虽诔晴雯，又实诔黛玉也"。是说悼晴与悼黛互文见义，想来这应该是作者有意为之吧。所以说芙蓉花也与林黛玉有着千丝万缕的联系。

这篇诔文很长，先序后歌。宝玉赞美芙蓉花神"其为质则金玉不足喻其贵，其为性则冰雪不足喻其洁，其为神则星日不足喻其精，其为貌则花月不足喻其色"。质比金玉还贵，性比冰雪还洁，神韵胜过星日精华，容貌胜过羞花闭月。"嫭娴""文雅"都是对芙蓉花神的礼赞，而这些质、性、神、容既是写晴雯，也是写黛玉。"孰料鸠鸩恶其高，鹰鸷翻遭罦罬；薋葹妒其臭，茝兰竟被芟鉏……高标见嫉，闺帏恨比长沙；直烈遭危，巾帼惨于羽野"，是惋惜晴雯貌美性傲，却被嫉妒、陷害和毁灭，生存之艰辛也是对黛玉现实处境的影射。宝玉改写"茜纱窗下，我本无缘；黄土陇中，卿何薄命"，更是让宝黛爱情一语成谶。可见，《芙蓉女儿诔》也是为黛玉的死亡做出预告。如果只把诔文看成是对生命逝去的哀吟也不对。在这里我们不得不再次提及《葬花吟》。《葬花吟》表面是伤春之作，其实是黛玉追求人格独立的宣言，它体现了女性人性的精彩，而《芙蓉女儿诔》则是在动人的挽歌里讴歌女神的重生，赞美女性神性的光辉。在招魂这一段赋歌中，芙蓉女神魂归天界，迎接她的是素女、宓妃、飞仙、灵兽；芙蓉女神裙裾烁烁，明月为珰，蘅杜为纕，馥郁菱然，女神归位复活，既是回应绛珠前世本是仙身，又是对她圣洁、庄严、尊贵品性的讴歌。此刻，我们或许更能体会到曹雪芹为芙蓉花增添的"神性"因素，也更能体会到生活在世俗中的林黛玉为何卓尔不凡、出尘脱俗了。

以花喻人是曹雪芹塑造人物的独特手法。林黛玉命薄如桃，心傲如菊，然而桃花脆弱单薄，菊花绰约不足，都不能凭一枝总揽黛玉的容貌禀赋。唯有芙蓉，既有明媚鲜艳的桃花姿容，又有宜霜而生的傲然心性，是最适合林黛玉的主花喻。这样想来，曹雪芹让林黛玉从芙蓉花丛深处走出来，也就顺理成章了。

（张亚南）

◎课例

红楼群芳"花喻"探究

【设计说明】

"以花喻人"是中国古典小说《红楼梦》独特的艺术手法。"花"不仅融入大观园贵族少女的日常生活,也成为凸显她们鲜明个性的标志。《红楼梦》以花喻人、以花比德、以花谶命,为红楼群芳构建了一个丰富的象征体系。在这个体系中,曾经"百般红紫斗芳菲",转眼"花落人亡两不知",一次次花开花落都是一个个鲜活生命走向毁灭的悲剧,而曹雪芹正是借助"以花喻人"这样的艺术手法将人物和主题的悲剧性幽深地传达出来。我们这一课就从探究人物的"花喻"出发,不断深入体会这些"花喻"的内涵,进而理解小说"千红一窟,万艳同杯"的主题思想。

【教学目标】

1. 阅读小说,整理主要人物的花喻(不限于一种花)。
2. 结合人物性格特点和命运特征,探究人物花喻的内涵,理解作者"以花喻人"的创作意图。
3. 探究小说系统性"以花喻人"的象征意义,理解"千红一窟,万艳同杯"的小说主题。

【学习任务群】

任务一:梳理红楼群芳"花喻"的主要内容与表现形式,确定人物的主花喻。

任务二:以宝钗、黛玉为例,探究人物花喻的内涵,赏析"人""花"交相辉映的文学形象。

任务三:探究小说系统性"以花喻人"的象征意义,理解"千红一窟,万艳同杯"的主题。

【教学过程】

任务一:梳理红楼群芳"花喻"的主要内容与表现形式。

活动1:"寻"花喻。请在《红楼梦》中找出有"花喻"的章节,总结"花喻"出现的方式，探讨人物对应的主花喻。

活动2：按照表格(见表 8-1)的提示，整理主花喻对应的人物性格、主要事件和命运结局。(可根据自己的喜好，自行添加人物。)

表 8-1　主花喻对应的人物性格、主要事件和命运结局

人物	主花喻	性格特点	主要事件	命运结局
元春				
探春				
湘云				
袭人				
……				

活动3："辨"花卉。查阅资料，制作卡片，整理《红楼梦》中"花喻"涉及的花卉，描述它们的习性、特征。选择你最喜爱的一种花卉，并可适当为其配图、配诗，制作一张小书签。

[点拨]

《红楼梦》人物花喻的出现方式非常多，比较典型的方式有这样几种。

(1)花名签。第六十三回群芳为宝玉庆寿，席间诸芳掣花名签，分别是：宝钗，牡丹；探春，杏花；李纨，老梅；湘云，海棠；麝月，荼蘼；香菱，并蒂莲；黛玉，芙蓉；袭人，桃花。这是小说最集中展现人物花喻的一个情节。

(2)判词。宝玉游太虚幻境，所见判词中元春的花喻是石榴花；所听的红楼仙曲中妙玉的花喻为兰花。

(3)人物自身的名字、名号。用人物的名号为花喻的有：迎春，名字就是花名；藕榭是惜春的号，也是居所的名号，寓意莲花；香菱名字是菱花，又因小名唤作英莲，花喻对应着荷花。

(4)人物的诗作。大观园的几次诗会，在各人所作的诗中可以捕捉到人物的花喻。如写过海棠诗的有宝钗、黛玉、探春、湘云；写过菊花诗的有黛玉、宝钗、湘云、探春；写过红梅花的有薛宝琴、邢岫烟、李纹；写过桃花的有黛玉、晴雯，被喻为芙蓉花神。

如前所述，《红楼梦》中的花喻同时存在着一人对一花，一人对多花，一花对多人的复杂情况。对此，我们不必感到困惑，一来花卉是大观园生活必不可

少之物,故而在各种生活场景中,很容易形成人花辉映的情况;二来作者有意为之,借不同的花来展现人物性格的丰富。即使是多花对一人,作者也会赋予人物一个鲜明的主花喻。比如黛玉的主花喻为"芙蓉",前面我们已经做了详细的讲解,宝钗的花喻为"牡丹",后面我们也会讲到,其他重要人物的花喻内涵如下:

　　元春的花喻是石榴花。出现在判词"二十年来辨是非,榴花开处照宫闱,三春争及初春景,虎兔相逢大梦归"。石榴花鲜艳夺目,且有一种极品是中心花瓣,如起楼台,谓之重台。花头颇大,且色更深红。小说第三十一回,史湘云游大观园,见园中一株石榴树,连枝四五枝,楼台上一层。曹雪芹以花喻人,重台榴花喻元春为人中龙凤。这位贾府长女,选入宫中作女史,是因为她有孝贤的才德,后来又封了凤藻宫的尚书,成为贾府政治上的依靠。同时,石榴花还有一层寓意,因其开在五月,在百花争春的大好时节之后,故也有一种迟到的艳丽,终归与春天擦肩而过。石榴花迟开,也预示着元春必然失势,鲜花着锦,烈火烹油不过一场云烟而已。

　　探春以杏花喻之。宝玉生日宴掣花签时,探春掣得杏花,题曰"瑶池仙品",诗曰"日边红杏倚云栽",签语:"得此签者,必得贵婿,大家恭贺一杯,共同饮一杯。""杏"与"幸"谐音,杏花在唐代是进士的幸运花,唐代科举放榜时,考取的进士要在杏花园里举行花宴,这是读书人的雅事。[①] 探春是大观园诸位女孩子中最有抱负的一个,判词里称她"才自精明志自高",她自己也说但凡是个男人,可以出得去,必早走了,立一番事业。可见,用杏花来比喻不甘人后的探春是非常贴切的。红学家李希凡认为:"日边红杏倚云栽"中"日"象征着帝王,日边红杏意味着探春嫁到王侯身边,倚云而栽;又暗指探春嫁得远,这与探春"清明涕送江边望,千里东风一梦遥"的判词有一种特殊的契合之处。[②]

　　湘云的花喻是海棠。海棠有色而无香,有春海棠和秋海棠之分。李渔《闲情偶记》中载:"春花肖美人,秋花更肖美人。春花肖美人之已嫁者,秋花肖美人之待年者。春花肖美人之绰约可爱者,秋花肖美人之纤弱可怜者。"[③]可见,海棠常喻已嫁或待嫁女子,大抵都是说婚姻。《闲情偶记》中还提及"相传秋海棠初

---

① 刘霜:《〈红楼梦〉"以花喻人"研究》,青海师范大学硕士论文,2017年。
② 刘霜:《〈红楼梦〉"以花喻人"研究》,青海师范大学硕士论文,2017年。
③ 李渔著,王连海注释:《闲情偶记图说》,济南:山东画报出版社,2003年,第303页。

无是花，因女子怀人不至，涕泣洒地，遂生此花，可谓断肠花"。[1] "断肠花"象征湘云的悲剧命运。湘云自幼父母双亡，在叔婶家寄人篱下，后虽配得佳婿，不料"云散高唐，水涸湘江"，夫妻离散，生活孤苦，最终落得一个独守空房的结局。

李纨的花喻是老梅。有别于迎风傲雪的红梅花，老梅形容枯槁，寂静开落。这枝花用来隐喻李纨毫无生机的一生，十分恰当。她少时丧父，青年丧偶，把一生的期望都寄托在抚养儿子贾兰身上。小说中提到贾兰有"射鹿"之举，暗示他以军功起家，为李纨赢得了"头戴朱冠，身披凤袄"的体面地位，可惜贾兰早逝，李纨年老丧子，在孤独中走完无趣的一生。李纨的生活本已凄惨，但她还是要压抑自己，拼命地维护心如止水、波澜不惊的沉闷生活。花签后的一句诗为"竹篱茅舍自甘心"，"甘心"二字精准地暗示李纨甘心将自己禁锢在三从四德的牢笼中，一点点消磨了活力和热忱。她的一生就像开在枯枝上的老梅，开也无趣，落也无声。

袭人的花喻是桃花。题"武陵别景"四字，题旧诗"桃红又是一年春"。桃花签暗示袭人的命运。她原本出身贫寒，幼年时老子娘要饿死，卖给贾府做侍女，换了几两银子。性情温顺，对服侍之人没有不上心的。她自以为可以顺理成章地成为宝玉的爱妾，陪伴宝玉走完一生，但造化弄人，最后嫁给优伶，与宝玉终究无缘。

任务二：以宝钗、黛玉为例，探究人物花喻的内涵，赏析"人""花"交相辉映的文学形象。

活动1：曹雪芹将宝钗的花喻定为"牡丹"，赞其"艳冠群芳"，配诗句"任是无情也动人"，这样的比喻和评说彰显了宝钗怎样的人物形象？请结合小说的具体细节谈谈你的看法。

[明确]

宝钗的主花喻为牡丹，以花喻人，在小说中有很多照应之处。

首先，牡丹有国色，宝钗艳冠群芳。唐代诗人刘禹锡说"唯有牡丹真国色，花开时节动京城"，牡丹花雍容华贵，大气磅礴，用来比拟宝钗肌肤丰泽、雍容典雅的风采十分契合。小说第二十八回这样描写宝钗的容貌："脸若银盘，眼同水杏，唇不点而含丹，眉不画而横翠。"大观园里的湘云娇憨潇洒，探春顾盼神

---

[1] 李渔著，王连海注释：《闲情偶记图说》，济南：山东画报出版社，2003年，第303页。

飞,妙玉出尘脱俗,凤姐恍若神妃,但她们比之宝钗都要逊色,纵然独步群芳、风流袅娜的林黛玉,比之也是伯仲之间,因此说宝钗艳冠群芳是符合实际的。

其次,牡丹有天香,宝钗有冷香丸。因天生带着热毒,需要用冷香丸调和。冷香丸的制作需要天成。需收集春、夏、秋、冬不同季节的四种花蕊,用四个节气的四种自然之水调和,埋于花根之下,方可制成。关于冷香丸,脂砚斋曾有夹批:"是从放春山采来,以灌愁海水和成,烦广寒玉兔捣碎,在太虚幻境空灵殿上炮制配合者也。"①所以宝钗身上之香也是天香。

再次,牡丹主富贵。周敦颐《爱莲说》云:"牡丹,花之富贵者也。"宝钗是群芳之中最看重经济仕途的人物。她本来也是要进京备选入学陪侍,充为"才人""赞善"的。她数次规劝贾宝玉走"仕途经济""立身扬名"之道。多次向黛玉、湘云宣讲"女子无才便是德""总以贞静为主"之类的话,说明她看重妇德、妇言。那一句"好风凭借力,送我上青云",直接将平步青云的渴望呐喊出来。故牡丹的雍容富贵是宝钗这种心理状态的最好的隐喻。

最后,牡丹花签后的诗句"任其无情也动人",是对宝钗人物性格、为人处世的一种绝妙比喻。宝钗喜冷,不仅在于衣着朴素,不喜装饰,居所如雪洞,常年服用冷香丸;更在于她对不在意的事物面冷心冷,金钏投井、三姐饮剑,宝钗都表现得很冷漠,从这一点上说她无情,一点也不冤枉。但是宝钗有时也会表现出待人亲厚的一面,比如史湘云要宴客,宝钗深知她经济上的难处,便主动办了螃蟹宴,令湘云十分感激。再比如黛玉误说《西厢记》曲词,宝钗便谆谆教诲,有如长姐,令林黛玉由衷敬佩;黛玉病中,宝钗送燕窝,使黛玉体会亲人之温暖,从此放下芥蒂。这些细节,充分体现了宝钗"小惠全大体"的处世哲学,也让人看到这位贵族少女温柔敦厚、随分从时的大家风范。这些都是宝钗的动人之处。

活动2:比较阅读黛玉、宝钗所写《咏白海棠》的异同,结合人物性格特点,体会作者以花喻人的写作用意。

[明确]

宝钗与黛玉分别作了一首《咏白海棠》,诗如其人。宝钗这首诗以花自喻,含蓄浑厚,写出自己凝重端庄、洁身自好的贵族少女风采。首联"珍重芳姿昼掩门,自携手瓮灌苔盆",写的是诗人对白海棠的珍视,亲手灌溉,对它细心呵

---

① 曹雪芹著,脂砚斋评:《脂砚斋重评石头记甲戌校本》,北京:作家出版社,2001年,第190页。

护，当然也是诗人对自己的珍爱。颔联"秋阶洗出胭脂影，露砌招来冰雪魂"，是赞美海棠花色白，可贵之处在于洗尽铅华而呈现出本色之美，这与宝钗不喜装饰、崇尚雅淡的素洁形象交相辉映。颈联出句"淡极始知花更艳"，充满了自信，赞誉海棠花的清洁自励，宁静自安的精神；对句"愁多焉得玉无痕"，是以宝黛之间多愁善感反衬自己始终宁静娴雅，不像多愁之玉，处处留下瘢痕。尾联"欲偿白帝凭清洁，不语婷婷日又昏"，是说海棠花愿以清洁之身呈报白帝，每日里亭亭玉立，默然不语，迎来送往每一个白日黄昏。这枝海棠形象——矜持素雅、端凝庄重，又能安分随时，藏愚守拙——暗合了薛宝钗的人物形象特点。

林黛玉的《咏白海棠》风流别致。与宝钗珍重芳姿不同，黛玉笔下的这株海棠花娇羞风流，渴望被人观赏，又犹抱琵琶，正所谓"半卷湘帘半掩门"。看花人远而望之，感受最深的是海棠花的洁白，与宝钗表达不同的是，黛玉写海棠花"碾冰为土玉为盆"，这是赞誉白海棠的冰清玉洁，无可超越。钗黛都写海棠之白，宝钗强调其脱俗的素雅，而黛玉却写其绝尘的风流。黛玉笔下海棠不仅有梨蕊高洁之白，还有梅花傲骨之魂。"偷来""借得"，写出海棠别样的风流。这丰姿绰约的花朵仿佛林黛玉的倩影。"月窟仙人缝缟袂，秋闺怨女拭啼痕"是写这枝海棠带有忧戚和哀伤，身着月宫仙女缝制的白色舞衣，姿容清冷，在萧瑟的秋天里，犹如深闺怨女，不时擦拭啼痕。读这两句，脂砚斋评价又是林黛玉的"别一样心肠"，写来只是"不脱落自己"。尾联又塑造出倦倚西风、欲诉衷肠的诗人形象，将人、花、诗完美地交融在一起。

两首海棠诗均从形、神两方面写出钗黛的内心世界，李纨、探春等人都能感受到潇湘妃子诗歌的"风流别致"，但是她们更推崇薛宝钗诗中那端庄稳重的气质和谙于世故的含蓄。其实林黛玉的这首诗不仅风流别致，而且含蓄蕴藉。黛玉笔下的白海棠纯洁坚贞、清冷孤傲，深深打动了贾宝玉，所以他对"潇湘妃子当居第二，含蓄深厚，终让蘅稿"的评论不服，提出"蘅潇二首还要斟酌"的意见。

任务三：探讨交流小说系统性"以花喻人"的象征意义，理解"千红一哭，万艳同杯"的小说主题。

[点拨]

小说运用"以花喻人"的手法，不仅生动形象地描摹出群芳个体鲜明的特征，也系统性地象征红楼女儿的毁灭命运，从整体上表现出"三春去后诸芳尽"，"千红一窟，万艳同杯"的深刻主题。因为这些带有花喻的人物形象大多花开一季，具有"命薄""不幸"的人生特点，红楼群芳相继枯萎的场景历历在目：可卿悬梁、晴雯病死、二姐吞金、三姐饮剑、迎春屈死、探春远嫁、惜春出家、妙玉受辱、宝钗寡居，特别是以林黛玉为代表的花之精魂的毁灭更是为群芳零落增添了浓烈的悲凉气氛。这些曾经香为肌骨玉为魂的红楼女儿，绽放时非常耀眼，可最终却难逃凋零的命运。唯其绽放之极美，故其凋零也极哀，回想林黛玉的《葬花吟》，何尝不是曹雪芹借他人之口给红楼群芳唱出的一首挽歌。

（张亚南）

第九讲　叙事之谜

重峦叠嶂：独具匠心的小说叙事

【摘　要】《红楼梦》不仅有着深刻的主题表达、精彩的人物塑造，它的叙事方式也别具匠心。作者设置多重叠错的叙事视角，借用仙人视角、僧道视角和凡人视角对封建大家庭的兴衰以及生活其中的人物命运做了多层次的观察。在宝黛爱情和贾府盛衰的主要叙事线索上，巧妙地运用"岔""截""伏"等多种叙事手法，使小说呈现多线共存、交织穿插、繁而不杂的立体结构。在展现广阔博厚的社会生活和多姿多彩的人物形象时，曹雪芹善于设置伏线，形成似断实续的悬念、若隐若现的意脉，从而给读者留下重峦叠嶂、山重水复般的阅读审美体验。

【关键词】叙事视角；叙事结构；叙事技巧

《红楼梦》是中国古代小说的巅峰之作。它特有的叙事方式，体现了无与伦比的艺术魅力。杨义先生曾说，《红楼梦》是"以自己独特的方式去感觉内在的和外在的世界，实在的和空幻的人生"[1]，"它出现的复合视角，是一种具有丰富的层次感、穿透力和幻设性的多元视角。它既能进入社会人生的丰富复杂的深层，又在对社会人生的渴求、焦虑、忧患和忏悔中升华出超验的诗意境界，走到了神话的边缘"[2]。我们读《红楼梦》，仿佛置身于云雾迷蒙的崇山峻岭之中，重峦叠嶂，柳烟花雾，在一个大旨言情的故事之上，笼罩着一件如梦似幻的神话外衣，在这层外衣之下，是作者"因空见色，由色生情，传情入色，自色入空"的

---

① 杨义：《杨义文存·第六卷中国古典小说史论》，北京：人民出版社，1998年，第478页。
② 杨义：《杨义文存·第六卷中国古典小说史论》，北京：人民出版社，1998年，第481页。

智慧传达。正是这些思想的力量催生了《红楼梦》在叙事视角、行文线索以及伏脉、暗示等叙事技巧方面的独树一帜。

一、多重叠错的叙事视角

《红楼梦》的叙事视角非常独特，形成了一个多重视角交错叠加的叙事时空。这些视角包括仙人视角、凡人视角以及游走于神仙与凡人的僧道视角。在凡人视角中，又存在着贵族视角、小市民视角和村妇视角。所有眼睛都在观赏"昌明隆盛之邦，诗礼簪缨之族，花柳繁华地，温柔富贵乡"，视角不同，见识亦不同，反映出的思想也就不同，叠加的视角使小说内容呈现出"叠峰西起复南纡"的壮阔景象。《红楼梦》叙事中不断自由地切换视角，把超越情节的巧合性和生活的原生态水乳交融地结合起来。这种切换融合常常通过"梦"的形式加以实现。比如小说第五回贾宝玉梦游太虚幻境，写到宝玉在秦可卿的闺房小憩，刚合上眼，还未睡实，就看见一个很像秦氏的仙子在他前面，一直将他引到一个处所。那里朱栏白石，绿树清溪，人迹稀逢，飞尘不到……现实世界就一下子跨越进神仙世界。在警幻仙姑的引导之下，宝玉闻香，品茗，读判词，听仙曲，乐不思蜀……在一番游历后，突然堕入迷津，荆榛遍地，狼虎同群……突然看见夜叉、海鬼汹汹而来，吓得大喊"可卿救我"，于是梦醒又回到现实生活中来。由引入梦境，小说变换了叙述视角，梦境之中以神之视角勘破金陵正、副诸钗的人生命运，以神谕暗示世人情路艰难，需要消灭妄动风月的念头。梦境之外，不仅巧妙地转回凡人视角，更是埋设了伏笔，不断加强人物宿命的暗示。一梦一醒间，小说的叙事视角就完成了一次交错，而这样具有魔幻现实主义特色的梦，成为《红楼梦》中信手拈来的叙事模式。再比如"甄士隐梦幻识通灵"，也是虚构一个梦境，其间甄士隐看到一僧一道预备将一块蠢物（石头）带入红尘，看到石头上镌有"通灵宝玉"四个字，又听到有绛珠仙子下凡还泪报恩的奇事，还走到了"太虚幻境"的牌坊下……这个梦很魔幻，与贾宝玉的太虚幻境梦遥相呼应，并且补充了"木石前盟"的情节，于是自然而然地把宝黛的前世今生联系在一起。所以，当我们读到林黛玉进贾府的时候，一下子便领悟了小说中两人一见如故的描写：黛玉看见放学归来的宝玉，吃惊"倒像是在哪里见过，何等眼熟"……宝玉换了冠服之后，细看黛玉笑道"这个妹妹我曾经见过……虽然未曾见过，然而看着面善，心里倒像是旧相识，恍若远别重逢的一般"。这一情节设计是不是既自然又神奇？虽然此处以凡人视角在叙事，但是读者总能感到神的视角也无处不在。杨义先生曾这样解读宝、黛初见这一情节于叙事上的精妙，他说"天人契合、两心交融的永恒的一瞬，带着令人参悟不透的神秘性"①，从神的世界降维到人的世界，宝、黛二人从外在的初见一跃至内在命定的联系，人物关系也立刻变得丰富且有张力。此外，因"梦"而形成交错时空的叙事情节也大多如此。如贾天祥照风月宝鉴，可视同为入梦，这是一场有去无回的噩梦；王熙凤梦见秦可卿劝立家业，这是盛宴华席终散场的预警之梦。再如贾宝玉梦遇甄宝玉，柳湘莲幻梦入空门以及续书中王熙凤历幻返金陵，贾宝玉二游太虚幻境，都是在以梦构建变化的叙事空间。我们说《红楼梦》以"梦"为名，读者很容易领悟到小说"悲喜千般同幻渺，古今一梦尽荒唐"②的思想主题，但进一步思考，"梦"又何尝不是小说叙事视角变换的重要手法。在几条主要的线索、几件重要的事情上特为梦中之人编织几场亦真亦假、重峦叠嶂的大梦。

在诸多视角叙事中，僧道视角非常特别，他们游走于仙人和凡人间，用独特的视角观看芸芸众生深陷红尘，束手就困，大彻大悟之后，振衣濯足，释知遗形。脂砚斋曾评："菩萨天尊，皆因僧道而有，以点俗人；独不许幻造太虚幻境以警情者乎？观者恶其荒唐，余则喜其新鲜。"③看来脂砚斋对这一人物的设置也是颇为喜爱的。以僧道的视角来叙事，一则应故事情节的需要，于关键处点醒迷情幻海中的红尘之人；二来使整部《红楼梦》的叙事结构自然衔接，并形成闭环。比如茫茫大士、渺渺真人这一僧一道携无材补天的顽石入红尘，让蠢物历尽离合悲欢、世态炎凉之后，仍携着顽石回到青埂峰下，将其安放在女娲炼石补天之处，使得这块顽石的人间游历得以圆满。再如出现在甄士隐的梦里，暗示他抱在怀中的女儿有命无运，累及爹娘，等到英莲丢了、房子烧了、贫病交攻之时，跛脚道人就再次出场，用一首《好了歌》度化了他，使他历劫飞升、获得圆满。作为滚滚红尘的旁观者，僧道之人也会像警幻仙姑那样，带着悲悯的情怀观照众生，但他们更行动派一些，游走在两界之间，偶尔将天机泄露几分给有缘之人，等他遭了劫，开了悟，然后大摇大摆地走出来，度有缘人到另一个世界去。一僧一道的人物视角非常新鲜有趣，是其他的叙事视角不可替代的。面对世俗红尘，他们既是旁观者，又是介入者，在小说中起到了穿针引线的作用，也带领读者在饱满的叙事层次中感悟曹雪芹想要表达的"万境皆空"的

---

① 杨义：《杨义文存·第六卷中国古典小说史论》，北京：人民出版社，1998年，第485页。
② 孙开东：《生命价值失落后的痛苦灵魂——论贾宝玉形象的悲剧内涵》，《江淮论坛》，2003年第1期。
③ 曹雪芹著，脂砚斋评：《脂砚斋重评石头记甲戌校本》，北京：作家出版社，2001年，第156页。

佛道思想。

此外，小说精妙地使用了多个凡人视角，全面展示贾府的生活环境和人物日常。比如为了呈现一个簪缨世家的林林总总，曹雪芹运用了五个人物视角。第一个是冷子兴，他是金陵城的古董商，周瑞的女婿，贾雨村的朋友，一个对贾府渊源有所了解的外人，最适合演说荣国府，借助他的视角，使宁、荣两府的起家、承袭、权势、地位、人员关系（特别是外男的关系）呈现于读者眼前。至于贾府内的女眷和贾宝玉，则是通过第二个视角——林黛玉的眼睛完成的，其中对王熙凤、贾宝玉两人做了详细介绍，对贾母、王夫人、邢夫人及三春一带而过；因为黛玉初见贾府众人，不可能对生活细节详尽描述，所以曹雪芹又安排了周瑞家的送宫花，由此从一个佣人的视角扫描了贾府各位小姐丫鬟的饮食起居、兴趣爱好、亲属关系等日常，并自然巧妙地交代了刚刚来贾府探亲、黛玉初来见不到的薛姨妈一家，至此大观园的主要人物才算全部交代清楚。经过前三次的层层皴染，宁、荣两府的全貌才基本上描绘清晰，可见曹雪芹的用笔是多么繁复变化而有层次的。第四次利用了元妃的视角，对贾府的显赫权势和豪奢生活做了极致的描写。第五次是刘姥姥二进荣国府，从一个乡下农妇的视角再写贾府糜费奢侈的日常生活。这最后两次写贾府的生活，不是简单的重复，非但不重复，而且还是有意为之，因为地位、身份、心境全然不同的人物视角，更有利于深度呈现贾府这个簪缨世家走向灭亡的必然。

由于采用多元视角叙事，小说在线索上也表现出多线交织并行的结构。其中一条线索是太虚幻境十二钗正册、副册、又副册及十二支《红楼梦曲》所总领的人物命运，投影到贾府的世俗生活中。另一条是贾、史、王、薛四大家族由盛及衰的演变和宝、黛爱情的缘起幻灭，还有一条是隐隐存在的僧道线索，串联诸多人物的兰因絮果，形成忽明忽暗的线索，伏脉全书。此外甄士隐、贾雨村、甄家、贾府也在小说中形成显隐相间的线索，来隐喻"假作真时真亦假，无为有处有还无"的思想。由此可见，《红楼梦》全书的叙事线索非常宏大，呈现出穿插交错、盘根错节的网络结构。

二、一树千枝的叙事结构

《红楼梦》叙事视角多元，叙事线索纵横交错，给读者留下山重水复、重峦叠嶂的阅读审美体验。在甲戌本第一回，脂砚斋眉批写道："事则实事，然亦叙得有间架，有曲折，有顺逆，有映带，有隐有见，有正有闰，以至草蛇灰线，空谷传声，一击两鸣，明修栈道，暗度陈仓，云龙雾雨，两山对峙，烘云托月，背面傅粉，千皴万染诸奇。"①可以说是全方位地总结了小说的叙事特点。在庚辰本中也出现了"截法""岔法""突然法""伏线法"等点评。总之，叙事手法常在意表之外，又不见牵强，总有信手拈来、游刃有余的舒畅感。

如果把《红楼梦》的主要线索比作一棵大树的几枝主干，那么经常在某一主干上，不断插入新的枝杈，又在新的枝杈上再横生新枝，如此反复，便形成了一树千枝的茂盛形态。这就构成了小说叙事中的"岔法"。这样的写法有助于展现博厚的生活内容。一个看似很不起眼的细节经过几次分枝牵引，也会产生蝴蝶效应。比如小说第七回王熙凤应宁国府女眷之邀过府逛逛，这本不是一件重要的事，可因其带着宝玉，所以顺理成章见了男客秦钟，又因宝、秦二人相见恨晚，便商量去家塾读书，因为共读了家塾，才有了后面大闹学堂的事情，才铺陈出宝玉不喜读书，与贾政期许甚远，以致后来大承笞挞……可见，王熙凤这一"随便逛逛"，倒是牵引出"宝玉读书"这一全新头绪来，可谓是笔法精妙。再如王熙凤离开宁国府时，又横生出"焦大骂街"这一枝杈来，让人隐隐感到宁国府的龌龊肮脏，为秦可卿命丧天香楼再做铺垫。这样看似漫不经心却又关联巧妙的叙事技巧遍布全书，重大事件中常常穿插一些小事来展现更多的生活内容和其他人物，而发生在丫头、婆子身上的许多小事最后又总能汇聚成影响人物命运和贾府败落的大事件，抄检大观园就是一个最好的例证。

《红楼梦》的叙事结构可谓"一树千枝，一源万派"②。小说，除了使用"岔"法增添丰富多彩的人物与情节外，有时也会采用"截"的方法，在叙述正酣的时候，突然停下来，打断一下原有的叙事节奏，犹如万顷湖面，突然击水扬波，时而浪花飞溅，时而水波不兴。比如小说从二十二回至三十六回，前写宝钗过生日，与宝玉听戏悟禅，引起黛玉醋意；又写看戏过程中，宝玉使眼色暗示湘云不要将黛玉和小戏子比眉眼，结果不仅湘云不高兴，宝、黛之间也不欢而散。当读者满心期待两人和解，爱情继续向前发展时，曹雪芹却有意穿插了红芸之恋、龄官画蔷、琪官赠巾、金钏之死、宝玉挨打等诸多事件，然后才巧妙地衔接上宝玉送帕、黛玉题帕，至此将宝、黛爱情从互相试探走向成熟稳定这条主线补充完整。我们细细品味，就会感到这样的"截"法不仅让宝黛二人的爱情故事张弛有度，还借用红芸之恋、龄蔷之恋来烘托宝黛爱情的坚定，为表现大观

---

① 曹雪芹著，脂砚斋评：《脂砚斋重评石头记甲戌校本》，北京：作家出版社，2001年，第82页。
② 杨志平：《中国古代小说技法论研究》，华东师范大学博士论文，2008年。

园青春女子勇于追求爱情做了有力的支撑和补充。在这叙事过程中，小说呈现出主宾得当、明暗相衬的美学特征。

"伏"也是小说使用较多的手法。在展开众多线索时，常常是显隐相谐，前伏后倚。还以宝黛爱情这条线索为例，四十回前多为明线，四十回后做了隐线处理。比如小说反复强调贾府考量宝二奶奶人选标准，是非常看重"金玉良缘"的。再比如从贾母看重宝琴，想为宝玉求亲，从宝钗、袭人得宠，从晴雯、芳官被逐，我们都能感受到宝黛爱情悲剧发展的潜在脉络和不可挽回的悲剧趋势。同样在小说的后半部分，贾府的衰败成为小说叙述的明线，但在小说前半部分，曹雪芹也早早伏下暗线。比如写宁国府为秦可卿治丧，礼仪逾越了制度，棺材用了一副亲王预留的，出殡当日请到四王八公，殡葬队伍"浩浩荡荡，压地银山一般从北而至"。这样的招摇，为宁国府最终被抄埋下了伏笔。再如写元妃省亲，修筑省亲别墅，斥巨资，耗时一年多，虽是为了皇家颜面，但到底因为虚荣而伤了家里的元气。再如写贾府后辈子弟骄奢淫逸，治家不善。小说特别用了大半个章回（第五十三回）详细地描写了宁国府田庄总管乌进孝到宁国府送年货的事。他以天下冰雹、收成不好为由向贾珍"打饥荒"。事实上是吃准了贾珍外强中干，腹内草莽，不懂农时，没有管家理财之能，这也暗合了贾府必然走向衰败的命运。"伏"是《红楼梦》叙事的重要手法，在教学中会用一节课带领学生进行探究研读，这里先简单梳理一下"伏"法的一些表现形式。

1. 运用判词和《红楼梦曲》来暗示或隐伏人物命运结局。判词与仙曲是作者为人物形象设计的总纲，在整本书中不断牵引人物命运的发展走向。例子不胜枚举，不再赘述。

2. 用寻常的生活物件，串联小说情节，伏脉人物的命运。比如玉、金锁、金麒麟、手帕、风筝、扇子、汗巾等，都是曹雪芹精心布局的伏线，常常初看毫无端倪，再看妙不可言，看多了就会击节赞叹，大呼过瘾。

3. 通过大量诗词、戏文、谜语来进行伏脉。小说中出现的各种花喻、花名签，大多暗示人物和家族的命运。由于作者采用了隐喻的手法，在原有的叙事上平添了氤氲之气，犹如隔雾赏花，云中窥月，别有一番美感。

综上，《红楼梦》有着不同于一般长篇小说的特点。它人物众多，事件繁复，情节曲折，在叙事结构上呈现多头并进，交织穿插的立体结构；同时又在其中不断构建一种似断实续的悬念，若隐若现的意脉，前后呼应，起承转合。置身其中，仿佛行走于重峦叠嶂之中，峰回路转，奇彩缤纷，变幻无穷。曹雪芹以海涵地负之能，纵横开阖之笔，创造出了令人叹为观止的艺术珍品。过去，有人认为中国的小说比不上西方的，但通过上面的学习分析，我们看到单从小说的叙事来看，《红楼梦》已成为中外很多作品难以超越的峰峦。

（张亚南）

◎课例

《红楼梦》"草蛇灰线"创作手法探微

【设计说明】

"草蛇灰线，伏脉千里"是《红楼梦》最精彩的艺术创作特征之一。所谓"草蛇灰线"，是指蛇从草丛穿过，会留下浅浅的爬行踪迹；缝衣服的线，在炉灰里拖动，也会留下一丝丝的痕迹。《红楼梦》的叙事正是如此，作者在小说中埋下的隐线，一直若隐若现地存在，牵动故事情节的发展或人物命运的走向。这些草蛇灰线，前呼后应，彼此勾连，将思想深邃、内容博厚的《红楼梦》收拢得精巧严密、井然有序。本节课的学习任务就是寻找小说中重要的伏脉，梳理曹雪芹设置的"草蛇灰线"，并鉴赏它们如何巧妙地暗示人物的命运和贾府的盛衰变化。

《红楼梦》中伏笔方法类型丰富多样，上一讲我们曾有过简单的分类。本节课要结合小说的具体内容，对这种手法展开具体而微的探究：分析判词和《红楼梦曲》对小说重要人物命运的暗示；探究曹雪芹如何用寻常的生活物件精巧地串联起小说情节并伏脉人物的命运；如何在各种生活场景中巧妙运用大量的诗词、戏文、谜语对人物和贾府的命运做出预告。在这一课中，我们还将就小说中不易被发现的伏笔，开展学习探究，看看它是如何巧妙地融入小说的重要情节，并在不同人物身上呈现统一的暗示。

【教学目标】

1. 了解"草蛇灰线、伏脉千里"这一创作手法，收集整理《红楼梦》中有关伏笔的描写，并梳理与之相关的人物和事件。

2. 结合小说具体情节，赏析《红楼梦》运用各种伏笔所产生的艺术效果。

【学习任务群】

任务一：自主收集《红楼梦》有关伏笔的描写，重点分析"借物设伏"和"以戏为谶"，并和同学分享你的这些发现。

任务二：探究"玉""金""手帕"这些物品如何伏脉宝玉、黛玉、宝钗三人的情感发展，对表现主题有哪些作用。

任务三：查阅资料，了解中国诗词中大雁形象的意蕴，结合小说相关情节，探究曹雪芹如何用"大雁"来伏脉宝玉、黛玉、宝钗三人的爱情悲剧。

【教学过程】

任务一：自主收集《红楼梦》有关伏笔的描写，重点分析"借物设伏"和"以戏为谶"，和同学分享你的这些发现。

活动1：依据现有的《红楼梦》阅读经验，在课堂上贡献你发现的伏脉细节，将全班提供的伏脉细节加以收集，按角度分类，总结小说伏脉的方式有哪些。结合小说情节，交流分享"借物设伏"的手法运用。

1."风筝"伏探春远嫁（见表9-1）。

表9-1　以"风筝"设伏的主要事件梳理表

回目	主要事件
第五回	判词正册页上画着两个人放风筝……有诗云：……千里东风一梦遥
第二十二回	元宵节探春所作的灯谜谜面：……游丝一断浑无力，莫向东风怨别离。谜底：风筝
第七十回	众人放风筝，探春放凤凰风筝，别人家放凤凰风筝，还有一只喜字，暗示不久探春出嫁，三只风筝绞在一起将线弄断了，都飘飘摇摇飞远了

2."汗巾"伏袭人与琪官成为有缘人（见表9-2）。

表9-2　以"汗巾"设伏的主要事件梳理表

回目	主要事件
第二十八回	薛蟠宴席上，蒋玉菡干了酒，拿起一朵木樨来，念道："花气袭人知昼暖。"暗示与袭人有缘
第二十八回	蒋玉菡与宝玉私下互换了汗巾。宝玉的汗巾是袭人平日用的
第二十八回	宝玉将蒋玉菡的汗巾系在袭人腰间，袭人不肯，宝玉委婉劝解。袭人无法，只得系在腰里

3. "人参"伏贾府由盛到衰的变化(见表9-3)。

表9-3 以"人参"设伏的主要事件梳理表

回目	主要事件
第三回	林黛玉体弱,需吃人参养荣丸,贾母说:"我这里正配丸药呢,叫他们多配一料就是了。"
第十一回	秦可卿生病,需吃人参,王熙凤说"别说一日二钱人参,就是二斤也能够吃得起"
第四十五回	黛玉说贾府已经有人因她服用人参而说闲话了。不敢再提需要人参肉桂
第七十七回	凤姐生病需用上等人参二两,翻寻半日,只寻了几枝簪挺粗细的。王夫人命再找去,只找了一大包须末。邢夫人处的早已用完,贾母屋内的年代太陈,已成朽糟烂木,没有药性了

活动2:阅读小说第十八回、第二十九回贾府众人听戏的情节,课下查阅相关戏剧简介,思考曹雪芹引用这些戏曲的用意,课上和同学做交流。

第十八回元妃省亲点了四出戏。暗示了元春、宝玉、黛玉的不幸和贾府的衰败(见表9-4)。

表9-4 元妃省亲所点戏剧的隐喻

戏名	戏剧内容	暗示寓意
《豪宴》	《豪宴》是李玉《一捧雪》中的一折,讲落魄秀才汤勤以"一捧雪"茶杯为由陷害知遇恩人莫怀古	贾雨村受贾府举荐之恩,在贾府被抄时落井下石。此戏伏贾家之败
《乞巧》	洪昇《长生殿》中一折。讲唐明皇为平息朝廷内斗,在马嵬坡处死杨贵妃	伏元春的悲惨结局
《仙缘》	汤显祖《邯郸梦》,讲卢生在梦中历数十年富贵荣华,醒来发现是一场空	伏宝玉的一生犹如一梦,万事皆空
《离魂》	汤显祖《牡丹亭》,讲杜丽娘为情所困,最后香消玉殒	伏林黛玉之死

第二十九回贾母在清虚观打醮,神前拈戏。这三出戏伏贾府从兴盛转至衰败的过程(见表9-5)。

表 9-5　贾母清虚观所点戏剧的隐喻

戏 名	戏剧内容	暗示寓意
《白蛇记》	汉高祖刘邦斩白蛇起义做了皇帝	暗示宁、荣二公因协助皇帝打天下而发家
《满床笏》	郭子仪六十大寿，七子八婿回家祝寿，朝笏满床，显示了封建大家族的福禄昌盛	暗示贾府一度权倾朝野
《南柯梦》	淳于棼梦中娇妻美妾，儿孙满堂，一觉醒来发现不过一场梦	贾府盛极必衰，繁华富贵只是南柯一梦

任务二：探究"玉""金""手帕"这些物件如何伏脉宝玉、黛玉、宝钗三人的情感发展，对表现主题有哪些作用。

活动1：依据提示，完成表格，梳理"通灵宝玉"经历的几次重大事件(见表9-6)。

表 9-6　"通灵宝玉"经历的重大事件梳理表

出现的回目	人物关系	主要事件	暗示意义
第三回		宝玉摔玉	
第八回			金玉良缘
第八回	贾宝玉与袭人		
第十四回			通灵保命
第十九回			
第二十五回			通灵保命
第二十九回	贾宝玉与史湘云		
第二十九回			

[明确]

"通灵宝玉"在小说中出现至少八次。第一次出现是在第三回，黛玉看玉，宝玉摔玉，暗示"玉"的存在是宝黛爱情的障碍。第二次出现在第八回，讲玉上所刻的"莫失莫忘，仙寿恒昌"与金锁上"不离不弃，芳龄永继"是一对，伏"金玉良缘"，寓意两人终成眷属。第三次在第八回，写袭人收好通灵宝玉，用自己的手帕包起来，暗示袭人对宝玉的亲近之念。通灵宝玉前三次出现，暗示黛玉、宝钗、袭人三人与宝玉关系紧密且有不同。第四次在第十四回，宝玉在秦可卿出殡的路上遇到了北静王，北静王看了玉，问是否灵验，直接伏脉宝玉中魇，通灵宝玉保命的事。第五次出现是在第十九回，袭人出贾府回家，当众"秀玉"，显示自己同贾宝玉的亲密关系。第六次出现是在第二十五回，宝玉和熙凤中了妖术后，一僧一道拿起那块通灵宝玉，念念有词，救了他们的性命，足见这块玉是通灵的。第七次出现在第二十九回，清虚观打醮时，张道士把贾宝玉身上的玉请下来，拿给自己的道友和徒子、徒孙看，等他回来的时候，托盘里除了通灵宝玉，还并放一个金麒麟，再次呼应"金玉良缘"之说。第八次出现也是这一回，因"金玉良缘"之说宝黛发生了非常激烈的争吵。宝玉再次摔玉，但这一次争吵后，二人互相明白了对方的心意。从上面的分析可见，小说通过"通灵宝玉"一直暗示宝玉对婚姻宿命的抗争，也伏脉他最后的出路只能是跳出红尘之外。

活动2：小组讨论宝玉为何送旧帕给黛玉，还写到哪些人物的"手帕"，你认为"手帕"在小说中的作用是什么。

"手帕"是宝黛爱情和红芸之恋两个故事情节中重要的伏脉之物，成为两对有情人追求恋爱自由的重要见证。第二十四回，贾芸属意小红，捡到了小红的手帕，却将自己的一方手帕通过坠儿转交给她，当小红看出这并不是自己的帕子而是贾芸的，她没有声张，而是收起了这方罗帕，也就意味着接受了贾芸的爱情。《红楼梦》第三十四回，宝玉挨打，黛玉前去探望，没来得及说话，恰有人来，就抽身走了。宝玉随即悄悄让晴雯给黛玉送了两块自己用过的旧手帕。红芸之恋以帕传情，宝黛之恋同样以帕传情，他们交换的是真情实意，这与金玉良缘形成鲜明对比。同时，小小的手帕也成为串联故事情节的一个机巧。高鹗的续书，也领会到曹雪芹使用手帕的用意，在黛玉临终前设计了"焚帕"的情节，至此，从"赠帕""题帕"到"焚帕"，宝黛的爱情由产生到幻灭的过程被完整地展现出来。

活动3：合作探究"玉""金""手帕"对小说情节发展和表现主题有哪些作用。

"金玉良缘"也是小说重要的伏笔，反复出现在小说情节中。贾府里，王夫人、薛姨妈都是支持金玉良缘的，薛姨妈说过宝钗的金锁是个和尚给的，以后遇到了玉才可以配为婚姻，可见是早早就相中了宝玉。宝钗和宝玉这门婚事亲上加亲，是两家权势和财富的整合，对两大家族而言，都是有百利无一害的。而且，金玉良缘也得到了元春的认可。贾妃地位尊贵，在贾府有着绝对的话语权。小说第二十八回，在端午节分发宫中赏赐时，元春特意赏了宝玉与宝钗一样的物品，而黛玉与其他姐妹是一样的，可见，在元春的心中，宝钗才是贾府孙媳妇的最佳人选。在贾府，尽管贾母宠爱黛玉，但"金玉良缘"一直成为贾府张罗宝玉婚事的既定方向，也因此成为宝黛爱情的巨大阴影。

  小说中，除了宝钗的金锁，我们还发现史湘云也有一件金饰物——金麒麟。湘云是贾母远房的孙女，与宝玉打小相识，日常称呼宝玉"二哥哥"。小说第二十九回写贾府在清虚观打醮，张道士拿出一只金麒麟为宝玉向贾母提亲，也暗示了宝玉的婚姻需要有金来配。小说还特意交代了宝玉知道湘云有一只雌金麒麟，便有心为湘云留下这只雄金麒麟，后来不小心在大观园丢了麒麟，又恰巧被湘云捡到。可见，在曹雪芹的笔下，宝玉与湘云之间应该埋伏了不少故事，一个有金，一个有玉，有良缘的可能，一对儿麒麟，失而复得，也可能预示着两人有缘。小说第三十一回回目"撕扇子作千金一笑，因麒麟伏白首双星"，一个"伏"字意味深长，可惜我们读不到《红楼梦》的佚稿了，对湘云与宝玉的结局也无从得知。但这样的回目会不会也暗示了湘云和宝玉因为金麒麟可能成为"白首"到老的"双星"呢？

  曹雪芹说《红楼梦》"大旨谈情"，作者精心布局，用通灵宝玉、旧手帕、金锁和金麒麟几个物件串联故事情节，编织出大观园少男少女可歌可泣的爱情故事，金玉结合是权力富贵的联姻，因而获得了家族长辈和政治力量的垂青，两方旧帕虽是一片真情真意，奈何势单力薄，挡不住权势和利欲的摧折，最后也只能投身以火，付之一炬了。

  任务三：查阅资料，了解中国诗词中大雁形象的意蕴，结合小说相关情节，探究曹雪芹如何用"大雁"来伏脉宝玉、黛玉、宝钗三人的爱情悲剧。

  活动1：读《红楼梦》，找出小说中写到"大雁"的章回与相关情节。

  活动2：探究"大雁"的伏脉用意。

[点拨]

  小说中出现"大雁"的主要文字如下：

  此刻忽见宝玉笑问道："宝姐姐，我瞧瞧你的红麝串子？"……只见林黛玉蹬着门槛子，嘴里咬着手帕子笑呢。宝钗道："你又禁不得风吹，怎么又站在那风口里？"林黛玉笑道："何曾不是在屋里的。只因听见天上一声叫唤，出来瞧了瞧，原来是个呆雁。"薛宝钗道："呆雁在那里呢？我也瞧一瞧。"林黛玉道："我才出来，他就'忒儿'一声飞了。"口里说着，将手里的帕子一甩，向宝玉脸上甩来。宝玉不防，正打在眼上，"嗳哟"了一声。（第二十八回）

蘅芜君《忆菊》：怅望西风抱闷思，蓼红苇白断肠时。空篱旧圃秋无迹，瘦月清霜梦有知。念念心随归雁远，寥寥坐听晚砧痴，谁怜我为黄花病，慰语重阳会有期。（第三十七回）

湘云等不得，早和宝玉"三""五"乱叫，划起拳来。……三个人限酒底酒面，湘云便说："酒面要一句古文，一句旧诗，一句骨牌名，一句曲牌名，还要一句时宪书上的话，共总凑成一句话。酒底要关人事的果菜名。"……宝玉笑道："谁说过这个，也等想一想儿。"黛玉便道："你多喝一钟，我替你说。"宝玉真个喝了酒，听黛玉说道：落霞与孤鹜齐飞，风急江天过雁哀，却是一只折足雁，叫的人九回肠，这是鸿雁来宾。说的大家笑了……（第六十二回）

这里小丫头们听见放风筝，巴不得七手八脚都忙着拿出个美人风筝来。……宝钗等都立在院门前，命丫头们在院外敞地下放去……此时探春的也取了来，翠墨带着几个小丫头子们在那边山坡上已放了起来。……宝钗也高兴，也取了一个来，却是一连七个大雁的，都放起来。独有宝玉的美人放不起去。（第七十回）

中国诗词中"大雁"的意象含义蕴藉，可结合《雁丘词》体会。

摸鱼儿·雁丘词[①]

元好问

乙丑岁赴试并州，道逢捕雁者云："今旦获一雁，杀之矣。其脱网者悲鸣不能去，竟自投于地而死。"予因买得之，葬之汾水之上，垒石为识，号曰"雁丘"。同行者多为赋诗，予亦有《雁丘词》。旧所作无宫商，今改定之。

问世间，情是何物，直教生死相许？天南地北双飞客，老翅几回寒暑。欢乐趣，离别苦，就中更有痴儿女。君应有语：渺万里层云，千山暮雪，只影向谁去？　横汾路，寂寞当年箫鼓，荒烟依旧平楚。招魂楚些何嗟及，山鬼暗啼风雨。天也妒，未信与，莺儿燕子俱黄土。千秋万古，为留待骚人，狂歌痛饮，来访雁丘处。

[点拨]

元好问的《雁丘词》刻画了一对双宿双飞、心心相印，为情生死相许的大雁形象。它们秋天南飞，春天北归，相依为命，不离不弃。一旦伴侣死去，留下的孤雁宁可投地而死，绝不苟活。大雁是深情、忠贞的象征，这个意象在曹雪芹笔下被再次运用。《红楼梦》中黛玉戏称宝玉为"呆雁"，是因为宝玉是个"情不

[①] 钟振振主编：《金元明清词鉴赏辞典》，北京：商务印书馆，2019年，第183页。

情之人",他身上有着"大雁"般专情的美好品质。只不过宝玉对一切美好之物,特别是美好的女性,都怀有一颗痴心,所以黛玉称其为"呆"。当宝玉看到宝钗的一条酥臂发呆时,黛玉暗暗地嘲笑,说了一个"呆雁"的笑话揶揄他。对钗、黛而言,她们都想成为这只"呆雁"的伴侣,只可惜林黛玉是一只"折足雁",而薛宝钗是一只"弃雁"。小说第六十二回,大家为宝玉过生日,席间行酒令限酒底酒面,宝玉饮酒,黛玉亲口替他说了个酒面:"落霞与孤鹜齐飞,风急江天过雁哀,却是一只折足雁,叫的人九回肠,这是鸿雁来宾。"这是曹雪芹为黛玉处境做的隐喻。所谓鸿雁来宾,照应林黛玉寄人篱下的处境,相对贾府而言,她是一个外来之客。"折足雁"是提前暗示黛玉情深不寿,宝黛爱情最终夭折。另一方面,宝钗最终被宝玉所弃,成了一只"弃雁"。据前八十回的提示,宝玉最终与宝钗结为夫妇,完成金玉良缘的宿命,但他们的生活,如人饮水,冷暖自知。在小说前八十回,曾多次为宝钗婚后惨淡生活埋过伏笔,其中与大雁相关的就有菊花诗会中第一首《忆菊》诗,诗句"念念心随归雁远,寥寥坐听晚砧痴",暗示她婚后孤独终老的寡居生活。再有清明节大家放风筝,宝钗放飞的是一只一连七个大雁的风筝,"七""弃"谐音,似乎也暗示着宝钗的凄凉晚景。应该说,《红楼梦》的伏脉之处非常多,但大多一物伏一人,像"大雁"这样,借一物暗示钗、黛、玉三人命运的,实属妙笔生花,令人拍案叫绝。

(张亚南)

第十讲　生活之蕴

《红楼梦》里的时令节日

【摘　要】《红楼梦》作为一部现实主义的世情小说，故事情节的展开主要建立在对日常生活的记录和描摹之上。时令节日在其中就占有重要地位。一次次时令节日，为人物搭建活动的背景和平台，自然地推动情节的发展；也让人物形象在情节中逐步完善，展示出人物的"圆形"特征；更可以借由时令节日去勾勒家族的兴衰过程；挖掘兴衰背后的缘由。研读《红楼梦》时，一定要注意提取这些时令节日中所包含的信息，去了解作者的匠心独运。

【关键词】时令节日；典型人物的塑造；情节

时令节日，是农耕社会最重要的文化组成部分，它们能够生动地反映人民的生活习惯、节律、审美趣味、美好愿景，《红楼梦》作为现实主义小说，涉及的节日时令非常之全，是我们了解中国传统节日文化的一把钥匙。

一、《红楼梦》中的时令节日有哪些

小说呈现了最重要的春节、端午、中秋三大节，此外还有除夕、立春、元宵、清明、芒种、乞巧、重阳、小阳春、冬至等节日。其中，对除夕、元宵、中秋三节的描写次数最多且较为隆重。周汝昌在《红楼梦与中华文化》中曾言："一部《石头记》，一共写了三次过元宵节、三次过中秋节的正面特写的场面，这六节，构成全书的重大关目。"[①]这些情节为后面的故事发展埋下了伏笔，也大大扩充了《红楼梦》的容量，使与之相关的种种习俗也都得到了全面的展示。郭

[①] 周汝昌、周伦苓：《红楼梦与中华文化》，北京：工人出版社，1989年，第185页。

若愚先生最早对《红楼梦》中描写到的节庆时令进行了系统全面的整理。他列出了如下节令：

正月：元旦（第五十三回），拜影堂（第三十一回），吃年酒（第五十三回），吃年茶（第十九回），吉利话（第二十、二十二回），抓子儿（第六十四回），放年学忌针（第二十回），元宵（第一、二十二、九十六回），家宴（第五十三回），灯彩（第五十三回），烟火（第五十四回），吃元宵（第五十四回），撒钱（第五十三回、第五十四回），灯谜（第二十二、五十回），撒灯（第五十四回），掩祠（第五十四回）；二月：打秋千（第六十三回），斗草（第六十二、七十八回）；三月：天齐庙（第八十回），扫墓（第五十八回），植树（第五十八回），风筝（第七十回），炸供（第一回）；四月：舍缘豆（第七十一回），放生（第七十一回），赏芍药（第六十二回），庙会（第二十九回），饯花会（第二十七回）；五月：端午（第二十八、三十一回），吃粽子（第三十一回），跑解马（第五十一回），染指甲（第五十一回），踢球（第二十八回）；六月：赏荷（第三十一回），酸梅汤（第三十四回）；七月：七夕（第四十、七十八、四十二回），秋祭（第六十四回），香薷饮（第二十九回），促织（第七十三回）；八月：中秋节（第一、七十五、七十六回），赏月（第七十五、七十六回），西瓜（第七十五回），月饼（第七十五回），圆月（第七十六回），持螯赏桂（第三十七、三十八回）；九月：重阳（第三十八回，第七十二回），赏菊（第十一回）；十月：打围（第二十六回），蝈蝈儿（第八十八、一百一十三回），雀戏（第三十六回）；十一月：消寒会（第九十二回），拉冰床（第五十六回），冬至（第十一回）；十二月：腊八粥（第十九回），买画儿（第四十回），春联（第五十三回），拜官年（第五十三回），祭宗祠（第五十三回），辞岁（第五十三回），守岁（第五十三回），香供（第五十三回）。[①]

二、《红楼梦》中写时令节日的意义

《红楼梦》里故事情节主要是通过描写日常生活的场景和细节而展开的。在这样一部顺时而记的作品中，更需要以岁时节庆来做时间纵轴上的标记。书中对于岁时节令的描写，是不可或缺的组成部分。比如，在《红楼梦》第一回中，写甄士隐因为时逢中秋，邀请贾雨村赏月并资助其进京赶考；又因为元宵节遣

[①] 郭若愚：《〈红楼梦〉岁时志——兼论〈瓶湖懋斋记盛〉及其他》，中国社会科学院文学研究所、红楼梦研究集刊编委会：《〈红楼梦〉研究集刊》（第八辑），上海：上海古籍出版社，1982年，第 375—407 页。

门人霍启抱独女英莲去看社火花灯,结果女儿被人拐走;接下来的三月十五日,又因隔壁葫芦庙炸供品,引起大火,连累烧毁了甄家的宅子。作者利用节庆时令,讲述了甄士隐命运的转折败落。纵观全书可以发现,甄士隐家的荣枯起落,又遥遥地呼应了贾家的大荣枯。书中很多情节都是通过写时序节日以及相关活动来推动的。整本书中,作者多次以节令庆典为契机,构建了小说需要的典型环境,让更多的人物出场,通过他们的表现来塑造人物,再通过人物的活动去推动故事情节的发展。在作者笔下,当贾府处在繁华荣昌之时,除夕、元宵的庆典便是扬幡过会,热闹非常;而当大厦将倾之时,大观园的中秋团圆宴却凄清孤寒,触之神伤。所以,梳理《红楼梦》中的节庆时令,对于我们读懂文本,了解作者匠心是很有必要的。

(一) 通过时令节日展现贾府的盛衰之变

贾府的春节,虽然只描写过一次,但用了五十三、五十四两回的篇幅。时间上是从刚进入腊月开始,一直讲到正月十五元宵结束。还有余绪未完,正月十七日掩宗祠,收影像;同日薛姨妈家请吃年酒;十八日到二十二日,是两府中有头有脸的管家们依次请吃年酒。足足两个月在忙年,包括腊八、小年等庆祝活动,除夕日进宫朝贺和宁国府祭宗祠、供神、荣国府吃年饭、给压岁钱,春节再进宫朝贺和宁国府祭宗祠,元宵节家宴等大大小小的庆典宴会。其中祭祖的一段描写十分详细庄严:

只见贾府人分昭穆排班立定:贾敬主祭,贾赦陪祭,贾珍献爵,贾琏贾琮献帛,宝玉捧香,贾菖贾菱展拜毯,守焚池。青衣乐奏,三献爵,拜兴毕,焚帛奠酒,礼毕,乐止,退出。

众人围随着贾母至正堂上,影前锦幔高挂,彩屏张护,香烛辉煌。上面正居中悬着宁荣二祖遗像,皆是披蟒腰玉;两边还有几轴列祖遗影。贾荇贾芷等从内仪门挨次列站,直到正堂廊下。槛外方是贾敬贾赦,槛内是各女眷。众家人小厮皆在仪门之外。

每一道菜至,传至仪门,贾荇贾芷等便接了,按次传至阶上贾敬手中。贾蓉系长房长孙,独他随女眷在槛内。每贾敬捧菜至,传于贾蓉,贾蓉便传于他妻子,又传于凤姐尤氏诸人,直传至供桌前,方传于王夫人。王夫人传于贾母,贾母方捧放在桌上。邢夫人在供桌之西,东向立,同贾母供放。直至将菜饭汤点酒茶传完,贾蓉方退出下阶,归入贾芹阶位之首。

凡从文旁之名者,贾敬为首;下则从玉者,贾珍为首;再下从草头者,贾蓉为首；左昭右穆，男东女西。俟贾母拈香下拜，众人方一齐跪下，将五间大厅，三间抱厦，内外廊檐，阶上阶下两丹墀内，花团锦簇，塞的无一隙空地。鸦雀无闻，只听铿锵叮当，金铃玉珮微微摇曳之声，并起跪靴履飒沓之响。一时礼毕，贾敬贾赦等便忙退出，至荣府专候与贾母行礼。（第五十三回）

从这一段描写中，我们可以看到高门大户中的进退有度、长幼有序、尊卑有别。体现的是宗法制度下的伦理，"序而无乱，不失其伦"。刘姥姥曾经对王熙凤说过："别的罢了，我只爱你们家这行事，怪道说'礼出大家'。"同时，贾家作为勋贵之家、天潢贵胄，也要参加政治活动，按品着衣，进宫朝贺，规矩礼仪只繁不简。这两回中把贾府放在了一个更大的社会背景上，描写了如何置备年资、领皇家的赏赐、收田庄的年租，如何分派年货等，让我们看到了高门望族鲜花着锦、烈火烹油的浮华生活。作者这样不惜笔墨地描写贾府的春节庆典，烘托它的荣华至极，也是为后文写贾府的月满则亏、盛极而衰埋下了伏笔。

书中还集中描写过宁荣两府的中秋节，分别是第七十五回的"开夜宴异兆发悲音　赏中秋新词得佳谶"和第七十六回"凸碧堂品笛感凄清　凹晶馆联诗悲寂寞"。在这两回的中秋佳节之时，贾母带领众人到园中上香拜月，并有家宴和娱乐等活动。

嘉荫堂前月台上焚着斗香，秉着风烛，陈献着瓜饼及各色果品。邢夫人等一干女客皆在里面久候。真是月明灯彩，人气香烟，晶艳氤氲，不可形状。地下铺着拜毯锦褥。贾母盥手上香，拜毕，于是大家皆拜过。……于厅前平台上列下桌椅，又用一架大围屏隔作两间。凡桌椅形式皆是圆的，特取团圆之意。上面居中贾母坐下，左垂首贾赦、贾珍、贾琏、贾蓉，右垂首贾政、宝玉、贾环、贾兰，团团围坐。……贾母便命折一枝桂花来，命一媳妇在屏后击鼓传花。若花到谁手中，饮酒一杯，罚说笑话一个。于是先从贾母起，次贾赦，一一接过。（第七十五回）

这中秋的活动安排，的确十分富贵热闹。但是，读者分明可以从回目中窥得那一片升平中的哀音。事实也正是如此：前一日晚间，邢、王两位夫人刚因"绣春囊"命人抄检了大观园，直闹得上下人仰马翻，人心惶惶；为着应付眼前的节令宴饮，王熙凤刚把她的金项圈抵押出去，凑了二百两；十五这天，贾母得知日常食用的红稻细米只能"可着头做帽子"，多一点也没有，反映出贾家的经济状况愈加窘迫；然而，为父居丧的贾珍，却烹猪杀羊，与一众宗族子弟借较射之名淫乱滥赌，日日醉生梦死。这种情况之下，即便在中秋佳节如常开家宴，也只是强颜欢笑，虚假繁荣。百年望族的富贵荣华，也在一次次的节令宴会中，显示出了一条衰落的曲线。

书中众多的节日描写，显出了贾家的规矩繁多，礼仪森严，富贵逼人。在这"今年欢笑复明年，秋月春风等闲度"的时光中，贾家似乎仍然维存着体面气派，但这些庆祝活动渐渐地变得徒有其表。因为"安富尊荣者尽多，运筹谋画者无一"，后代子孙凭着祖上的荫庇，不思进取，一味索取，挥霍无度，甚至行为不检，仗势欺人，最终给自己和整个家族带来灭顶之灾。对贾府的时令节日庆典活动的描写，其实是作者想要借之表达贾府的盛衰转变。

（二）通过节庆时令的相关活动塑造典型人物

《红楼梦》中的人物形象立体而丰满，每个人都有其独特的性格。这些人物的塑造也是借助节日场景和活动来完成的。"曹雪芹特别注意借助传统的节日、礼仪、游戏等民俗活动，为书中的典型人物提供一个真实可信的典型环境，使之能够充分刻画人物性格，展示人物心理，以引起读者心理上的共鸣。"①

通过节庆时令展示人物的性格特征。《红楼梦》中除甄士隐失女的那个元宵节外，还写过三次元宵节。分别是第十七、十八回，重要事件是元妃省亲；第五十三回和五十四回，这次元宵是连带除夕一并写及；以及第九十六回，因为贾宝玉丢失"通灵玉"，全家上下惊乱不已，所以元宵节期间的活动一笔带过。元妃省亲的那个元宵节，尤为浓墨重彩。因为元宵节的庆祝活动，也给了初登舞台的林黛玉、薛宝钗、贾探春等一众姐妹以显露才华的契机，也让人物的性格微妙而细腻地展示出来。

元宵赛诗是由元春提议举行的。因为元春比宝玉年长许多，未入宫前曾悉心教导过宝玉，宝玉从三四岁开始，跟随贾元春读书习字，学习了数千字，好几本书。他们之间的名分是姐弟，实际上关系如同母子师徒。贾元春入宫以后还对弟弟的教育念念在心。人在深宫，但常常传话给父母，千叮万嘱，务必让宝玉读书，期待宝玉能成器。这种情绪，固然可以理解为姐弟情深，但更重要的是，元春颇有政治远见。作为嫁入深宫的女子，在内廷身负家族荣辱，自然期盼在朝中能有亲戚呼应帮衬。所以元春肯定是迫切地期待贾宝玉能够成才的。因此，在省亲时一路看到宝玉题写的匾额山石，觉得不错，就想借机试一试宝玉的才能。虽让大家都写，但其实众人皆是宝玉的陪衬而已。这场元宵赛诗的

---

① 叶丽娅：《〈红楼梦〉的民俗学价值及在文学上的意义》，《思想战线》，1987年第1期，第55—56页。

情节中，除了宝玉外，三个女子的形象尤为突出，分别是贾探春、林黛玉和薛宝钗。其中提及了心理活动的，有贾探春和林黛玉二人。探春虽是"才自清明志自高"，但"自忖亦难与薛、林争衡"，也不十分执着于与薛、林争锋，表现出性格中通透达观、颇有主见的一面。而林黛玉是决心要在这个场合"大展奇才，将众人压倒"的，她写完自己分到的诗，却觉得并未展其抱负，内心遗憾，于是悄悄替宝玉做了一首《杏帘在望》，还被元春评为宝玉四首诗中最好的一首。

薛宝钗的形象主要是通过语言和神态描写来塑造的。薛宝钗趁众人没有注意，悄悄让宝玉把元春不喜欢的"绿玉"改为"绿蜡"，说完便抽身走开了。两个人对同一件事的不同表现，让我们知道，虽然钗黛二人都才华横溢，聪颖过人，但是两个人聪颖的方向是不一样的。黛玉的聪慧是诗性的，是"孤高自许、目下无尘"的，颇有几分小孩子的真性情；而薛宝钗的聪慧则是人情的，在极短的相处中，就敏锐地捕捉到了元春的喜好，并能随机应变，投其所好，且并不居功，表现出她细致入微、"随分从时"的性格特征。《道德经》中云"夫唯不争，故天下莫能与之争"。相比之下，谁更适合成为一个大家族的主母，是不言而喻的。后文又有元春在端午节时给贾宝玉和众姐妹赏赐节礼，独贾宝玉和薛宝钗的东西与众人不同，其实这在元宵赛诗中已埋下了伏笔。到此，我们似能从这些与节日相关的活动中窥见宝玉、黛玉、宝钗三人间爱情的结局。

作者一笔多用，借元春元宵节省亲一事成功地展现了元春的深谋远虑、黛玉的孤高聪慧、宝钗的大巧若拙、探春的察言观色，其技法可谓高矣。

其次，人物的形象借由一次次的节庆时令活动，展现出多侧面的"圆形"特征。比如第十七回的"滴翠亭杨妃戏彩蝶"一章，写的是芒种习俗，由这天祭饯花神，引出宝钗扑蝶的情节。薛宝钗平时给人的印象是端庄平和、从容稳重，是个规行矩步的贵族少女的形象。这日"忽见前面一双玉色蝴蝶，大如团扇，一上一下迎风翩跹，十分有趣。宝钗意欲扑了来玩耍，遂向袖中取出扇子来，向草地下来扑。只见那一双蝴蝶忽起忽落，来来往往，穿花度柳，将欲过河去了。倒引的宝钗蹑手蹑脚的，一直跟到池中滴翠亭上，香汗淋漓，娇喘细细"。一个不同于往日的、活泼可爱、天真烂漫的少女形象扑面而来。如果没有用节日时令作为契机，恐怕无法为读者展现出人物的多侧面。

其他还有一些节日及节令活动，不过是略记几笔，但轻巧点染，也能借机塑造人物。比如六十四回中写宝玉看见雪雁拿着些林黛玉平日不吃的菱藕瓜果，心里奇怪问要做什么，雪雁说是黛玉让准备的，但不知是为什么。宝玉心有灵犀，揣度"必是七月因为瓜果之节，家家都上秋祭的坟，林妹妹有感于心，所以在私室自己奠祭"。由此推断林黛玉必会伤心难过，因此转回来劝说林黛玉不要伤心太过，要保重将养身体。这里说的"奠祭"就是中元祭祀之礼，节令本身一笔带过，更重要的是要凸显贾宝玉的贴心知意的人物形象。

(三)通过时令节日暗示众芳的命数，推动情节发展

《红楼梦》中的时令节日一定有宴饮聚会。在这些宴饮聚会的场合，一般都有诗歌创作或是游戏等活动来充实内容。在《红楼梦》中，这些诗歌作品或花签诗词是具有相应的功能性的。它们仿佛是谶语，配合着前面的红楼判词，暗示着群芳的命数和故事情节的走向。

第二十二回"听曲文宝玉悟禅机　制灯谜贾政悲谶语"，是前文元春省亲的后续，因为元宵节的省亲活动，未能按照习俗制灯谜，所以本回中，元春从宫中差人送出灯谜让众人猜，再让众人也制作灯谜送进宫中。贾母心中欢喜，也命做出围屏灯，将家中姐妹的灯谜粘上，开了一个元宵灯谜会。众人所做的灯谜如下：

贾元春："能使妖魔胆尽摧，身如束帛气如雷。一声震得人方恐，回首相看已化灰。打一玩物。"

贾迎春："天运人功理不穷，有功无运也难逢。因何镇日纷纷乱，只为阴阳数不同。打一用物。"

贾探春："阶下儿童仰面时，清明妆点最堪宜。游丝一断浑无力，莫向东风怨别离。打一玩物。"

贾惜春："前身色相总无成，不听菱歌听佛经。莫道此生沉黑海，性中自有大光明。打一用物。"

薛宝钗："朝罢谁携两袖烟，琴边衾里总无缘。晓筹不用鸡人报，五夜无烦侍女添。焦首朝朝还暮暮，煎心日日复年年。光阴荏苒须当惜，风雨阴晴任变迁。"

贾政看完灯谜，心里顿觉踟蹰，想到："娘娘所作爆竹，此乃一响而散之物。迎春所作算盘，是打动乱如麻。探春所作风筝，乃飘飘浮荡之物。惜春所作海灯，一发清净孤独。今乃上元佳节，如何皆作此不祥之物为戏耶？"诚如贾政所想，元春的荣宠，"才得侥幸，奈寿不长"，而煊赫百年的贾家，其运势也如爆竹一样，一爆即散。迎春被迫嫁给孙绍祖，且被羞辱说是用五千两银子买回来的，只得任人摆布，纷乱无定，不得安生，早早离世。探春如断线风筝一

般远嫁外藩,一去不回。惜春的灯谜是一片清冷的佛前海灯,暗示她出家为尼的人生结局。薛宝钗的灯谜在书中无解,有研究者认为是古人用来计时的"更香",无论是什么,但是从字面的"两袖烟""总无缘""焦首""煎心"等词语,就能感觉到受尽熬煎,孤寂凄楚,一无所得的结局。贾政看了所有人的灯谜,内心深处生出不祥之感,认为"皆非福寿之辈",心内悲戚伤怀。作者借用元宵节猜灯谜的传统习俗,将灯谜与前文的红楼判词遥相呼应,暗示一众女子的悲剧结局,也暗示出故事情节的走向。

《红楼梦》中其他的时令节日也各有意义。比如:春分时节,宝黛共读《会真记》,预示着宝黛爱情的觉醒;清明节,放风筝暗示探春远嫁;腊八节,宝玉编故事逗黛玉一笑,展示了少男少女间情感的美好和温馨。大观园里的朝暮更替,寒来暑往,四季轮转,这些时令节日都寄寓着作者对人生的思考和对人物塑造的匠心独运。"作者以其高超的叙事能力,在追求生活本真的叙述之中,巧妙设置情节点,交代情节发展的有关内容,引领情节发展方向,将小说情节向新领域和深层次推进。"①细细研读揣摩书中时令节日的相关章节,一定会对故事情节的把握、人物的理解和主题的探究大有裨益。

(刘季)

◎ 课例

《红楼梦》贾府中秋家宴研读

【设计说明】

《红楼梦》里有很多节日描写,由这些节令活动,引出很多具体细致的家宴描写。在家宴中,贾家的富贵气象、人物的不同表现与微妙的性情,以及包含的诗词、饮食、礼仪、习俗等无不跃然纸上,以其极高的艺术水平和思想内涵感染着读者。

"中秋"一词,最早见于《周礼》。中秋节是由上古的"秋分祭月"而来。在古代的农耕社会中,古人发现,月亮的运行规律和季节变化有很大关系,也直接影响农业生产。由此,祭月拜月就成了一项重要的祭祀活动。对古人来说,中

---

① 李丽霞:《〈红楼梦〉岁时节令文学功能研究》,中国艺术研究院博士论文,2013年,第52页。

秋节是仅次于春节的重要节日。传统习俗有祭月、拜月、赏月、颂月等诸多活动。后来，在历代的演变中，中秋节的内涵慢慢丰富起来，并固定传承。大致是在情感需求层面以月圆兆人团圆，寄托思念故乡、思念亲人之情；在祭祀方面则是寄寓了祈盼丰收、幸福的美好愿望。中秋节的拜月和团圆家宴等内容，就成为中华民族弥足珍贵的文化财产。阅读中秋家宴部分，可以帮助我们更好地了解、传承传统文化。

《红楼梦》第七十五、七十六回，写了贾府荣国府的中秋家宴。但是这次中秋家宴与往常节日欢宴有很大不同，甚至从小说的回目中都可以看到衰音。一是因为贾敬去世，贾珍等宁国府众人依制守孝不便张扬。二是金陵甄家获罪抄家，让与之有旧的贾家心中恐慌。三是贾家前一晚刚刚经历了抄检大观园，从各房管事媳妇到小姐，再到身边丫鬟仆妇皆心有余悸。次日，一直借住的宝钗就借侍母疾搬出了园子。王熙凤又因连夜带人抄检生病不起，从上到下人心惶惶。四是贾家的经济危机已经遮掩不住，甚至需要王熙凤典当金项圈挪二百两银子过中秋。因此，无论从外部局势还是从内部环境来看，这次中秋都笼罩着一层愁云惨雾。而且，所谓"月满则亏"，这一场盛筵，也终到了要散之时。荣国府的中秋家宴在情节上也与前文的春节遥相呼应，暗示了故事情节的走向。这次家宴虽是作欢宴，但是悲音难抑。细细品读，可知贾家的危机四伏。

【教学目标】

1. 通过贾母和其子贾赦、贾政的微妙母子关系，了解贾府内部的倾轧排挤，以及在这种不和之下家族败落的必然。

2. 明确贾家的衰落的伏笔，领会"处处伏笔，前后照应"叙事之妙。

3. 通过中秋宴，了解相关民俗和文化，把握作者描写中秋欢庆过程和场景的用意。

【学习任务群】

任务一：探究贾赦的笑话和对贾环的夸赞，分析人物形象，推究贾赦与贾母的母子关系，以及与贾政的兄弟关系是否融洽。作者这样写的用意是什么？

任务二：为什么说中秋家宴暗伏不祥？请找到文本内容并加以分析。

任务三：了解中秋习俗，体会传统文化。并明确作者描写中秋欢庆过程和场景的用意是什么。

【教学过程】

任务一：探究家宴贾赦的笑话和对贾环的夸赞，分析人物形象，推究贾赦与贾母的母子关系，以及与贾政的兄弟关系是否融洽。作者这样写的用意是什么？

于是大家归坐，复行起令来。这次在贾赦手内住了，只得吃了酒，说笑话。因说道："一家子一个儿子最孝顺。偏生母亲病了，各处求医不得，便请了一个针灸的婆子来。这婆子原不知道脉理，只说是心火，如今用针灸之法，针灸针灸就好了。这儿子慌了，便问：'心见铁即死，如何针得？'婆子道：'不用针心，只针肋条就是了。'儿子道：'肋条离心甚远，怎么就好呢？'婆子道：'不妨事。你不知天下父母心偏的多呢。'"众人听说，都笑起来。贾母也只得吃半杯酒，半日笑道："我也得这个婆子针一针就好了。"贾赦听说，便知自己出言冒撞，贾母疑了心，忙起身笑与贾母把盏，以别言解释。贾母亦不好再提，且行起令来。

不料这次花却在贾环手里。贾环近日读书稍进，其脾味中不好务正也与宝玉一样，故每常也好看些诗词，专好奇诡仙鬼一格。今见宝玉作诗受奖，他便技痒，只当着贾政不敢造次。如今可巧花在手中，便也索纸笔来立挥一绝与贾政。贾政看了，亦觉罕异，只是词句终带着不乐读书之意，遂不悦道："可见是弟兄了。发言吐气总属邪派，将来都是不由规矩准绳，一起下流货。妙在古人中有'二难'，你两个也可以称'二难'了。只是你两个的'难'字，却是作难以教训之'难'字讲才好。哥哥是公然以温飞卿自居，如今兄弟又自为曹唐再世了。"说得贾赦等都笑了。

贾赦乃要诗瞧了一遍，连声赞好，道："这诗据我看甚是有骨气。想来咱们这样人家，原不比那起寒酸，定要'雪窗荧火'，一日蟾宫折桂，方得扬眉吐气。咱们的子弟都原该读些书，不过比别人略明白些，可以做得官时就跑不了一个官的。何必多费了工夫，反弄出书呆子来。所以我爱他这诗，竟不失咱们侯门的气概。"因回头吩咐人去取了自己的许多玩物来赏赐与他。因又拍着贾环的头，笑道："以后就这么做去，方是咱们的口气，将来这世袭的前程，定跑不了你袭呢。"（第七十五回）[1]

---

[1] 曹雪芹：《红楼梦》，北京：人民文学出版社，1982年，第1055页。

[明确]

分析人物注意语言和细节。

贾赦其人兄弟失和、量小识短、无知昏聩、挑拨离间。

兄弟失和：贾赦、贾政二人，是亲兄弟，然而他们之间却积怨颇深，矛盾由来已久。荣国府中，虽然官爵是按照长幼之序由大哥贾赦继承，但府中真正的权力执掌者却是弟弟贾政。贾母平日也是跟着次子贾政生活，而且多次因为贾赦不知检点的生活方式对其加以责骂，明显不待见他。因此，贾赦虽为兄长，却失去威势。此消彼长，贾政一方的势头压过贾赦，这也就导致兄弟二人的争斗不能调和，而且兄弟间的矛盾随着贾母的衰老而愈显激烈。

量小识短：贾赦为人心胸狭窄。他与贾政不和，在私底下有些龃龉也就罢了。然而他却不以家庭和睦为重，偏要公然表现出自己的不满，甚至在中秋团圆家宴上都不愿掩盖，故意讲笑话讽刺贾母偏心。被贾母点了用意之后心里不痛快，借口崴了脚提前离席，一点不给贾母颜面。

无知昏聩：贾府实际上已是家道中落了，然而几代子孙靠祖宗留下的家业，只知道坐吃山空，不求上进，贾赦作为贾家第三代的中坚力量，竟公然蔑视读书进身，实在是不可思议。以武功起家的贾家若想恢复家族的荣耀，可行之法只有两个。一是子弟通过读书考取功名，以求进阶仕途，这一点连贾元春都能想得很清楚，并多次告诉父母，务必要将宝玉培养出来。二是效仿其先祖，疆场效力，建功立业。然而，贾赦却说"像我们这样的人家，原不必读什么书，只要认识几个字，不怕没有一个官儿做"，他说出这样的话只有两种可能，要么就是蠢，以致无半点政治觉悟，昏聩庸俗；要么是坏，故意毁人三观，教坏子弟，背后的用心其实是想败坏掉贾政一脉的前途。

挑拨离间：贾赦说贾环少不了袭爵，这基本是无稽之谈。贾环只是贾政的庶子，素来不受贾母喜爱，甚至被贾母所厌恶。再说，贾赦一脉，还有贾琮、贾琏可以承爵。即便爵位转至贾政一脉，前面还有嫡子贾宝玉，哪里轮得上庶子贾环呢？所以贾赦说"世袭的前程"肯定是贾环的，明显是挑拨之语。贾环本来就对家里偏向宝玉心生怨怼，有机会就陷害宝玉。比如抄经的时候借机将灯油打翻，想要烫瞎宝玉；向父亲添油加醋进谗言，导致宝玉挨打；其生母赵姨娘也咒魇宝玉，恨不能置其于死地。所以，贾赦的"袭爵"之言，是在贾宝玉和贾环的嫡庶之争上火上浇油。同时，也是故意和贾母作对，贾母、贾政越看不上的，贾赦就越是要肯定。

贾探春虽身处闺阁，但见识堪比男子。她曾经说过，像贾府这样的名门望族，如果是有外人攻击，一时半会儿是不会奏效的。可怕的是从家里自杀自灭，争斗起来，则肯定会一败涂地，迅速地走向灭亡。这段话在贾赦和贾政两派的内耗中可见一斑。贾家走向败亡，与兄弟阋墙是分不开的。贾赦，身为荣国府爵位继承者，一族之长，本应多多考虑家族的利益，节制私欲，谨言慎行，只有这样才能保住家族荣光。可他偏偏是个量小识短、无知昏聩之人，与自己的兄弟意气相争，加上做事贪婪狠毒，最终致使宁国府被抄家。

任务二：为什么说中秋家宴暗伏不祥之音？请找到文本内容并加以分析。

[点拨]

前后勾连，解词析句，深入探究。

1. 读回目，找暗示。

第七十五回　开夜宴异兆发悲音　赏中秋新词得佳谶

第七十六回　凸碧堂品笛感凄清　凹晶馆联诗悲寂寞

2. 读内容，寻踪迹。

(1)前面抄检大观园，余波未消，人心惶惶。

(2)八月十四贾珍因居丧提前开家宴，夜至三更时分，忽然听到墙下有人长叹的声音。

(3)主子们吃的御田胭脂米不够吃的了，多一个人的分量都没有。

(4)家宴团坐只坐了一半，有半壁余空。

(5)贾赦、贾政兄弟失和，争斗摆上台面。

(6)贾母听吹笛时，觉得笛声清俊，呜咽袅悠，却突然有触于怀，无法自制落下眼泪。众人看到都不由得起了寂寞凄凉之意。

(7)中秋团圆宴人已不齐，但是贾母时至半夜仍然强打精神，不肯散席。

(8)林黛玉和史湘云水边联诗，她们的联诗一句比一句凄寒，特别是最后的两句"寒塘渡鹤影，冷月葬花魂"。

任务三：了解中秋习俗，体会传统文化，把握作者描写中秋欢庆过程和场景的用意。

活动1：分小组交流小说中的中秋习俗，体会传统文化。

完成荣国府的中秋宴流程表（见表10-1）。

表 10-1 荣国府的中秋宴流程表

流程	相应的文本内容
燃灯	当下园之正门俱已大开，吊着羊角大灯。嘉荫堂前月台上焚着斗香，秉着风烛，陈献着瓜饼及各色果品。……真是月明灯彩，人气香烟，晶艳氤氲，不可形状
拜月	贾母盥手上香，拜月完毕，其他人也都拜过
赏月	贾母便说："赏月在山上最好。"因命在那山脊上的大厅上去 湘云笑道："这山上赏月虽好，终不及近水赏月更妙。"
团圆	于厅前平台上列下桌椅，又用一架大围屏隔作两间。凡桌椅形式皆是圆的，特取团圆之意
行桂花令	贾母便命折一枝桂花来，命一媳妇在屏后击鼓传花。若花到谁手中，饮酒一杯，罚说笑话一个
吃月饼瓜果、饮酒、听笛	贾母又命将麛毡铺于阶上，命将月饼西瓜果品等类都叫搬下去，令丫头、媳妇们也都团团围坐赏月 这里贾母仍带众人赏了一回桂花，又入席换暖酒来。正说着闲话，猛不防只听那壁厢桂花树下，呜呜咽咽，悠悠扬扬，吹出笛声来。趁着这明月清风，天空地净，真令人烦心顿解，万虑齐除，都肃然危坐，默默相赏
追月	王夫人等笑道："夜已四更了，风露也大，请老太太安歇罢。明日再赏十六，也不辜负这月色。"

活动2：探究作者事无巨细地描写中秋过程和欢庆场景的用意。

[明确]

作为文学经典，《红楼梦》绝不会忽视对传统节日的描写，作者将贾府中秋丰富多彩的节庆活动记于纸上，让读者一同徜徉于大观园的月色之中，也让我们感受到传统节日的深厚文化底蕴。但是，作者笔下的中秋家宴，不只是单纯地记录民俗风貌，在小说中自有用意。从前面的分析中可以看出，中秋家宴始终笼罩着一片似有若无的愁云惨雾。在这个场合中最会凑趣的王熙凤因为抄检大观园受累生病没有出席，宝玉因晴雯生病无心欢宴，黛玉因宝钗回家与母亲团圆想起自己孤身一人而暗自神伤。贾母强打兴致，不肯散席。原来，作者极写宴会之盛，其实际用意是为了以乐景衬哀情而已。

《红楼梦》写法，"草蛇灰线，伏脉千里"，仅用一中秋家宴，就把贾府的内忧外患的种种线索都摆在读者面前。如果把整本书时间线上的几次宴会连起来看，更能发现它们之间的忧欢的遥相对应，也更能理解为什么作者选中秋这一节日来做转折。因为这富贵已久的百年望族，确实也到了"月满则亏"之时了。在研读时，我们需要体会出作者的精巧构思和良苦用心。

（刘季）

《乡土中国》整本书阅读

第十一讲　立足整体设计

如何阅读学术类书籍
—— 以《乡土中国》为例 *

【摘　要】基于当下整本书阅读的教学现状，依据《普通高中语文课程标准（2017年版2020年修订）》的教学提示，《乡土中国》整本书阅读的专题学习，教师应充分尊重学生的阅读习惯，将学生角色定位为阅读者、学习者，教师的主要任务是：提出学习目标，指导相关方法，设计核心任务，推进学生反思。

【关键词】《乡土中国》；阅读者；学习者；教师任务

《乡土中国》是一本典型的社会科学论著，开展此书的专题学习时，需要明确如下问题：已有的整本书阅读的教学现状是什么？整本书阅读教学的理想状态什么样？在实施《乡土中国》整本书阅读的专题学习时，教师的主要任务又是什么？

一、整本书阅读的教学现状

近几年，整本书阅读受到高中语文界的重视，成为一个热点问题，涌现出丰硕的研究成果。但整本书阅读在实施过程中，依然有不少问题。"近三年来，高中整本书阅读教学主要呈现出在选文上多文学名著、少学术专著，方法上多读写结合、少综合能力发展，评价结果多论文报告、少实践活动等现状，综合

---

* 本文作者：刘志江、张秋玲。原题为《〈乡土中国〉整本书阅读教学的方法与策略》，发表于《新课程评论》2020年第2期。收入本书时，略有改动。

性、自主性尚有不足。"①

在这样的背景下,《乡土中国》作为一本社会科学论著,引入课堂教学恰逢其时。至于教学现状中方法、评价结果等方面的不足,教师和学生的角色定位应该是主要原因之一。

观察当下的整本书阅读教学,我们常会发现以下三种情况。其一,教师要求学生在规定时间内读书,之后教师考核,在读书过程中教师基本是"无为"状态。其二,教师在学生阅读过程中布置任务,如《乡土中国》的14篇文章逐篇出一些试题,学生"刷题"结束,则读书完成。其三,教师依据相关经验,设计一些情境任务或活动,学生在实施任务的过程中读书。

这三种情况的结果怎样呢?第一种情况,学生常因缺乏有效的指导而难以提高整本书阅读能力,教师也会费解读书效果缘何很差。第二种情况则容易导致阅读的"碎片化",尤其是像《乡土中国》这样的社会科学论著,内部之间有密切的逻辑关联,刷题模式容易导致学生兴趣索然。第三种情况,教师的任务驱动确实可以起到带读的作用,但常会忽略学生作为阅读主体的主观能动性,也不一定符合整本书阅读的学科素养要求,即探索整本书的阅读门径,建构阅读整本书的经验,形成适合自己的读书方法。

综合以上三种情况,教师的角色定位更像是学生学习的"督促者",学生更像是整本书阅读的"研究者"。"研究者"偏重于阅读时具有专业视角,思考一些相对专业的问题,这样的角色定位是否有利于学生建构自己的阅读方法呢?应该承认,每个学生都是与众不同的,是有各自的阅读兴趣、习惯和方法的。在整本书阅读的实施过程中,我们要充分尊重学生的个性特征,在学生自主阅读的基础上引导他们逐步反思并总结适合自己的方法。

二、整本书阅读教学的理想状态

《普通高中语文课程标准(2017年版2020年修订)》在"教学提示"中指出:"阅读整本书,应以学生利用课内外时间自主阅读、撰写笔记、交流讨论为主,不以教师的讲解代替或限制学生的阅读与思考。教师的主要任务是提出学习目标,组织学习活动,引导学生深入思考、讨论与交流。教师应以自己的阅读经验,平等地参与交流谈论,解答学生的疑惑。……教师应善于发现学生阅读整本书的成功经验,及时组织交流与分享。应善于发现、保护和支持学生阅读中

---

① 徐志伟:《自觉地探索 困境中突破》,《语文教学通讯》(A刊),2018年第12期,第37—41页。

的独到见解。"①

北京师范大学王宁教授说:"这(整本书阅读)对教师的指导提出了很高的要求。教师首先要帮助学生选择好书,而且自己要读好选择的书,并且要关注不同学生的读书习惯和兴趣,才能达到课程标准提出的要求。"②

以上两段话明确了教师在整本书阅读教学时的主要任务。以费孝通的《乡土中国》为例,在教学前,教师可依据学情提出学习目标;在教学过程中引导学生自主设计学习活动并进行展示,并且要善于发现学生阅读整本书的成功经验,及时组织交流与分享活动。我们应承认学生的阅读习惯和兴趣,充分尊重学生自主建构阅读经验的权利,引导学生根据阅读目的选择合适的阅读方法,积累阅读学术著作的经验。

在《乡土中国》整本书阅读教学中,我们应将学生定位于"阅读者""学习者",而非"研究者"。所谓"阅读者",是翻阅全书,了解或知道书中的大致内容的人;所谓"学习者",是能够通过阅读获得一些经验,并能举一反三,建构属于自己的读书方法的人。

当然,教师也要进行一些较为宏观的方法指导,如提供阅读学术论著的基本要求,供学生参考(见表11-1):

表11-1 阅读学术论著的基本要求

序号	方法	目的
1	浏览、跳读	了解论著的主要内容、主要观点
2	概括、提要	内化论著的主要内容、主要观点
3	分类、归纳	把握论著的主要思路、研究方法
4	比较、推理	学习学者的主要观点、论证方式
5	质疑、批判	审视论著的主要内容、主要观点
6	创新、创造	生成自我的主要内容、主要观点

再如,引入艾德勒《如何阅读一本书》中的阅读基本方法(见表11-2):

---

① 中华人民共和国教育部:《普通高中语文课程标准(2017年版2020年修订)》,北京:人民教育出版社,2020年,第13页。

② 王宁:《引领语文课程改革走进新时代》,《中国教育报》,2018年3月7日。

表 11-2 阅读的基本方法

层次	名称	阅读特点
第一层次	基础阅读	对整本书的作者、主题、背景等进行大致了解
第二层次	检视阅读	快速通读整本书，了解大致内容
第三层次	分析阅读	全盘阅读整本书，强调专注与理解
第四层次	主题阅读	阅读更多整本书，并进行对比，强调举一反三，触类旁通

在艾德勒的介绍中，前三个层次的阅读，"是整本书阅读的'条理化'过程，具有循序渐进的可操作性，而第四个层次则属于最高级别的阅读，是整本书阅读后的理性思考与总结的再一次升华，超越了一般意义上的情感感悟，往往会形成阅读者刻骨铭心的人生体验与心灵感悟"[①]。

明确了阅读学术论著的基本要求和基本方法后，教师要留出充分时间，让学生在少干扰的情况下自主阅读《乡土中国》。在学生阅读全书之后，教师可请学生反思自己是如何阅读《乡土中国》的，并总结相关阅读的方法和经验（见表11-3）。以下是三位学生的反思。

表 11-3 《乡土中国》的阅读方法和经验

学生	如何阅读《乡土中国》	阅读《乡土中国》的方法、经验
1	1. 从前至后连续读 2. 集中时间读，严格自律，坚持阅读	1. 圈点勾画一些感触较深的句子，总结其写了什么 2. 阅读前言、后记、目录，观其大概 3. 读正文时，关注每章标题、每段第一句话 4. 精读时摘抄好句子，锤炼自己的思想 5. 读后为每篇文章另起一个标题。如第四章，重新命名为"团体社会和差序格局"
2	1. 连续"作战"，持续性阅读 2. 长时间的阅读，慢慢地兴趣就产生了 3. 阅读顺序，尊重原书顺序。后根据个人喜好找有感触的章节选读，如《男女有别》《家族》《血缘与地缘》	1. 把握大概内容，如阅读小序、后记、目录 2. 略读全书，挑选感兴趣的文章粗读 3. 精读时抓住概念，并加以理解，然后再通读全文 4. 研读，从概念出发，从一个点延伸出去，扩张为社会生活的各个领域

---

① 刘千秋、董小玉：《高中"整本书阅读"的现状调查及方法研究》，《语文建设》（上半月），2017年第10期。

续表

学生	如何阅读《乡土中国》	阅读《乡土中国》的方法、经验
3	1. 一天2篇文章 2. 时间连续，对中国的乡土社会实在感兴趣，文中提出了许多让我感到新奇的观点，吸引我读下去	1. 画关键句，了解文章的核心结构 2. 浏览、粗读、细读 3. 细读时抓住概念，如"差序格局"，并比较它和其他概念的区别

教师充分尊重每一个学生的阅读体验，组织学生在班级里充分交流，重点分享可供借鉴的阅读方法。之后，学生在讨论中力争博采众长，调整并完善自己的阅读方法。通过充分的交流讨论，师生可以归纳出阅读《乡土中国》的一些方法，如先浏览全书、观其大概，再略读、精读、研读；宜"粗读"与"细读"结合，先"粗"后"细"。教师还可以启发学生进一步思考，阅读《乡土中国》的方法可以推广到哪些其他书籍，这是在引导学生掌握阅读学术著作的规律，并且举一反三，学以致用。

三、《乡土中国》整本书阅读教学的实施

在《乡土中国》整本书阅读教学实施之前，教师可依据学情提出学习目标。例如：语言方面，增强基于《乡土中国》文本的语言分析与综合、归纳与概括的表述能力；思维方面，引导学生通过阅读原书以及相关资源，自主梳理阅读方法，建构属于自己的学术类书籍的阅读方法；价值方面，引导学生树立阅读学术类书籍的信心，并掌握一定的阅读规律。

在实现上述目标的过程中，教师引导学生反思并总结阅读《乡土中国》的相关经验，并依托《乡土中国》，合理组合相关资源，小组合作设计一个展示活动，将内化的阅读积累外化出来。教师引导学生设计与展示活动，增强学生借鉴他人的智慧以及分析问题的能力，锻炼筛选、比较、归纳等思维技能，增进形象思维和抽象思维的融合。

以下是教师预设的学生活动。

活动一：拍案说"法"。

费孝通笔下的"乡土中国"，并不是具体的中国社会的素描，而是包含在具体的中国基层传统社会里的一种特具的体系结构，这一结构在无形中支配着社会生活的各个方面。观看北京卫视的《向前一步》或广西卫视的《律师到现场》等节目，结合其中某一现实案件，说一说费孝通先生笔下的"礼治秩序"在当今社

会的存在与变化。

费孝通所论述的《无讼》文段节选：

在乡村里所谓调解，其实是一种教育过程。我曾在乡下参加过这类调解的集会。我之被邀，在乡民看来是极自然的，因为我是在学校里教书的，读书知礼，是权威。其他负有调解责任的是一乡的长老。最有意思的是保长从不发言，因为他在乡里并没有社会地位，他只是个干事。调解是个新名词，旧名词是评理。差不多每次都由一位很会说话的乡绅开口。他的公式总是把那被调解的双方都骂一顿。"这简直是丢我们村子里脸的事！你们还不认了错，回家去。"接着教训了一番。有时竟拍起桌子来发一阵脾气。他依着他认为"应当"的告诉他们。这一阵却极有效，双方时常就"和解"了，有时还得罚他们请一次客。我那时常觉得像是在球场旁看裁判官吹哨子，罚球。

....

现行的司法制度在乡间发生了很特殊的副作用，它破坏了原有的礼治秩序，但并不能有效地建立起法治秩序。法治秩序的建立不能单靠制定若干法律条文和设立若干法庭，重要的还得看人民怎样去应用这些设备。更进一步，在社会结构和思想观念上还得先有一番改革。（出自费孝通《乡土中国》）

活动二：社会实践。

阅读学术著作，要关注其中"问题的提出"和"问题的解决"。当今中国社会正处于转型的关键时期，传统与现代的交织和转换，乡村与城市的碰撞和融合，使社会发生着巨大变化。在这样的背景下，《乡土中国》关于乡土社会的论述能给我们很多思考。《乡土中国》所论述的是20世纪40年代的农村，如今，农村已经发生了天翻地覆的变化，但变中又有不变。运用书中所述理论观察、访谈，了解自己的家乡传统习俗以怎样的形式存在，有什么特点，哪些仍对社会发展起着决定性的作用，哪些正在与时俱进地悄然地发生变化，哪些已经消失于历史的长河中……聚焦某个具有乡村特征的关键词，如人物、古建筑、礼节、习俗、老物件、历史遗迹等，走一走，看一看，查一查，访一访，完成一份社会实践报告。

活动三：网页设计。

所谓网页，是因特网汇总展示信息的最基本单元，是把各种多媒体信息相互融合在一起表达信息的一种方式。实际上，网页是一个文件，可以展示文字、图形、图像、视频和动画等信息。在阅读《乡土中国》的基础上，聚焦一个角度，如居住环境、精神风貌、文化生活、风俗习惯、乡村管理等，通过不同的途径搜集文献材料，以小组合作的方式设计网页。电教委员整合各小组的网页，通过超级链接，制作一个班级大网页，或一个微型网站。

设计网页之后，阅读"网页评价量表"（见表 11-4），先在"得分"一栏设计出评分细则，再为自己设计的网页和小组同学的网页打分，最后取平均分为自己的网页设计得分。

表 11-4 网页评价量表

评价项目	评价指标	指标描述	得分
网页主题	主题	主题鲜明、与生活经验相关	
		符合浏览对象	
		网站名称简洁、响亮	
网页内容	丰富性	内容丰富	
	正确性	积极、健康、表述准确、无错别字	
	结构性	结构完整	
	原创性	资料的原创程度高	
网页设计	设计风格	画面简单、风格一致、布局合理	
	文字设计	能运用适当的字体、大小、颜色及特殊效果，凸显主题与内容，并与整个网页背景相称，文字排版具有阅读上的舒适性	
	多媒体设计	使用恰当且与内容相关，有吸引力	

活动四：戏剧表演。

观看电影《秋菊打官司》的片段，思考并说出秋菊"要一个说法"为什么遭到众人反对，其背后的传统民俗有何特点。之后，仿照《秋菊打官司》的片段，依托《乡土中国》，同时结合相关资源，组织戏剧社团，自拟剧名、自导自演一出小话剧，表演内容自定，表演时间 10 分钟以上。在表演结束后，将表演视频上传至校园网，请读者点评。特别要求：利用家长资源及社会资源，至少邀请一位整本书阅读学习过程中的调查对象或访谈对象客串话剧中的某个角色。

以上仅仅是教师预设的四种学生活动方式，其他如辩论、演讲、读书会、圆桌会谈等不一而足，活动内容不在于多，而在于精。我们引导学生选择自己喜欢的方式，将阅读的成果外化出来，同时在活动中深化阅读的效果。教师对学生的活动设计虽有预设，但不以教师的预设限制学生的发展，要突出学生的自主性、探究性、合作性，充分展现学生的个性特色。

在《乡土中国》整本书阅读教学的实施过程中，教师要充分信任学生，引导学生自主建构阅读经验，反思并总结适合自己的阅读方法。教师则要成为学生学习的指导者、陪伴者、倾听者，给学生充分的自主权，让学生在习得中不断进步。

温儒敏先生说："经典阅读总会有困难，却又是充满乐趣的。读书不能就易避难，不要总是读自己喜欢的、浅易的、流行的读物，在低水平圈子里打转。年轻时有意识让自己读一些'深'一点的书，读一些可能超过自己能力的经典，是一种挑战。应当激发自信，追求卓越，知难而上。"《乡土中国》便是这样"深"一点的书。我们相信，教师是学生深入阅读路上的伙伴，学生们攀峰而上，主要凭借自己的能力，但当其遇到困难时，教师永远都会及时出现在他身边，搭建支架，给予帮助，师生携手，共攀整本书阅读的高峰！

◎ 课例

《乡土中国》整本书阅读的整体设计方案*

【设计背景】

统编高中语文教材必修上册第四单元为"当代文化参与"学习任务群，单元主题是"我们的家园"，选入了毛泽东、王思斌、钟敬文等人的三篇文章，分别指向如何调查、如何访谈以及节日与文化的关系。在学科素养上要求：1. 学习调查、访谈和实地考证等，搜集整理资料，聚焦并提炼问题，展开专题研讨，提高对各种文化现象的认识能力和阐释自己见解的能力；2. 认识我们生活的家园，见证时代的变迁，思考家乡与自我成长之间的关系；3. 研读学习资源，深化对家乡的认识，辩证思考传统与现代的关系，提升当代文化参与意识。本单元从"学习活动"角度建议学生"记录家乡的人和物"，从"活动提示"角度建议学生撰写能突出家乡特色的"志"。

第五单元为"整本书阅读与研讨"学习任务群，单元主题是"乡土的中国"，

---

* 本文作者：刘志江、赵宁宁。原题为《我的家乡我的根——统编高中语文必修上册第四、五单元专题学习设计》，发表于《语文教学通讯》(A 刊)2019 年第 10 期。

在学科素养上要求：1. 探索社科类整本书的阅读门径，建构阅读整本书的经验，形成适合自己的读书方法；2. 把握论著中的关键术语、重要观点和价值取向，了解和考察其学术价值；3. 深入研读作品，探究作品的语言特点和论述逻辑，汲取营养，丰富自己的精神世界，提升阅读和表达能力。本单元通过阅读费孝通先生的《乡土中国》，引导学生根据阅读目的选择阅读方法，积累阅读学术著作的经验。

高一年级学生，在语文学习过程中，已经具备了基本的"读""思""写"的能力，但在学习第四、五单元的过程中，还需要"行"，即亲身实践，用自己喜欢的方式（如访谈、考察等）关注和参与家乡的文化生活，学习剖析文化现象，增强认识社会和阐释自己见解的能力。这也是学好语文的重要途径。

"我的家乡我的根"专题学习设计整合第四、五单元，以第四单元教材内容为核心，灵活而持续地融入第五单元《乡土中国》中的相关内容，以写作"我的家乡志"这一具体任务驱动学生主动深入阅读，在专题学习中引导学生体悟家园文化、乡土中国文化。本专题学习融入了"语言积累、梳理与探究""当代文化参与""学术论著专题研讨""思辨性阅读与表达""跨媒介阅读与交流"等任务群。

【教学目标】

一、语言目标

1. 通过调查了解传统习俗现象，利用多种渠道收集融于习俗中的乡音乡语，制作一张家乡的方音土语与普通话的对照表，发展获取信息、整理信息、概括信息的能力。

2. 在老师带读、学生选择性研读的基础上，分析《乡土中国》的章节内容及理论体系，以表格形式列出所读章节中观点与材料的对应关系，用思维导图画出所读章节的论证逻辑，增强基于文本的语言分析与综合、归纳与概括的表述能力。

3. 学生能结合自己周围的具体现象，关注和理解《乡土中国》中的关键概念，能运用自己的语言对这些概念进行阐释，收集与所选关键概念有关的乡土资料，撰写一篇具有家乡特色的《我的家乡志》。

二、思维目标

学生在老师的引导与帮助下，分析《乡土中国》的论证逻辑，归纳概括理论体系,利用理论对具体现象进行分析,在撰写《我的家乡志》的过程中,增强分析问题的逻辑推理能力。

三、价值目标

1. 通过考察家乡的一项传统习俗(如家庭或邻里纠纷的解决方式),正确理解传统民俗民规与现代社会的差异所在,建立与时俱进、吐故纳新的文化意识,增强民族文化自信心。

2. 通过理论探讨与现象分析,对中国乡村特有的传统民俗文化建立起相对理性的思考,提出1—2条正确继承传统习俗的路径。

【教学过程】

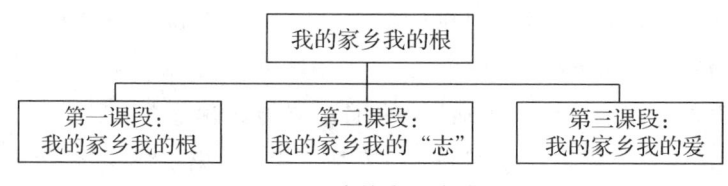

图 11-1　我的家乡我的根

第一课段：我的家乡我的根

核心任务：了解《乡土中国》的基本内容,了解传统习俗的基本内容、熟悉相关背景。

一、学习任务

1. 阅读费孝通的《乡土中国》,运用书中所述理论观察、访谈,了解自己的家乡传统习俗以怎样的形式存在,有什么特点,哪些仍对社会发展起着决定性的作用,哪些正在与时俱进地发生悄然的变化,哪些已经消失于历史长河之中……搜集有关资料,为撰写"我的家乡志"做资料的准备。

2. 阅读《乡土中国》时,注意理解书中的关键概念,如"差序格局""礼治秩序""横暴权力""同意权力""教化权力""时势权力"等,用思维导图画出全书的逻辑思路。根据撰写"我的家乡志"的目的,选择合适的阅读方法,积累阅读学术著作的个体特殊经验。阅读方法,如浏览,阅读序言、后记,梳理书中14篇文章的排列顺序,大致了解整本书的基本结构;再如略读,快速粗略地阅读全书,扫视文章内容,了解篇章梗概、主要内容、关键概念。在浏览和略读的基础上,再选择自己感兴趣的章节进行精读,精读时可以做摘抄或为文章做批注。

二、课时安排

7课时

三、学习资源

通读《乡土中国》；精读《差序格局》《礼治秩序》《无讼》《无为政治》《长老统治》《名实的分离》等6篇文章。

四、学生活动

1. 浏览并略读《乡土中国》，了解全书梗概，初步了解作者分析中国乡村社会现象的理论框架，关注其中所写到的传统习俗现象，尝试在模仿中建立"我的家乡志"的分析框架。（1课时）

2. 精读6篇文章，关注如下问题：

《差序格局》：了解中西方不同的社会关系，中国传统社会的社会道德只在私人联系中发生意义。

《礼治秩序》：了解"礼治"与"法治"的区别，"礼治秩序"的特点、表现和成因。

《无讼》：了解民间如何贯彻"礼治秩序"。

《无为政治》：了解乡土社会的两大权力结构——从社会冲突中所发生的横暴权力、从社会合作中所发生的同意权力。

《长老统治》：了解权力结构中另一种形式，即从社会继替中所发生的教化权力，作者将其称为"长老统治"。

《名实的分离》：了解在社会变迁的过程中，时势所造成的从知识里所得来的时势权力。（4课时）

3. 利用表格，对《乡土中国》的14篇文章进行分类，提取关键概念，用书中的语言，或借助"百度百科""维基百科"等搜索引擎，用自己的语言对概念进行阐释，并标注出各篇文章所用的论证方式（见表11-5）。（1课时）

表11-5 "乡土中国"文章分类表

分类标准	相关文章题目	关键概念	关键概念阐释	论证方式

4. 结合《乡土中国》的各篇文章题目以及关键概念，画出整本书的思维导图。(1课时)

五、学习评价

费孝通笔下的"乡土中国"，并不是具体的中国社会的素描，而是包含在具体的中国基层传统社会里的一种特具的体系结构，这一结构在无形中支配着社会生活的各个方面。观看北京卫视的《向前一步》或广西卫视的《律师到现场》等节目，结合其中某一现实案件，说说费孝通先生笔下的"礼治秩序"在当今社会的存在与变化。

第二课段：我的家乡我的"志"

核心任务：撰写《我的家乡志》（家乡人/风物志）。

一、学习任务

"志"是记述、记载的意思。"志"的表述方式以叙述和说明为主，语言力求准确、平实、简明，在记述中自然而然地融入个人的思考与情感。如地方志，就是如实记载某一地方历史的书或文章。"风物"，既可以是家乡的建筑、特产、老物件，也可以是传统习俗等。

1. 筛选、整合、运用第一课段所收获的信息，聚焦某个具有乡村特征的关键词（如人物、古建筑、礼节、习俗、老物件、历史遗迹等），通过不同的途径搜集文献材料。

2. 依据第一课段所建立的分析框架，结合搜集到的文献资料，拟写"我的家乡志"的写作提纲。

3. 结合采写对象，修改、重拟《我的家乡志》标题，或依据采写对象的特点拟写一个副标题，完成《我的家乡志》的写作。

二、课时安排

6课时

三、学习资源

1. 费孝通《乡土中国·后记》（重读此文，了解社会调查的一般方法）；
2. 毛泽东《调查的技术》；
3. 王思斌《访谈法》；
4. 钟敬文《节日与文化》。

四、学生活动

1. 制订调研计划：思考应查阅何种文献，制定访谈提纲（聚焦主要问题）。（1课时）

2. 实地考察：在阅读相关学习资源的基础上，实地考察采写对象。（课外实践）

3. 人物访谈：参看教材上的《访谈记录表》及《家乡文化生活现状调查》，对采写对象进行访谈。（课外实践）

4. 整理素材，依照"写作结构表"（见表11-6），撰写《我的家乡志》。（4课时）

表11-6 《我的家乡志》写作结构表①

标题	标题应明确主旨
摘要	简要概括"志"的内容，语言应简明、清晰
目录	列出《我的家乡志》主要包括哪几部分
调查背景与目标	调查的背景和设定的目标
调查步骤与方法	怎样实施调查，经历了什么样的步骤，运用了哪些方法
调查内容与分析	调查的主要问题，获得的各种信息，以及对这些信息的分析。这是《我的家乡志》的主体部分，可以分成若干段落。在写作中要融入自己对家乡的思考和情感
结论	总结主要内容，提出自己的看法
建议	简要提出解决问题的措施
参考资料	列出参考的文献资料及其来源

五、学习评价

表11-7 《我的家乡志》评价量表

评价要素	评价细则
结构	对照《写作结构表》，看结构是否完整
内容	所写文章内容充实，符合实际生活情况
语言	以叙述和说明为主，准确、平实、简明
逻辑	思维严谨，论述时能采用多种论证方式

---

① 取材于统编教材高中语文必修上册第四单元附三《调查报告结构表》，有调整。

第三课段：我的家乡我的爱

核心任务：编制班级《我的家乡志图册》。

一、学习任务

1. 在《我的家乡志》展示会上，每位学生展示自己所写的文章，恰当地配上相关的图片；让大家了解你的家乡人、家乡风物，了解你对家乡文化的思考与情感。

2. 在分享交流的基础上，借鉴、吸纳同学提出的合理意见，调整、修改、完善自己的文章。

3. 成立《我的家乡志》编辑委员会，编制《我的家乡志图册》，由每位同学为自己设计个性化的封面。

二、课时安排

5课时

三、学习资源

学生的展示成果会成为新的学习资源，这会促进每一位学生在分享交流中反思自己的专题学习过程，并在反思中进一步调整、修改、润色自己的文章。

四、学生活动

1. 为自己的文章配图。（0.5课时）

2. 学生参展，观展。（1课时）

3. 分享交流，增进对家乡文化的认同。（1课时）

4. 分享交流之后，调整、修改、润色自己的文章。（1课时）

5. 成立组委会，收集、修改、编辑《我的家乡志图册》。（1.5课时）

五、学习评价

本课段的学习评价主要在于分享交流时的质询、答辩。在《我的家乡志》展示会上，学生们就观展过程中的困惑处、怀疑处、否定处提出问题，并期待得到准确、得体、简明的回应；学生们也要向他人解说自己的写作成果，并答复他人的提问。

【专题评价】

一、单元核心问题理解

统编高中语文教材必修上册第四、五单元分别归属"当代文化参与"及"整本书阅读与研讨"学习任务群,核心问题之一是引导学生关注家乡人、家乡风物,了解"乡土中国"的文化习俗。

"我的家乡我的根"专题学习的主要任务是撰写《我的家乡志》,通过准备、写作、交流《我的家乡志》,贯彻并落实"当代文化参与""整本书阅读"等任务群的相关学习要求。在专题学习过程中,师生始终围绕"家乡文化生活"开展活动,学生以"家乡人/风物志"为切入点,关注家乡生活,深入阅读毛泽东、王思斌等人的文章以及费孝通先生的《乡土中国》,在相关文化背景的支撑下,通过访谈、考察、查阅文献等方式,了解家乡人和物、文化与习俗。空间上,聚焦于自己的家乡;时间上,回溯历史,着眼当下,展望未来,寻找并审视自己的"文化之根"。在一系列学习的基础上,学生们将《乡土中国》和专题中的相关学习资源整合起来,结合现实,写出不拘一格又别具一格的《我的家乡志》,增强对家乡、对民族的文化认同感。

二、测试反馈

必做题:欣赏陈哲所写的歌词《黄土高坡》,结合自己所写的《我的家乡志》,为自己的家乡写一首歌词,体现对家乡文化的理解,对家园与乡土的情感。

黄土高坡

我家住在黄土高坡
大风从坡上刮过
不管是西北风还是东南风
都是我的歌　我的歌
我家住在黄土高坡
日头从坡上走过
照着我窑洞晒着我的胳膊
还有我的牛跟着我
不管过去了多少岁月
祖祖辈辈留下我
留下我一望无际唱着歌
还有身边这条黄河
我家住在黄土高坡
四季风从坡上刮过
不管是八百年还是一万年

都是我的歌 我的歌
　　选做题（二选一）：
　　1. 观看电影《秋菊打官司》的片段，思考并说出秋菊"要一个说法"为什么遭到众人反对，其背后的传统民俗有何特点。
　　2. 请欣赏中央电视台《感动中国》栏目为袁隆平所写的颁奖词，仿照这一形式，为《我的家乡志》中的某位家乡人写一段颁奖词。

献给袁隆平的颁奖词

　　他是一位真正的耕耘者。当他还是一个乡村教师的时候，已经具有颠覆世界权威的胆识；当他名满天下的时候，却仍然只是专注于田畴。淡泊名利，一介农夫，播撒智慧，收获富足。他毕生的梦想，就是让所有人远离饥饿。喜看稻菽千重浪，最是风流袁隆平。

第十二讲　探究核心概念

以概念为认识事物的工具

【摘　要】 费孝通在《乡土中国》中提出了很多极有价值的概念，阅读这部社会学论著的过程也是理解这些概念的过程。根据全书的内容，筛选出五个核心概念，解读这些概念，分析概念之间的内在联系，以期厘清全书的内部逻辑，从而更好地认识费孝通的理论，认识乡土中国的现象，达成整本书阅读的目的。

【关键词】 乡土中国；核心概念；整本书阅读

《乡土中国》作为乡村社会学课程的讲义，是中国社会学的奠基性著作。作者从乡村社会纷繁的现象中抽象出认识和道理，提炼成概念，创造出理论。费孝通先生在《重刊序言》中说："搞清楚我所谓乡土社会这个概念，就可以帮助我们去理解具体的中国社会。概念在这个意义上，是我们认识事物的工具。"梳理书中重要的概念，把握概念之间的关联，从而认识费孝通的理论，是阅读《乡土中国》的重要途径，也是读者借此认识现实的重要方法。

一、基层社会的基本特点：乡土性

作者开篇即说："从基层上看去，中国社会是乡土性的。"乡土本色，即"乡土性"。"乡土性"中"土"字的基本含义就是泥土。中国社会基层的乡下人与泥土有着极为紧密的关系。他们以种地谋生，即使是迁徙到不适宜播种的区域，也会固守着从土地里谋生活的方法。人们既在生活上依赖泥土，同时也在精神上敬畏泥土，依恋泥土。他们认为土地神是地位最高的神，离家在外时，会带上一包灶上的泥土来慰藉思乡之苦。"土"在农业社会的文化中占有重要地位。

物质上对泥土的依赖和精神上对泥土的依恋使得人们安土重迁，中国基层社会于是呈现出人口不流动这一特点。费孝通先生生动地称之为"粘着在土地上",世代定居是农业社会人们生活的常态。也就是说中国基层社会中人和空间的关系是稳定的,不流动的。加之大多数农民聚村而居,村落内部的人们因为生于斯、死于斯,于是彼此熟悉,由此形成了乡土社会的另一个特点:熟人社会。

在这样的熟悉的社会中,维持秩序的规矩不是法律,而是长期生活其中"习"出来的礼俗;人与人之间的信任因熟悉而获得,而非对契约的重视;人与人、人与环境之间的原则都是个别的,而非抽象的普遍原则;在熟人和熟悉的环境中生活的人们,形成面对面的社群,他们之间的交流不存在空间和时间的阻隔,所以无须借助文字。因此,乡土社会对文字的需求是微乎其微的。

基层社会的乡土性是因耕种为主的生产方式而产生的,与土地关系紧密和分工程度浅的特点使得基层社会极具稳定性,而人口少于流动和熟人社会都是稳定性的表现。乡土社会的人际关系、家庭构成、权力结构等方面的特点都与基层社会的乡土性紧密相关。

二、乡土社会的基本格局:差序格局

针对很多人所诟病的"乡下人自私"的问题,费孝通先生并没有止步于批评抱怨,而是由此思考中国乡土社会中人和人的关系问题,并在与西方社会的比较中,创造性地提出了"差序格局"这一概念。它被视为中国社会学对世界社会学理论的最大贡献。①

费孝通先生观察到,在中国,"家"这一最基本的社会单位所包含的成员是不清楚的,"家里的"可以单指自己的配偶,"家门"可以包括伯叔等一大批人。在乡土中国,自家人的范围因时而变,因地而变,群体与个体之间的界限是不清晰、不确定的。而在西方社会,家庭作为一个团体,其包含的成员是明确的。

为了把这两种不同的社会结构格局说清楚,作者借助了两个生动形象的比喻。在说明西洋社会的格局时,费孝通先生以颇具乡土生活气息的"捆柴"为喻:

西洋的社会有些像我们在田里捆柴,几根稻草束成一把,几把束成一扎,几扎束成一捆,几捆束成一挑。每一根柴在整个挑里都属于一定的捆、扎、把。每一根柴也都可以找到同把、同扎、同捆的柴,分扎得清楚不会乱的。在社会,这些单位就是团体。(出自费孝通《乡土中国》)

这种格局作者称为"团体格局",其特点是常常由若干人组成一个个界限分

---

① 郑也夫:《隔代一书谈,回首百年身》,北京:生活·读书·新知三联书店,2017年,第14页。

明的团体，在团体中讲究人人平等，宪法观念深入人心，即团体不能抹杀个人。而与之相对的则是中国乡土社会的"差序格局"：

> 我们的格局不是一捆一捆扎清楚的柴，而是好像把一块石头丢在水面上所发生的一圈圈推出去的波纹。每个人都是他社会影响所推出去的圈子的中心。被圈子的波纹所推及的就发生联系。每个人在某一时间某一地点所动用的圈子是不一定相同的。(出自费孝通《乡土中国》)

差序格局的特点是以自己为中心，和自己具有亲属、地缘等的社会关系像水波纹一样一圈一圈向外推出，与中心的"自己"形成亲疏、远近之别。这个圈子因人而异，同一个人的圈子也会因中心势力的大小、具体时空不同等出现范围大小的伸缩变化。

差序格局与儒家讲究的"人伦"有紧密关联。作者认为"伦"即是"从自己推出去的和自己发生社会关系的那一群人里所发生的一轮轮波纹的差序"，是有差等的次序。孔子和孟子都是先承认一个自己，强调克己修身，在此基础上，再顺着这个同心圆的伦常秩序往外推广，即从自己到家庭，从家庭到国家。儒家的人伦纲纪又强化了这种差序格局。从己到人、向外扩张的推广形式可以视为向外的路线，同理也会有"由国到家，由家到己"的向内的路线。方向不同，公私是相对的，群己界限因此是变化的，是不明确的。

西洋团体格局中，国家作为团体，其成员与团体有明确的界限，权利和义务区分清楚，人们重视平等和权利，国家为每个分子谋取利益。而乡土社会中，国家也不过是以皇帝为中心推广开来的社会关系圈，群体和个人的界限也是模糊不清、有伸缩变化的。因此，乡土社会中，道德和法律都不能超越私人关系，所有的价值标准都不会超越有差序的人伦秩序，都要依所施对象和"自己"的亲疏关系而有变化。因此，差序格局的社会重视攀关系、讲交情。

两种格局的形成源于不同的生活需求。西洋社会，"团体"是生活的前提，即合作需求高；而一个世代安居的自给自足的乡土社会，合作是偶然性、临时性的，即合作需求低(见表12-1)。

表12-1 两种社会结构格局差异对照表

对比项	差序格局	团体格局
社会特点	乡土社会	团体社会
存在条件	生活合作的需求低	生活合作的需求高

续表

对比项		差序格局	团体格局
特点	所用比喻	同心圆波纹	捆柴
	群己界限	界限模糊	界限清晰
	群己关系	人伦差序，以"己"为中心	人人平等
道德体系		维持规范的力量是礼俗	维持规范的力量是宗教、法律
		克己复礼	权利和义务
		攀关系、讲交情	讲权利
社会观念		自我主义	个人主义
		爱有差等	爱无差等

三、乡土社会的基本社群："小家族"

小家族，指的是中国乡土社会中的基本社群"家"。

同为社会的基本单位，中国基层社会的家庭和西洋社会中的家庭有很大差异。在西洋的团体格局中，家庭有严格的团体界限，主要功能是生育。而在乡土社会中，家并没有清晰的群己界限，家庭成员可以依据需要，按照亲属差序沿父亲路线向外扩大，并不限于亲子之间。因此，中国基层社会的家是一个按照单系亲属原则组成的氏族族群。同时，它又与氏族有所不同，一般的氏族由许多家组成，是一个社群，而中国的家庭往往只包括一个家的几代人，因此费孝通先生用"小家族"为其命名。家的大小有差异，但结构原则是一致的，都遵循单系的差序格局。

小家族在组成结构上与氏族相通，在性质上也与之相似，都包括但不限于生育功能，而同时具有政治、经济、宗教等复杂的功能。因为要承担这些功能，所以乡土社会中的"小家族"具有长期性、绵续性，不会随着子女的长成而分裂。同时，因为生育只是家族这个事业社群的其中一项功能，更多的是承担政治、经济等功能，所以小家族的主轴在纵向的父子之间和婆媳之间，而横向的夫妇之间则成为配轴。事业性社群追求效率，讲究纪律，因此家庭内部重家法而轻感情，这使得男女两性的差别被有意强化，中国夫妇之间感情较为淡漠、矜持。

四、乡土社会的基本秩序：礼治秩序

费孝通借助"礼治秩序"这一概念来分析乡土社会秩序维持的力量，即社会上人与人的关系依靠什么力量来维持的问题。

人们往往认为西洋是法治的社会，而中国是人治的社会。作者认为这种对称的说法不是很明确，法治不是没有人的因素，而是人的依法而治，特别是现代学者对人的因素极其重视。而"人治"也并非人不依法来管理，没有一个社会能够凭一个人的好恶而不是外在的力量来维持秩序。人治和法治的不同之处，在于维持秩序时所用的力量和所根据的规范。乡土社会是礼治社会，也就是说把礼作为维持社会秩序依据的规范。

礼是社会公认合式的行为规范。合于礼的就是说这些行为是做得对的，对是合式的意思。如果单从行为规范一点说，本和法律无异，法律也是一种行为规范。礼和法不相同的地方是维持规范的力量。法律是靠国家的权力来推行的。"国家"是指政治的权力，在现代国家没有形成前，部落也是政治权力。而礼却不需要这有形的权力机构来维持。维持礼这种规范的是传统。（出自费孝通《乡土中国》）

维持社会秩序的规范，"礼"的内容以现代标准看，可能是残酷的。礼不依凭外在权力，而是通过传统来得以推行。因为乡土社会是一个安土重迁、变迁缓慢的社会，在这样代代相似、生活定型的环境中，前人用来解决生活问题的经验尽可以为今人所用，而传统正是社会所累积的经验。因此，可以说是整个社会的历史在维持乡土社会的秩序。

礼治的实行建立在传统可以有效地应付生活问题的基础上，而这样的传统会逐渐形成仪式。礼，即依照仪式行事。掌握这一套仪式需要不断学习和实践。人们也在教化过程中养成对礼的敬畏感，使之从外在规则化成个人内心的行为准则，从而做到从心所欲而不逾矩。可以说习得和实践礼的过程就是个人修身、克己的过程。礼治秩序就是人们主动依礼行事而形成的社会秩序，维持礼治秩序的理想手段是教化。

乡土社会教化的权力掌握在长者手中。文化在变化很少的社会里是稳定的，传统在现实生活中往往具有强大的效力，可以解决生活中的问题。于是熟悉传统的年长者就获得了强制年幼者的教化权力。"入则孝，出则弟"，长幼原则的重要体现了教化权力的重要，而儒家的人伦秩序、道德要求又反过来维护了教化权力，巩固了长老统治。长老统治与礼治秩序紧密相关。二者都是乡土社会极具稳定性的产物。

五、乡土社会的发展变迁：地缘社会

乡土社会属于血缘社会，随着社会的发展变迁，逐步向地缘社会转变。费孝通先生用这两个概念来谈乡土社会性质的转变和乡土社会的发展。

所谓血缘社会，是指人和人的权利和义务由生育发生的亲属关系来决定的社会。血缘所决定的社会地位是不容许个人选择的，它意味着职业、身份、财富等通过血缘关系来实现继替。血缘社会存在的基础是社会的高度稳定，教化权力有实际价值。

地缘社会，是与血缘社会相对而言的概念。地缘是指人和人的权利和义务是由地域来决定的。地缘社会中人和人之间的联系纯粹基于地缘，而非血缘。地缘社会是陌生人社会，血缘与地缘是分离的。

在稳定的乡土社会，人口不流动，家族成员多在地域上靠近，即使人口繁衍使得过剩人口向外扩展耕地，它和原来的乡村往往也保持着血缘联系。因此，在血缘社会，地缘是血缘的投射，地缘上的远近往往是血缘上亲疏关系的反映。血缘社会是熟人社会，亲密的血缘关系依赖人情和关系来维持，于是馈赠代替当场清算来完成交易，因此限制了商业活动的发展。

社会生活发达，人和人之间的商业往来频繁，"当场算清"的需要由此增加，货币作为"当场算清"的单位出现，又进一步促进了商业的发展。这种情况下，人情不再能够维持人与人之间权利和义务的平衡，于是生活在血缘性社区边缘上的外来者随之成为商业活动的媒介。作为地缘关系的外来者借助契约来完成交易。

从血缘结合转变到地缘结合是社会性质的转变，这一转变让乡土社会的一些传统失效。但是建立在传统效力基础上的长老权力不容忍反对，于是就出现用注释的方式谋求与社会变动的适应。注释即维持长老权力的形式而注入变动内容的方式。它带来的影响便是传统的名与实分离。社会变迁速率越大，名实之间的距离就愈大。而名实的距离愈大，也就意味着传统的实际效力愈小，长老的实际权力愈弱，社会的稳定性也就愈差。社会变动速率快，环境发生的改变大，人们不能再依据自然选择出的传统方案来满足现实生活需求，而必须借助知识来理性分析行为对个人生存和社会完整的影响。于是知识带来权力，成为时势权力。从欲望到需要的变化过程，是长老权力式微，时势权力发展的过程，也是传统的乡土社会向现代社会转变的过程。

六、小结

中国的基层社会以种地谋生，高度依赖土地。自给自足的小农经济造就了一套紧密围绕土地而展开的生活方式，由此形成一种文化传统和社会特点。乡土生活最突出的特点就是稳定性，具体表现为空间上人的少于流动，时间上生活少于变动。世代定居的人们之间以血缘为纽带，形成以自己为中心的有差序、可伸缩的社会人际关系网络，使得家庭成为一个按照单系亲属原则组成的氏族族群。社会变动的缓慢，让现实与历史高度相似，能够解决现实问题的传统让礼获得了维持社会秩序的力量，让长者老者拥有了教化权力，并借助儒家规范等进一步维护和强化社会的稳定。这样的社会中，人与人之间是熟悉的，人对环境也是熟悉的，人们依着经过自然选择的欲求生活，结果合于生存的条件。

社会的发展，交易的频繁，使得现场清算的需求增加，刺激了商业的发展。而商业的发展需要寄居在血缘社会、熟人社会边缘上的陌生人充当媒介，而陌生人间需要借助契约来完成。商业的发展改变了乡土社会对土地高度依赖的谋生方式，人与土地之间的关系开始松散，人们粘着在土地上的状况发生改变，这使得很多传统在新的环境中失去了解决问题的价值，于是，礼维护社会秩序的力量不断弱化，长老的权力也日益式微，乡土社会不断瓦解。

作为一部学术著作，《乡土中国》以思考如何更好地认识和推动乡土社会向现代社会的转型为指归，把中国基层社会当作一个整体来观照，以西方社会为比对，创造性地提出了数个社会学概念。细致梳理这些概念提出的过程，准确把握这些概念的内涵，深入探究这些概念之间的逻辑关联，能让我们更好地读懂整本书，更深入地理解当代中国社会的现象。

（孟贵贤）

◎课例

《乡土中国》中的概念梳理与探究

【设计说明】

作者费孝通先生从纷繁的乡村生活现象中抽象出一些社会学的认识和评价，并以概念的方式凝练地表达出来，这其中的很多概念在今天仍然是中国社会学研究的重要术语，对于我们认识社会现象具有启发价值。阅读这部社会科学论著，把握作者的观点，就要梳理概念提出的过程，探究重要概念的内涵。

这些概念很多是作者新创，如"差序格局、小家族、长老统治、时势权力"等。提出概念的过程，也是作者论述观点的过程。作者筛选现实材料，提炼为可以印证乡土社会特点的"现象"，并和西洋社会及传统社会中的相应现象进行比较，深入浅出地阐释概念。《普通高中语文课程标准（2017年版2020年修订）》在"学术论著专题研讨"部分强调"体验学者发现问题、探索解决问题的路径，以及陈述学术见解的思维过程和表述方式"①，而对概念的梳理和探究恰恰呼应了这一要求。

此外，《乡土中国》作为一部经典作品，语言上不乏文采，文字间充满人文关怀，而且作品中综合人类学、历史学等知识提出的精辟见解俯拾皆是。因此，阅读本书，梳理和探究概念，不仅是筛选信息和理解知识的过程，更是获得语言滋养、思维提升、审美熏陶的过程。

基于以上认识，我们以《乡土中国》中的重要概念为学习元素设计本课的任务群，在此基础上展开整本书阅读。

【教学目标】

1. 梳理概念提出的过程，概括核心概念的内涵。
2. 赏析书中的精彩语句，理解含义，体会效果。
3. 借概念理解社会现象，体会作者的学术情怀。

【学习任务群】

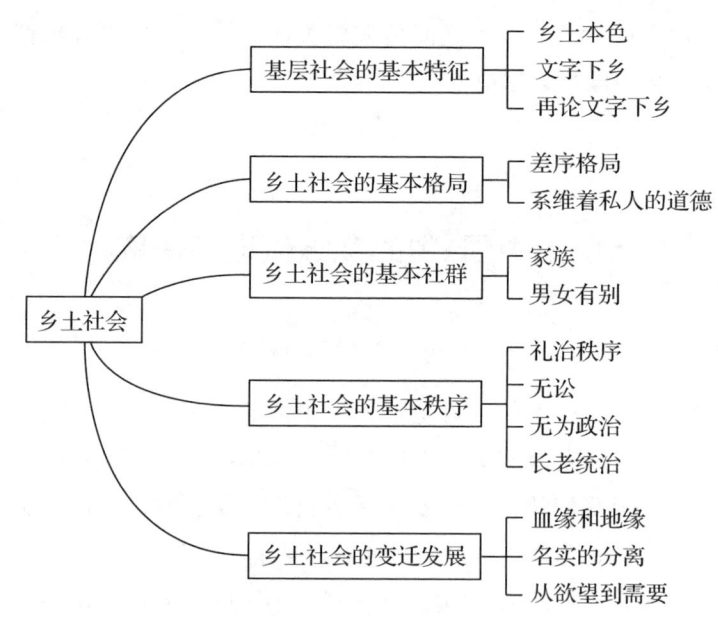

图 12-1 《乡土中国》学习任务群结构图

---

① 中华人民共和国教育部：《普通高中语文课程标准(2017 年版 2020 年修订)》，北京：人民教育出版社，2020 年，第 31 页。

第十二讲　探究核心概念

【教学过程】

任务一：读《乡土本色》《文字下乡》《再论文字下乡》，探究概念1"乡土性"——基层社会的基本特征。

作者开篇即说："从基层上看去，中国社会是乡土性的。"乡土本色，即"乡土性"。这是作者对中国基层社会特点的高度概括。可以通过研读《乡土本色》《文字下乡》《再论文字下乡》三篇，完成以下任务，来把握这一概念。

活动1：关注事例明观点。

筛选《乡土本色》一篇中的事例，完成下面的表格(见表12-2)。

表12-2　《乡土本色》事例概括及观点

所在段落	事例概括	观点

活动2：厘清关系明思路。

读《乡土本色》，结合文章的观点句，梳理文章的思维脉络，用"首先……其次……再次……最后……"的方式写出来。

活动3：文本联读明特点。

读《乡土本色》《文字下乡》《再论文字下乡》三篇，探究作者对"文字下乡"是什么态度？为什么？

活动4：局部赏读明妙处。

班级准备进行一次"《乡土中国》精彩文字"交流活动，请从前三篇中选出一个段落，对它的论证逻辑或者精辟观点进行分析和分享。

设计说明及提示1：

中国社会纷繁的现象是费孝通先生研究的对象，他从中抽象出概念，并借助这些生动的事例把道理阐释、论述得清晰易懂。读《乡土中国》，关注其中的生活现象，既可以激发学生的阅读兴趣，体验学者发现问题、探索解决问题的路径，也能够帮助学生从生动、浅易的内容入手逐步深入去把握抽象的概念。学生可以细读《乡土本色》一章，逐段筛选出具体事例，明确它所服务的观点。

设计说明及提示2：

《乡土中国》的文字深入浅出，这背后其实是异常清晰的思维。厘清作者的思维脉络，明白作者陈述学术见解的思维过程，既可以帮助学生准确、全面地把握概念的内涵，又可以提升学生的思维品质。要完成这一任务，学生需要先筛选出每个段落的观点，进一步分析观点之间的关系，从而厘清全文的思路。

设计说明及提示3：

《文字下乡》和《再论文字下乡》两篇是极具现实针对性的文章。当时一些学者认为"乡下人不识字是因为愚，解决方法就是文字下乡"。但是，在作者看来，乡下人并不愚，乡下人识字少与乡土社会的特点紧密相关。因为只有人们的交流受到空间和时间阻隔的时候才需要文字，而乡土社会是一个空间上面对面、时间上变动少的社会，语言足以满足人们的交流需求。所以，在作者看来，只有乡土社会的性质发生变化，文字才能更好地下乡。明确作者对"文字下乡"的态度，探究他抱持这种态度的原因可以更深入更完整地把握乡土社会的基本特征。

设计说明及提示4：

这三篇中有不少语段，或逻辑清晰严密，或见解精辟独到，值得反复阅读，仔细赏析学习。比如反驳"乡下人识字少是因为他们愚"的过程，比如作者对"熟悉"的界定、对文字发生的分析、对记忆的论断等，都让人击节称叹。引导学生局部细读，讨论交流，可以帮助学生获得语言滋养、思维提升。

任务二：读《差序格局》《系维着私人的道德》，探究概念2"差序格局"——乡土社会的基本格局。

活动1：文本细读，思维脉络细梳理。

阅读《差序格局》，梳理"差序格局"这一概念提出和论述的思路。

活动2：譬喻分析，抽象概念细阐释。

"差序格局"是费孝通先生对乡土社会整体格局的抽象，具有理论高度。作者借助比喻形象而生动地进行了阐释，使这一概念更直观易懂，并从多角度呈现了这一概念的内涵。请结合文中的两个比喻来分析"差序格局"的特点。

活动3：联系阅读，对照概念细分析。

读《差序格局》《系维着私人的道德》，对比分析"差序格局""团体格局"两个概念的不同特点。

活动4：筛选整合，概念词条细整理。

班级要出一部《〈乡土中国〉重要概念词典》，请为概念"差序格局""团体格局"撰写词条。

第十二讲 探究核心概念

设计说明及提示 1：

梳理文章脉络是把握概念内涵及论述过程的必要方法，也是提升学生文本阅读能力的必要过程。学生可以确认每个段落的观点句，把握前后的关联，从而梳理出全文的逻辑思路。厘清思路，我们就会发现"差序格局"这一概念是对乡土社会人际关系特点的判断，它针对"很多人认为乡下人自私"的观点提出，体现了费孝通先生高超的学术能力和强烈的现实关怀。

[示例]

乡村工作者认为乡下人最大的毛病是"私"——城里人也是存在这一问题——"私"的问题关乎群己、人我界限的划分——西洋社会的是团体格局，团体与个人的界限清晰。例如家庭，在西方，它是界限分明的团体——而中国的"家"的范围可以伸缩自如，我们的亲属关系像同心圆的水波纹一样——其中最重要的特征是自己是中心——这种以自我为中心的差序格局具有伸缩能力，变化的根据是中心势力的大小——儒家的人伦就是从自己推出去的差序——而且这种差序的推浪形式是有内外（即正反）的方向——方向不同，公私可逆，因此公私是相对的，由此出现"自私"的问题。

设计说明及提示 2：

作者使用了"同心圆水波纹""众星拱卫北辰星"。前一个比喻主要侧重社会格局中个体与他人的亲疏关系，带来公私关系和群己关系的相对性；而后一个比喻则侧重社会中的等级结构，这种等级差异借助儒家人伦规范得以巩固。

设计说明及提示 3：

费孝通先生在《乡土中国》中提出的很多概念都有一个对照项。这个对照概念是对西洋社会或者现代社会的描述。通过对比乡土社会和西洋社会/现代社会的相应概念，我们可以更准确地理解乡土社会的特点。此外，比较是极为重要的分析方法，学生也可以在归纳对比内容的过程中学习这一方法。要更好地把握差序格局与团体格局的特点，可以《差序格局》《系维着私人的道德》两篇为依据，从所用喻体、群己关系、相应的道德特点、社会观念、存在条件等角度来比较（见表 12-3）。

[示例]

表 12-3 "差序格局"与"团体格局"对比

对比项	差序格局	团体格局
社会特点	乡土社会	团体社会
	熟人社群	陌生人社群

续表

对比项		差序格局	团体格局
存在条件		生活合作的需求低	生活合作的需求高
特点	社会关系	一根根私人联系所构成的网络	团体和个人
	比喻	同心圆波纹	捆柴
	群己界限	公私、群己、人我界限模糊	公私、群己、人我界限清晰
道德体系		维持规范的力量是礼俗	维持规范的力量是宗教、法律
		克己复礼	权利和义务
		攀关系、讲交情	讲权利
社会观念		自我主义	个人主义
		爱有差等	爱无差等

设计说明及提示4：

词条的内容大致包括两个部分：概念的特点，概念的价值。细读《差序格局》《系维着私人的道德》两篇文章，筛选与"差序格局""团体格局"相关的语句，整合其中的关键词句形成完整的词条。

任务三：读《家族》《男女有别》，探究概念3"小家族"——乡土社会的基本社群。

活动1：对比分析，把握概念。

通读《家族》全文，梳理和归纳乡土社会的"小家族"与西方社会的"家庭"的不同。

活动2：联读分析，剖析原因。

通读《男女有别》，概括书中所说"男女有别"的内涵，并分析乡土社会出现"男女有别"的原因。

活动3：关联事例，深入认识。

在这样顺心的时候，孙少安也隐隐地有一些另外的不安。他总觉得，他和秀莲独占这一院新地方不太合适，应该把父母亲也搬过来。……他的妻子搬到新地方以后分家的意识表现得越来越强烈。现在，她自己有时候甚至不回父母那里去吃饭；而利用一点简单的炊具在新居这面做着吃。这使少安十分难堪。①

运用《乡土中国》"家族"和"男女有别"的相关观点，对《平凡的世界》的节选内容进行分析（见表12-4）。

---

① 路遥：《平凡的世界》，北京：北京十月文艺出版社，2013年，第552页。

设计说明及提示1：

[示例]

表 12-4 中西方家庭特点对比表

对比项	小家族	家庭
社会性质	乡土社会	现代/西洋社会
社会结构的格局	差序格局	团体格局
家庭性质	生育、事业社群	生育社群
家庭结构	沿单系的差序格局向外扩大 依事业的大小而定	亲子所构成的生育社群 严格的团体界限
成员关系	夫妇是配轴 主轴在父子之间、婆媳之间	夫妇是主轴
感情定向	阿波罗式	浮士德式
	男女有别	男女求同

设计说明及提示2：

"男女有别"是指男女在生活上因为生理等的差异而进行的隔离。不仅包括有形的隔离，也包括人为地强化男女在心理上的隔膜带来的无形的隔离。男女有别是高度稳定的乡土社会的产物。家族在乡土社会中是事业社群，强调纪律而排斥私情，由此造成男女两性之间情感的淡漠。同时，乡土社会又是稳定的、熟悉的社会，男女之间阿波罗式的矜持的情感有利于社会稳定。

设计说明及提示3：

《乡土中国》中的现象在很多地区、很多文学作品中都存在。结合书中的观点来解读现实，既可以帮助学生更准确、更深入地理解书中的概念，同时也能真正达到阅读经典的目的。孙少安的不安和难堪是因为秀莲想要分家的想法与传统乡土社会的"小家族"的观念不一致。传统社会的家是按照父系这一单系路线向外扩展的。在身处乡土社会、传统思想根深蒂固的孙少安看来，父亲与他是不可分离的一家，这与秀莲希望分家的想法就有了矛盾。

任务四：读《礼治秩序》《无讼》《无为政治》《长老统治》，探究概念4"礼治秩序"——乡土社会的基本秩序。

活动1：厘清命名的逻辑。

中国是"人治"社会，这几乎是一个定论。作者却对此提出疑问，并以严密的逻辑进行了反驳，令人赞叹。阅读《礼治秩序》，梳理、分析费孝通先生精彩的说理过程。

活动2：儒家经典的价值。

筛选文中引用的儒家经典，完成下面的表格（见表12-5）。

表12-5 儒家经典的价值

所引儒家经典	文意	观点	概念特点

活动3：归纳概念的特点。

联系四篇文章，对比"法治"与"礼治"，概括"礼治秩序"的特点、出现的条件、带来的影响等。

设计说明及提示1：

对于许多人抱持的"中国是人治社会"的观点，费孝通先生结合中国的现实和历史提出了"礼治秩序"这一概念。它的命名过程是一个先驳后立的逻辑分析过程，丝丝入扣，清晰严密，值得关注和学习。要把握这一过程，厘清命名逻辑，可以细读《礼治秩序》的1—6段。

[示例]

法治是"人依法而治"，并非没有人的因素，比如法律的应用有赖法官对法律条文的解释——人治如果是指有权力的人任凭一己好恶来维持社会秩序，社会必然会混乱，人治也必然有法的因素——人治和法治的不同在于，在维持秩序时所用的力量和所根据的规范——乡土社会凭借礼俗来维持秩序——乡土社会是"礼治"的社会。

设计说明及提示2：

《乡土中国》中引用了很多儒家经典中的语句，这些语句所体现的观念既是乡土社会特点的反映，也是支撑作者观点的论据，还是乡土社会稳定性得以维持的重要因素。因此，对作品中儒家经典的关注和分析有助于我们更好地理解作品，认识乡土中国。要更好地解读《乡土中国》中儒家经典的作用，学生首先要疏通文意，确认它所支撑的观点，从而把握概念的特点（见表12-6）。

[示例]

表 12-6 儒家经典的文意、观点及概念特点

所引儒家经典	文意	观点	概念特点
颜渊问仁。子曰:"克己复礼为仁。一日克己复礼,天下归仁焉。为仁由己,而由人乎哉?"颜渊曰:"请问其目。"子曰:"非礼勿视,非礼勿听,非礼勿言,非礼勿动。"颜渊曰:"回虽不敏,请事斯语矣。"	颜渊问什么是仁。孔子回答说:"克制自己,使言语和行动都恢复到周礼上来,就是仁。一旦做到了这些,天下人都会称许你有仁德。践行仁德靠的是自己,难道是靠别人吗?"颜渊说:"请问践行仁德的具体途径。"孔子说:"不合礼的事不看,不合礼的事不听,不合礼的事不言,不合礼的事不做。"颜渊说:"我虽然不聪敏,请让我照这些话去做。"	人们服礼是主动的	礼治秩序就是人们主动服于礼而形成的秩序,而教化是推行礼、维持社会秩序的理想手段

设计说明及提示 3:

费孝通先生不仅在《礼治秩序》中通过对人治、法治的对比,古今事例等分析乡土社会秩序的特点,阐释"礼治秩序"这一概念的内涵,还借助《无讼》《长老统治》等文章多角度地呈现礼治秩序的特点。几篇文章联读可以帮助学生全面深入地认识和理解这一重要概念(见表 12-7)。

[示例]

表 12-7 礼治与法治比较

对比项	礼治	法治
社会特点	乡土社会	现代社会
	熟人社会	陌生人社会
出现条件	变动小,传统效力强	变迁快
维持规范的力量	传统(有效)	国家权力(政治权力)
	长老	国家机构
	教化养成	外在权力
带来的影响	追求无讼,讼师地位低	诉诸法律,律师地位高

任务五:读《血缘和地缘》《名实的分离》《从欲望到需要》,探究概念 5"地缘社会"——乡土社会的变迁发展。

活动 1:借助对比,把握概念。

梳理《血缘和地缘》的内容,对比"血缘社会"和"地缘社会"两个概念的特点。

活动 2：文本联读，深入理解。

联系《名实的分离》《从欲望到需要》，多角度认识乡土社会的发展，把握地缘社会的特点，完成表格。

设计说明及提示：

本书的最后三篇文章都是围绕乡土社会的变迁展开的。乡土社会变化的根本是商业的兴起，改变了原本的完全自给自足的小农经济形态，人和土地的关系变得松散，熟人社会向陌生人社会变化，即血缘社会向地缘社会发展，由此带来一系列的改变，比如传统失效使得名与实分离，原来由欲望支配生活到现代社会的依靠理性做出计划等。由此"地缘社会"作为传统血缘社会的对立面可以作为三篇文章的核心概念。而文中作者通过对比两种社会在经济基础、传统的名实关系、行为的目的性和依据等方面的不同，较为清晰地阐释了这一概念（见表 12-8）。探究《血缘和地缘》与《名实的分离》《从欲望到需要》两篇的内部关联有助于学生更好地认识乡土社会的特点及其变迁。

[示例]

表 12-8　血缘社会和地缘社会比较

比较项	血缘社会	地缘社会
社会特点	身份社会	契约社会
经济基础	农业	商业
传统的名实关系	名实一致	名实分离
权力性质	教化权力	同意权力
行为的目的	无目的	有目的
行为的依据	依据欲望和本性	依据需要和理性

费孝通先生在《乡土中国》中借助对比、具体事例、生动比喻等方式对其社会学概念做了生动的阐释，语言深入浅出，逻辑清晰严密。因此，在阅读过程中，我们就可以通过梳理论述逻辑，把握对比、比喻，并联系现实事例等来认识那些概念。同时，在读懂作者理论的过程中，我们也可以借鉴他的语言表达，学习他的说理方法，感受他的学术情怀，从而实现语文素养的提升。

（孟贵贤）

第十三讲　提升思维能力

以比较为深度思悟的契机

【摘　要】比较是一种学习方式，它有助于深化阅读理解和提高鉴赏水平，正所谓"比较是一切理解和思维的基础""没有比较就没有鉴别"。在《乡土中国》的学习过程中，比较必不可少，概念的比较、纵横比较、互文比读等，都会促进学生语文核心素养的不断提升。

【关键词】概念；比较；互文比读

俄国教育家乌申斯基说："比较是一切理解和思维的基础。"理解概念时，运用比较的方法，可以加深我们对概念的理解。横向、纵向比较能够让我们穿越时空，更好地理解曾经过往的社会结构对于今天的意义；互文比读能让我们打通课内与课外、文本内部与相关文本的界限，更好地思悟。

一、在概念比较中深度思考

根据《乡土中国》中对概念的具体文字解析，在比较中理解概念，有助于我们深度思悟。在概念比较之前，有必要对《乡土中国》全书的主要内容进行梳理（见表 13-1）。

表 13-1　《乡土中国》主要内容梳理

序号	篇目	主要内容梳理
1	《重刊序言》	此书主要引导学生敢于向未知的领域进军。从初版到重刊，时隔 37 年，费老仍"愿意把这不成熟的果实贡献给新的一代年轻人"
2	《乡土本色》	中国的社会基础是乡土性。泥土对农民来说是可贵的。农民所谓的土气源自"不流动性"

续表

序号	篇目	主要内容梳理
3	《文字下乡》	提倡文字下乡的人,必须先考虑文字和语言的基础。文字作为传情达意的工具受到空间阻隔,而熟人社会通过语言、表情、动作等象征体系追求更直接的会意
4	《再论文字下乡》	文字下乡的时间阻隔。具体体现为个人今昔之隔与社会世代之隔。人具有记忆能力,凭此可以口口相传,直接准确,也无须文字
5	《差序格局》	乡土社会中的亲属关系、地缘关系具有丢石头形成同心圆波纹的性质。伦,就是从自己推出去的和自己发生社会关系的那一群人里所发生的一轮轮波纹的差序
6	《系维着私人的道德》	在以自己为中心的社会关系网络中,最主要的是"克己复礼",这是差序格局中道德体系的出发点。乡土社会中的社会道德只在私人联系中发生意义
7	《家族》	中国的家是一个连绵延续的事业组织,家的大小是由事业的大小决定的。它的主轴是在父子之间、婆媳之间,是纵的
8	《男女有别》	乡土社会中男女之间不必求同,在生活上加以隔离。需要以感情的淡漠来实现社会关系的稳定
9	《礼治秩序》	传统是社会所积累的经验,它可以有效地应付生活问题,好古是生活的保障。人们对传统有敬畏感,礼治得以维持。人主动服礼
10	《无讼》	维持礼治秩序的理想手段是教化,而不是折狱。所谓礼治就是对传统规则的服膺
11	《无为政治》	从"横暴权力""同意权力"的实施条件来看,乡土社会不具备"横暴权力"所需要的经济要求,也不具备"同意权力"所需要的社会分工前提。于是,乡土社会呈现"无为而治"的状态
12	《长老统治》	从社会替继中所发生的教化权力,或说是爸爸式的,作者称其为"长老统治"
13	《血缘和地缘》	血缘是乡土社会的基础,地缘是契约社会的基础。依靠血缘关系建立起来的乡土社会在慢慢地向适应商业化社会需要的地缘关系转变
14	《名实的分离》	在社会变迁过程中,维护乡土社会稳定的长老统治不能满足人的生活需要,徒有其名而不具其实。与此同时,时势所造成的从知识里所得来的权力被称为"时势权力"

续表

序号	篇目	主要内容梳理
15	《从欲望到需要》	在乡土社会中，欲望经过文化的陶冶，可以作为行为的指导。而在社会变迁中，人的欲望与生存在从相洽状态慢慢走向自觉的"需要"的规划的社会形态，乡土社会依靠欲望去生活的状态也慢慢离去
16	《后记》	现代社会学的一个趋势就是社区研究，也称作社区分析。其初步工作是在一定时空坐落中描画出一地方人民所赖以生活的社会结构。第二步是比较研究，在比较不同社区的社会结构时，发现每个社会结构

梳理《乡土中国》主要内容，我们会发现，全书的概念主要分两类：一类是"刻画中国乡土社会的概念"，另一类是"刻画社会体系（或社会关系）的对比概念"。以概念比较为深度思悟的契机，会助力我们更好地学习这部学术类著作。

下面是全书主要章节中乡土中国的概念以及其他社会体系的概念对比表（见表13-2）。

表13-2 乡土中国概念及其他社会体系概念对比

中国乡土社会的概念	其他社会体系（关系）的对比概念
礼俗社会	法理社会
借助语言的社会	借助文字的社会
差序格局	团体格局
系维着私人的道德	系维着人民的宪法
小家族	家庭
男女有别	男女求同
礼治秩序、道德秩序	法治秩序、道德秩序
调解体系	司法诉讼体系
无为政治	有为政治
教化的权力、横暴的权力、同意的权力	同意的权力、横暴的权力
血缘社会	地缘社会
名实分离	名实一致
……	……

在比较这些概念时，先要在书中找到关于概念的文字，费孝通先生通过记叙、描写、说明、议论等多种表达方式，对概念进行解说，我们则要寻根究底，细探究竟，在比较中反复深思，概括出相对准确、全面的概念内涵。

如"血缘社会"与"地缘社会"的概念对比，要找到作者对这两个概念阐述的主要段落。《血缘和地缘》一文共17段，其中1、2、3、4、11、13段主要说明"血缘社会"是乡土社会的结构形态及其体现的特点。14、15、16段主要说明"地缘社会"是契约社会的结构形态及其体现的特点。对上面的段落文字进行比较，会更好地理解文尾的结论："从血缘结合转变到地缘结合是社会性质的转变，也是社会史上的一个大转变。"

上述概念比较的过程中，涉及乡土社会与现代社会、西洋社会的比较，既有横向的，也有纵向的。温儒敏先生也提到，《乡土中国》在论述农村社会的"结构"时，用了社会学、人类学、政治学等学科的许多术语，比如"团体格局""权力结构""文化范型""血缘和地缘"等。对于这些术语，温儒敏先生建议，除了看文中的解释，或联系上下文把握含义，也可以查找相关的资料（比如词典、百科全书等工具书），看怎么解释其意义。某些术语在工具书中的解释可能比较规范，和书中使用的意思有些出入，这就需要比较辨析，理解作者在"用法"上的特殊之处。

当然，在《乡土中国》中，有些术语是作者为了论述的方便而"发明"的专用语，专业领域不一定通用，比如"感情定向""男女有别""无为政治""无讼"。术语不能只从字面上去理解，特别是作者的那些专用语，似乎一看就懂，但书中使用时可能另有所指，或者转换了词语原有的意思。哪些是专业术语，哪些是作者的专用语，很多情况下论著并没有提示和解释，既可以自己去寻找、去探究，也可以通过比较阅读来推敲其所传递的意义。

二、在纵横比较中理性思考

为了更好地阐释清楚某一问题，使读者更直接地了解中国乡土社会的特点，费孝通在描述时经常将中国的社会结构与西方的社会结构做对比，在比较中凸显中国社会结构的独特性。例如，在描述家族系统时，作者把中国乡土社会与西方的家族系统进行对比：西方社会的家庭以夫妻为核心，是横向关系；中国乡土社会的家庭以父子、婆媳为主轴，是纵向的，家庭的可伸缩性更强。通过横向和纵向的比较，中西方家族的不同能更清晰直观地展示出来，读者对中国乡土社会家族特征的理解也能加深。

再如《乡土中国》的第二篇文章《文字下乡》提出了一个问题：乡下人不认识字，能代表"愚"吗？费孝通先生列举了生活中常见的大量事例并进行了生动形象的说明。在阐述乡下人的"愚"并不是智力不及人而是知识不及人这一观点时，作者举了两个例子：乡下孩子读书识字的本领不及城里孩子，但城里孩子在田野捉蚱蜢的技能不如乡下孩子。乡下人在识字方面比不过城里人，城里人在田间活动中比不过乡下人，这是知识问题，而不是智力问题。费孝通没有用高深难懂的语言，而是采用口语化、聊天式的表达方式，列举人们日常所见之事，将专业的学术概念化为轻松可感的生活体验，更能引发读者的共鸣和思考。

这样的例子在《乡土中国》中比比皆是，如"乡土社会""西洋社会"的比较，"差序格局"与"团体格局"的比较等，都属于横向比较。而正在阅读《乡土中国》的"00"后高中生站在当下，回看费孝通先生笔下的"乡土社会"，将过去与现在的社会生活进行对比，则属于纵向比较。

在纵横比较中，我们会更深刻地认识到费孝通写于20世纪40年代的"乡土社会"的巨大价值。文本与生活的勾连更倾向于学习者对于外部世界的关注。走进作品人物的情感世界，获得相似的人生体验，运用阅读所得重新认识现实世界，获得生活的感悟与启示。这就是整本书阅读对学生思想认识水平的提升，对世界观、人生观、价值观的涵养，也是经典作品跨越时空，呈现出永恒魅力的根源所在。[①]

三、在互文比读中融会贯通

以"比"为载体，在比较中深思，这里注重的是文本与文本的关系——互文。互文比读是一种以文解文的重要阅读策略。《乡土中国》重在客观论证，但其中流淌着浓郁的传统文化意识以及乡土中国情结。我们可以用《乡土中国》的相关论述解读很多文学作品，从诸多文学作品中找出一个现象，用《乡土中国》中的相关论述解释这一现象产生的原因，在互文比读中融会贯通。

以《红楼梦》为例。用《乡土中国》的差序格局来分析《红楼梦》的人物关系，很多问题会迎刃而解。差序格局是在以血缘、地缘等为纽带的熟人社会里，"以'己'为中心"，"像把一块石头丢在水面上所发生的一圈圈推出去的波纹。每个人都是他社会影响所推出去的圈子的中心，被圈子的波纹所推及的就发生联

---

① 王锡婷：《阅读 研习 研讨："整本书阅读与研讨"课程的实施路径》，《中国教育学刊》，2022年第9期，第108页。

系"，即每个人社会关系的出发点都是"己"，他的人际关系也由亲到疏、由近到远推展开来。《红楼梦》的人物关系就是典型的差序格局，他们以自己为中心，按照家族和社会关系形成一个网络。每个网络的大小又与中心的势力密切相关。例如贾府这座宝塔的顶端贾母位高权重，以她为中心的网络自然又大又远。看看贾母八旬之庆，上至皇亲国戚、中央及地方长官，下至家中管事人，寿宴就摆了八天。"亲戚"刘姥姥因女婿的祖上和王家连了宗，可彼此都不认识，可谓八竿子打不着，可她也进了大观园，讨好贾母，满载而归。这不正是差序格局的传统社会中攀关系的生动体现吗？贾府被抄家后，这个网络随着中心势力的减弱而迅速缩小。贾母去世，丧礼本该办得非常隆重，却因贾家的衰败无力支撑风光葬礼的开支，凤姐清点仆人，人丁稀少，难以差使……由此可见，贾府就是一个乡土社会，它的人际关系正是差序格局的具体呈现。受到血缘、经济实力、政治地位等多方面因素的影响，这一格局也随着贾府的盛衰呈现出独特的伸缩性。[①]

再如陈忠实《白鹿原》中的祠堂被拆了建、建了拆，但是人们心中的祠堂是拆不去的，这样的祠堂正是"长老权力"的寄托。路遥《平凡的世界》中孙少安和贺秀莲之间虽然没有爱情却能互相支持、共同生活，这是一种在乡村常见的夫妻相处模式……

还有《呐喊》《四世同堂》《呼兰河传》等很多作品在人物、情节、主题等诸多方面都可与《乡土中国》形成互文比读，教师在教学中可引导学生用这种方法，在已有的知识结构的基础上，更高效、更深刻地接纳新知识，学以致用，温故而知新，并把这一方法应用到终身学习上。

综上，比较是阅读《乡土中国》的一种学习方式。无论是概念的比较，还是纵横比较，又或者互文比读，当然还可以包括动态比较，如稳定社会与变迁社会的对比。在教学时从教学内容特征的实际出发，从学生认知规律的实际出发，从教师自身优势和特点的实际出发，选择恰当的比较点，设计合理的教学过程，以比较来深度思悟，会促进学生语文核心素养的不断提升，达成教学目标。

（刘志江）

[①] 方炯：《温故知新——〈红楼梦〉〈乡土中国〉互文对读》，《试题与研究》，2021年第32期，第191—192页。

◎课例

《乡土中国》中的比较阅读

【设计说明】

概念往往都是一个个抽象的名词，如何理解概念，如何通过概念进一步深入理解文本？比较是一种学习方式，它有助于深化阅读理解和提高鉴赏水平，正所谓"没有比较就没有鉴别"。在学习《乡土中国》的过程中，比较是必不可少的。概念之间的比较、纵横比较、互文比读等，会促进学生语文核心素养的不断提升。

【教学目标】

1. 在比较中理解核心概念。
2. 在纵横比较中理性分析。
3. 在互文比读中触类旁通。

【教学过程】

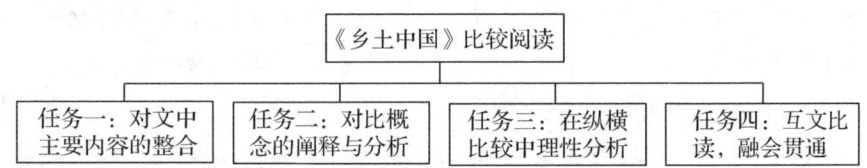

图 13-1 《乡土中国》比较阅读任务结构图

任务一：对文中主要内容的整合。

问题：请对《乡土中国》各篇目主要内容进行整合，思考这些篇目可以整合为几个部分，各部分的名称是什么。

[明确]

示例一：

乡土本色部分：《乡土本色》

文字下乡部分：《文字下乡》《再论文字下乡》

差序格局部分：《差序格局》《系维着私人的道德》

家族本位部分：《家族》《男女有别》
礼治秩序部分：《礼治秩序》《无讼》《无为政治》《长老统治》
乡土之变部分：《血缘和地缘》《名实的分离》《从欲望到需要》
示例二：
概述部分：《重刊序言》《后记》《乡土本色》
语言文字：《文字下乡》《再论文字下乡》
人际关系：《差序格局》《系维着私人的道德》
经济板块：《家族》《男女有别》《血缘和地缘》
政治法律：《礼治秩序》《无讼》《无为政治》《长老统治》
社会发展：《血缘和地缘》《名实的分离》《从欲望到需要》
任务二：对比概念的阐释与分析。
问题：结合原文，对"差序格局"与"团体格局"的概念内涵进行归纳说明。

[点拨]

因为《乡土中国》中的概念本身是从具体事物中提炼出来的，我们可以结合书中所列举的社会生活现象来对"差序格局"概念加以把握。例如：

1. 天下没有比苏州城里的水道更脏的了。什么东西都可以向这种出路本来不太畅通的小河沟里一倒，有不少人家根本就不必有厕所。明知人家在这河里洗衣洗菜，毫不觉得有什么需要自制的地方……小到两三家合住的院子，公共的走廊上照例是尘灰堆积，满院子生了荒草，谁也不想去拔拔清楚……

2. 我们在亲属体系里都有父母，可是我的父母却不是你的父母。再进一步说，天下没有两个人所认取的亲属可以完全相同的。兄弟两人固然有相同的父母了，但是各人有各人的妻子儿女。……像贾家的大观园里，可以住着姑表林黛玉，姨表薛宝钗，后来更多了，什么宝琴，岫烟，凡是拉得上亲戚的，都包容得下。可是势力一变，树倒猢狲散，缩成一小团。（费孝通《乡土中国》）

比如文中对概念所做的诠释，这些诠释往往较为生动、通俗。我们阅读《差序格局》一文的第七段，可以圈画如下的文字：

我们的格局不是一捆一捆扎清楚的柴，而是好像把一块石头丢在水面上所发生的一圈圈推出去的波纹。每个人都是他社会影响所推出去的圈子的中心。被圈子的波纹所推及的就发生联系。每个人在某一时间某一地点所动用的圈子是不一定相同的。（费孝通《乡土中国》）

这样，我们就可以大致归纳出"差序格局"的概念含义了："差序格局"是中国乡土社会的一种社会格局。特点是：个体是其社会影响推出去的圈子的中心，被圈子波及就发生联系；圈子范围大小由中心势力的厚薄决定，具有伸缩能力；每个人在某时某地动用的圈子不同。

我们对比一下《差序格局》第 4 段的文字，这是在分析"差序格局"的对比概念"团体格局"。

西洋的社会有些像我们在田里捆柴，几根稻草束成一把，几把束成一扎，几扎束成一捆，几捆束成一挑。每一根柴在整个挑里都属于一定的捆、扎、把。每一根柴也都可以找到同把、同扎、同捆的柴，分扎得清楚不会乱的。在社会，这些单位就是团体。我说西洋社会组织像捆柴就是想指明：他们常常由若干人组成一个个的团体。团体是有一定界限的，谁是团体里的人，谁是团体外的人，不能模糊，一定分得清楚。在团体里的人是一伙，对于团体的关系是相同的，如果同一团体中有组别或等级的分别，那也是先规定的。我用捆柴来比拟，有一点不太合，就是一个人可以参加好几个团体，而好几扎柴里都有某一根柴当然是不可能的，这是人和柴不同的地方。我用这譬喻是在想具体一些使我们看到社会生活中人和人的关系的一种格局。我们不妨称之作团体格局。（费孝通《乡土中国》）

通过以上文字，我们可以了解到"团体格局"是西方社会生活中人与人关系的一种格局。其特点是：团体由个体组成；个体对团体的关系相同，事先规定团体中的组别或等级分别；团体界限分明。

通过比较"差序格局"与"团体格局"的概念，对"差序格局"概念内涵的理解一定会更为清楚。其他的对比概念的学习也可以效仿此法。

任务三：在纵横比较中理性分析。

问题：阅读《乡土中国》节选，完成后面的 2 道小题。

其实乡村工作的朋友说乡下人愚那是因为他们不识字，我们称之曰"文盲"，意思是白生了眼睛，连字都不识。这自然是事实。我决不敢反对文字下乡的运动，可是如果说不识字就是愚，我心里总难甘服。"愚"如果是智力的不足或缺陷，那么识字不识字却并非愚不愚的标准。智力是学习的能力。如果一个人没有机会学习，不论他有没有学习的能力还是学不到什么的。我们是不是说乡下人不但不识字，而且识字的能力都不及人呢？

说到这里我记起了疏散在乡下时的事来。同事中有些孩子被送进了乡间的小学，在课程上这些孩子样样都比乡下孩子学得快、成绩好。教员们见面时总在家长面前夸奖这些孩子们有种、聪明。这等于说教授们的孩子智力高。我对于这些恭维自然是私心窃喜。穷教授别的已经全被剥夺，但是我们还有别种人所望尘莫及的遗传。但是有一天，我在田野里看放学回来的小学生们捉蚱蜢，那些"聪明"而有种的孩子，扑来扑去，屡扑屡失，而那些乡下孩子却反应灵敏，一扑一得。回到家来，刚来的一点骄傲似乎又没有了着落。

乡下孩子在教室里认字认不过教授们的孩子，和教授们的孩子在田野里捉蚱蜢捉不过乡下孩子，在意义上是相同的。我并不责备自己孩子蚱蜢捉得少，第一是我们无需用蚱蜢来加菜（云南乡下蚱蜢是下饭的，味道很近于苏州的虾干），第二是我的孩子并没有机会练习。教授们的孩子穿了鞋袜，为了体面，不能不择地而下足，弄污了回家来会挨骂，于是在他们捉蚱蜢时不免要有些顾忌，动作不灵活了。这些也许还在其次，他们日常并不在田野里跑惯，要分别草和虫，须费一番眼力，蚱蜢的保护色因之易于生效。——我为自己孩子所作的辩护是不是同样也可以用之于乡下孩子在认字上的"愚"么？我想是很适当的。乡下孩子不像教授们的孩子到处看见书籍，到处接触着字，这不是他们日常所混熟的环境。教授们的孩子并不见得一定是遗传上有什么特别善于识字的能力，显而易见的却是有着易于识字的环境。这样说来，乡下人是否在智力上比不上城里人，至少还是个没有结论的题目。（费孝通《乡土中国》）

问题1：请概括选文中作者表达的主要观点。

问题2：不同的社会、时代里，不同的文化、群体中，不同的人对"愚"有不同的认识。你对"愚"有怎样的看法？请以《说"愚"》为题，写一篇议论文。不少于700字。

[明确]

问题1：乡下人不识字，并不意味着"愚"。

问题2：学生例文展示两篇。

例文1：

说"愚"

北京景山学校高二年级　景梓阅

《乡土中国》中有这样一个片段：在田野里捉蚱蜢，城市的孩子屡扑屡失，乡下的孩子一扑一得，这样一比，城市孩子倒是比乡下孩子显得"愚"了。

何为"愚"？难道城市人所认可的文化素养、物质条件等便是用来定义"愚"的标准吗？既如此，那麦子、苞米分不清的城市女孩，对那手足无措的乡村老农大吼的汽车司机,不能定义为"愚"吗?可见,同是"愚"这一字,当有真愚、假愚之说,用"愚"来定义群体不同,"愚"的标准与定性便不同。

"愚"的含义,我认为可以分为两种:一种是由外及内的彻彻底底的蠢笨;另一种则是以"蠢""笨"为表象,内核蕴含着"大慧"的"愚"。这两种类型的人从古至今都是少数人群,大部分人都是处其中间者。

历史之河源远流长,那短暂人生中的喜悲功过也不过是这滔滔江河中的一涓细流。那些名垂千古的伟人,他们的智慧即使历经千百年历史的洗涤也不会褪变本色。这份本色超越了时代,成为国家、民族,乃至人类的精神文明,敢问这之中"愚"意何在?推翻种种推测假象,回望历史,我们看到的是屈原的以死明志;是苏武的持杖汉节,矢志不渝终以归汉;是邓稼先只身查看核弹碎片的照片与如今蓬勃发展的军工事业……说他们"愚",那是凡夫俗子未摆脱时空束缚所得的结论,他们的"慧"是在明确志向后追求大义的求索精神,是那份"何须理凡俗"的纯粹与傲然。

伟人的"愚","愚"得令我们敬佩,"愚"得令我们在谈及他们时潸然泪下。我们不用追求达到那般崇高境界,只求拥有"心怀鸿鹄便竭力而行"的那份魄力,无论是评价自己还是他人,都应立足全面,讷言敏行,不枉自我,这便是普通人也能拥有的"慧"了。

当今时代,出现了不明是非便随唱随和的"跟风派",不论何时何地都能"随叫随到"的"键盘侠",或者是时刻处于"众人皆醉我独醒"的"洞察者":这些人"智"得千奇百怪,五花八门,但有一个共同特点,那就是"愚而不自知"。若想去判断,去评价,那就先从"自查"开始,明晰自我,才能在评价他人时有充分的立足点,否则,即便是"悬崖勒马",也只怕为时已晚。

"愚"或"慧",只管交给时间去评判;平庸或伟大,请先以自己为尺再做评价。到那时,即便有人笑称"愚笨",也只用掩口一笑"呵,愚吗?大智若愚吧!"足矣。

例文2:

说"愚"

北京景山学校高二年级　岳佳琳

不同的人为人处世的方式也不同,一些自我优越感强的人便谓那些寡言木讷、行为死板的人"愚"。不过,时间有时会为一些被称"愚"的人"拨乱反正",让人反思他们大智若愚的现象。

少语寡言之人并非"愚"人，与伶牙俐齿、偏爱迅速发表观点的人相比，寡语之人在他们的沉默中坚持内心的理性清醒和思维上的内化。孔子"与回言终日"，颜回不违如"愚"，但他"退而省其私，亦足以发"，深受孔子赏识。颜回在学习时，不轻易否定也不一味肯定老师的言语，而是琢磨内化，更能体会到老师教诲的用意。回也不愚，他言语虽寡，但思维敏捷，表面似木讷无反应，内心实则早已产生共鸣。在似"愚"的沉默中能守住内心的清明，相比那些驷不及舌、轻易下结论而又频频更改结论的人，足以见智。

专注一事以至于显得不灵活通达，并非真"愚"。一些人"做一事终一生"，穷且益坚，不坠青云之志。王继才就是这类人，一个小开山岛，他为之守护三十二年，风雨无常而五星红旗每日必从岛上升起，疾病家事也动摇不了这颗对国义不容辞的心。别人老了，就要退休；而他老了，却要继续坚守。并不是因为他"愚"，以至于不知爱护自己的身体，只因他明白自己为国守岛的初心。信息时代，五花八门的新鲜事物使人难以坚定一心而不为外界所动摇。在各领域中浅尝辄止，看似拥有见识宽广之"智"，但终无一精深，禁不住深究，只是心理上的自我感动。相比之下，王继才这样的人深得"宁专勿多，宁精勿杂"之智慧，他们坚守初心，执着似"愚"，矢志不渝，不失为一种境界。

做事时看似死板不求捷径与"耍小聪明"、投机取巧相比，似乎是"愚"，但小聪明虽快也容易弄巧成拙，而坚持"一条路走到终"，有时也可以稳中求进。八步林场"六老汉"三代人接力治沙，不用智能机器，用土办法，水滴石穿，沙漠变绿洲。他们不求快，治沙缓慢似"愚"，但求每一棵树种牢，将效益交给时间，让空间换新颜。拔苗助长，终事与愿违，似智而愚；用"笨"办法，坚持到底反而事半功倍，似愚而智，行稳致远。正如我国登月计划徽标上的脚印，在追求星辰大海的途中，一步一个脚印，慢并非"愚"，坚定目标，稳扎稳打，见大智慧。

为人处事，各有其道。以上似"愚"而"智"的现象，源自内心的坚守。他们清楚自己的志向而坚守内心道义，他们为了那更广阔群体的幸福而坚定使命。他们不怕被嘲寡言木讷、行为死板之"愚"，坚守初心，潜心为人，终也不愚！

任务四：互文比读，融会贯通。

思考：请从《红楼梦》《白鹿原》《平凡的世界》等文学作品中，找出一个现象，用《乡土中国》中的相关论述解释这一现象产生的原因。

[点拨]

以《红楼梦》为例。在宝、黛、钗的爱情上,"金玉良缘"和"木石前盟"势均力敌,但故事结局还是成就了"金玉良缘"。用《乡土中国》分析,在贾府这个缩小版的乡土社会里,"金玉良缘"是必然的结局。其一,从关系家族的兴衰命运来看,贾府作为一个家族就是中国乡土社会的一个基本社群,它担负着政治、经济、宗教等功能,"为了要经营这许多事业,家的结构不能限于亲子的小组合,必须加以扩大",所以为了共同的事业,四大家族组成了更大的社群,"一损皆损,一荣俱荣,扶持遮饰,俱有照应的"。其二,从男女的感情定向来看,"金玉良缘"战胜"木石前盟"也是必然的结果。费孝通先生认为男女的感情有阿波罗式和浮士德式。乡土社会,需要的是阿波罗式的感情,因为乡土社会求的是稳定,阿波罗式强调的正是一个完善的秩序,这个秩序超越人力的创造,人不过是去接受它,维持它。宝玉、黛玉在精神上如此契合,可他们共同摒弃的仕途经济恰恰是重振家业所必需的,这必然导致"社会关系不能稳定,使依赖于社会关系的事业不能顺利经营",这是与乡土社会不相容的,所以在贾府这个乡土社会中,"金玉良缘"必定战胜"木石前盟"。[1]

构建不同类型文本的关联,借助不同文本的比照阅读,以整本书阅读激活学习积累,使原本孤立的知识产生关联,化散点为序列,逐渐建构起知识网络,达到统整知识的目的。

总之,比较是一种学习方式,它有助于深化阅读理解和提高鉴赏水平,正所谓"比较是一切理解和思维的基础","没有比较就没有鉴别"。在进行《乡土中国》的学习过程中,比较是必不可少的。概念的比较、纵横比较、互文比读等,都会促进广大学生语文核心素养的不断提升。

(刘志江)

---

[1] 方炯:《温故知新——〈红楼梦〉〈乡土中国〉互文对读》,《试题与研究》,2021年第32期,第191—192页。

第十四讲　关联现实情境

以情境为思辨创生的凭借

【摘　要】《乡土中国》是统编版高中语文教材必修上册指定的整本书阅读书目，作为学术著作，它含有丰富的思辨性教学资源。而思辨能力难以直接通过概念的界定、思路的梳理和阅读方法的指导而形成。因此，在教学中，教师应按照《普通高中语文课程标准（2017年版2020年修订）》的相关要求，以具体情境为载体，创设基于真实情境的任务，从而助推思辨能力的创生和发展。

【关键词】整本书阅读；《乡土中国》；情境

《乡土中国》中的思辨性教学资源十分丰富，无论是作者的研究过程，还是文本内容、语言逻辑，抑或是文化比较，都具有明显的思辨特色。而《普通高中语文课程标准（2017年版2020年修订）》在"整本书阅读与研讨"任务群中明确提出阅读学术著作的要求，即"通过反复阅读和思考，探究本书的语言特点和论述逻辑"，它与"思辨性阅读与表达"任务群都强调阅读过程中的思考和分析，促进学生思辨能力的提升，增强思维品质的逻辑性和深刻性。而直接从《乡土中国》中提取概念、梳理结构、讲授阅读方法并不是培养学生思辨能力的有效路径，而应将思辨性资源和思辨能力的创生融入真实的情境。本文便试图探究如何通过创设情境来助推学生思辨能力的发展。

一、思辨及思辨性阅读

何为"思辨"？许多专家学者都对此做出过解释：吴格明先生认为"思辨就是

思考和辨析"①，欧阳林认为"思辨就是分析、推理、判断等思维活动和辨别分析事物等能力"②，连中国认为"思辨和审辨具有高度关联性"③，余党绪则认为"思辨性阅读就是批判性阅读，批判性思维包括自我调控能力、分析、推理、评价等思辨技能的综合运用以及好奇、开放、自信、正直、坚毅等人格品质"④。尽管对于"思辨"目前仍没有一个确切的定义，但是从诸多专家学者的论述中我们可以总结出"思辨"的特点，了解这些特点也就掌握了"思辨"的核心。笔者则比较赞同"思辨"是一种抽象思维，"它集分析、推理、质疑、反思、批判、辨析、判断等多种能力于一身，是思维能力和思维品质培养中至关重要的一环"⑤。

在明确了"思辨"核心特点的基础之上，我们便可以对思辨性阅读做出更准确的界定。所谓"思辨性阅读"主要是一种理性的阅读方式，包括质疑、分析、推断、思考、辨析等阅读思维过程。这种阅读方式以理解文本内容为基础，又超于文本内容本身。这便要求读者在阅读的过程中，通过加强思维的判断，对语言文字本身及其所传达的价值理念进行思考和辨析，对其存在的合理性进行质疑，从而获得独特的审美体验和理性认知，最终提高自己的理性思考能力。

在思辨性阅读教学中，教师应着重引导学生通过辨识、分析、比较、归纳、概括等思维方式，针对文本内容进行批判性阅读，并能有理有据地阐述自己的阅读思考和体会，从而使学生的思维品质和思辨能力得到根本性的提高。

文本是思辨阅读的基石，文本的思辨性阅读过程大致包括以下三个方面。

(一) 实证与分析

无论基于何种目的的阅读，尊重文本，精准把握文本内容都是应有之义，但却并非易事。文本是一个事实与观点并存的世界，但事实往往又与观点相互掺杂，互相渗透。想要在文本的阅读迷宫中不迷失方向，不丢失自我思考能力，就必须挖掘文本的事实真相，厘清内在逻辑，把握褒贬是非。这就需要实证与分析的思维能力。

---

① 吴格明：《语文教学应当倡导思辨性阅读》，《语文学习》，2015年第1期，第14—17页。
② 欧阳林：《批判性思维与中心语文学习》，北京：中国人民大学出版社，2017年。
③ 连中国：《语文思辨教学的人文指向——以思辨性阅读为例》，《语文建设》，2018年第1期，第14—18页。
④ 余党绪：《走向理性与清明——整本书阅读之思辨读写》，上海：上海教育出版社，2019年。
⑤ 邓娟：《基于思辨性阅读的高中整本书阅读教学研究》，云南师范大学硕士论文，2020年。

(二)质疑与反思

在阅读过程中,无论是文本事实与真相的挖掘,还是对主旨与观点的推断,实际上都需要对观点结论的反思,对论据材料的考问,对理由与结论关系的推敲,这其实就是论证与反驳。"在思辨性阅读中,对任何结论都要保持足够的理性与质疑,对其所持的理由更要进行审慎的辨析与反思,以期形成合乎事实与逻辑的思维链,这个过程就是反复质疑与反思的思维过程。"[①]

(三)辨析与判断

"在思辨性阅读教学中,我们常常要求学生提交相应的论文或报告,其实就是希望他们在全面审视自己事实运用与逻辑推断的基础上,将分析论证的过程作一个全面的梳理,给出自己基于辨析的综合性的判断和结论。这个判断和结论,就是我们所获取的知识,或者提出的解决问题的方案。"[②]

二、《乡土中国》的思辨性价值

《乡土中国》是社会学大家费孝通先生的代表作,是根据作者20世纪40年代在西南联大和云南大学所讲授的"乡村社会学"课程内容整理而成的一部重要的学术著作。学术著作的本质在于"说理",在于"论证"。因此,《乡土中国》著作本身就是深入探究和批判思维的例子,费孝通先生从现象到结论的学术提炼过程呈现了他的思辨过程。除了研究过程,作品内容也极具思辨特色,思辨性教学资源十分丰富。

(一)文本内容的思辨价值

《乡土中国》作为一部学术性著作,具有丰富的思辨价值,具有显著的思辨性和逻辑性特征。从内容到思想,从现象到本质,从概念到结构,都需要学生认真阅读、仔细分析、理性思考才能够深入体会到其内涵和价值。

在提出概念和观点的过程中,费孝通先生反复地、多角度多层面地将中国乡土社会与现代社会、乡村与都市、中国社会与西方社会进行对比分析,因此我们能够在阅读《乡土中国》这部学术著作的过程中得到全面的思维训练,从宏观角度培养我们发现问题、表述问题、探究问题、解决问题的能力,进而促进对现实社会的观察和思考,发展思辨能力,提升思维品质。

---

① 余党绪:《思辨性阅读——走向真知的必由之路》,《语文教学通讯》(A刊),2018年第9期,第20—23页。

② 同①。

此外，费孝通先生在《乡土中国·后记》里特别提到："但也是因为他们限期限日地催稿，使我不能等很多概念成熟之后才发表，其中有很多地方还值得推考。这算不得是定稿，也不能说是完稿，只是一段尝试的记录罢了。"[①]这意味着费孝通先生也希望此书可以给读者留下思辨的空间，支持针对本书观点和理论进行学术和思维的碰撞与探讨。

(二)语言逻辑的思辨价值

《乡土中国》的语言具有两大特征：一是作为学术语言应有的严谨性、科学性、逻辑性；二是通俗、质朴和自然。因此，这部学术著作的语言是理论性和通俗性相结合的，这也是其适合各个群体的读者阅读的一大原因。但是，此书在通俗的语言背后承载的是极强的思辨性，这一思辨特色集中体现在语言的逻辑性上。

《乡土中国》语言的逻辑性体现在对内容的表述中。作者每介绍一个概念都会通过举例、比较等方式进行辨析，让读者明白这个概念的含义，理解它的范畴，甚至是将读者可能产生的疑问都考虑到，并在文本中做出解答，从而促进读者的理解。隐藏在作者文本内容语言逻辑背后的，其实就是作者严密的思维逻辑。

(三)文化比较的思辨价值

"《乡土中国》的创作时间处于中西方文化论辩方兴未艾之际，在当时，中西文明的冲突与融合成为最为核心的主题，即费孝通先生所言'乡土中国'遭遇了'机器时代'。"[②]

在此时代背景下，费孝通站在理性的高度，运用比较研究的方法，将中国传统的基层社会和西方社会进行比较，在观察中反思，在反思中批判，在批判中重新认识、重新解释，展现了其面对中西差异的一种文化自觉、对文化的一种思辨[③]。

通过费孝通先生的论述，我们清晰地看到了中国传统基层社会的特征，了解到乡土社会中的现存社区、文化传递、家族制度、道德观念、权力结构、社会规范、社会变迁等文化现象，看到文化现象背后的思想内涵。

---

① 费孝通：《乡土中国》，北京：人民文学出版社，2019年，第106页。
② 陈心想：《走出乡土：对话费孝通〈乡土中国〉》，北京：生活·读书·新知三联书店，2017年，第78页。
③ 邓娟：《基于思辨性阅读的高中整本书阅读教学研究》，云南师范大学硕士论文，2020年。

总之,《乡土中国》作为一部社会学学术著作,无论是作者的研究过程,还是作品文本内容、语言逻辑,抑或是文化比较,都具有明显的思辨特色,含有丰富的思辨性教学资源。

三、以情境为凭借的必要性和重要性

《乡土中国》因其理论性强、涉及的术语多、语言表达比较抽象、所探讨的"乡土社会"距离学生实际生活也较远,整本书阅读和教学都富含挑战。因此,如果缺少情境作为凭借,书中蕴含的丰富的思辨性教学资源也无法有效地助推学生思辨的创生与发展。

《普通高中语文课程标准(2017年版2020年修订)》对"情境"的内涵做了阐释:"真实、富有意义的语文实践活动情境是学生语文学科核心素养形成、发展和表现的载体;语文实践活动情境主要包括个人体验情境、社会生活情境和学科认知情境。个人体验情境指向学生个体独自开展的语文实践活动……社会生活情境指向校内外具体的社会生活……学科认知情境指向学生探究语文学科本体相关问题,并在此过程中发展语文学科认知能力。"[1]

正如王宁先生所说:"所谓'情境',指的是课堂教学内容涉及的语境。所谓'真实',指的是这种语境对学生而言是真实的,是他们在继续学习和今后生活中能够遇到的,也就是能引起他们联想、启发他们往下思考。"[2]真实的情境是教学活动开展的重要前提,也是发展语文学科核心素养的重要载体。创设真实鲜活的情境,设计有价值的问题,开展活动,学生在真实的语言情境中做事、学习,才能摆脱对学术类整本书阅读抽象和枯燥乏味的印象。

因此,应将思辨性资源和思辨能力的创生融入学生的个人体验情境、社会生活情境和学科认知情境。只有在当代生活情境的导引下,让学生运用书中的理论和方法,去发现、阐释并尝试解决现实存在的社会问题,学生才能对"乡土的中国"有真切的理解,从而了解中国乡土文化的历史局限和作者理论的现代意义。

四、如何创设情境助推思辨创生

《乡土中国》中概念、观点、材料丰富,利用书中的概念、观点和作者研究

---

[1] 中华人民共和国教育部:《普通高中语文课程标准(2017年版2020年修订)》,北京:人民教育出版社,2020年,第48页。

[2] 《语文建设》编辑部:《语文学习任务群的"是"与"非":北京师范大学王宁教授访谈》,《语文建设》(上半月),2019年第1期。

过程体现的逻辑思维等思辨性教学资源培养学生的思辨能力，符合整本书阅读理念和学生思维发展与提升的需要。在教学中，可以通过创设情境引导学生把握观点之间的内在逻辑思路，帮助学生建构自己的知识体系和整本书阅读的方法，在反复阅读和思考中提升思辨能力。

(一)联系文本互鉴创设情境

在进行《乡土中国》的教学时，可以联系课内外其他著作或作品引导学生尝试用《乡土中国》中学到的相关理论来分析、解决遇到的问题。这里的"问题"不仅包含现实生活中亲身体验到的，而且包括在阅读其他文章时遇到的困惑。

比如，可设计如下表格引导学生联系学过的或者课外阅读过的和乡土有关的作品，通过填写表格(见表14-1)，训练学生多角度发散思维和联想迁移知识的能力，在《乡土中国》中找到作品中社会现象的根源。

表 14-1 文本互鉴阅读表

相关著作或作品	相关情节	《乡土中国》中相关章节	我的理解和解读
《白鹿原》	族长在祠堂行家法	《家族》《长老统治》	
《百合花》《荷花淀》		《男女有别》	
《红楼梦》			
《哦，香雪》《小二黑结婚》			
《祝福》《雷雨》			

通过在不同文本间建立内在关联，学生建立文学现象与相关理论的关联，避免孤立地、片面地、表面化地看问题，促进关联性思维结构的形成，进而培养实证、分析等思辨能力。

(二)联系时事热点创设情境

除了联系课内课外其他著作或作品，也可以联系时事热点创设阅读情境。

比如2020年5月19日，中国农业部官网发布，李子柒受聘为"中国农民丰收节推广大使"之一。结合此热点，便可以引导学生结合《乡土中国》的阅读体会，从乡土文化层面挖掘为什么李子柒的视频能广受关注。在此基础上，可以创设情境让学生假设自己是李子柒团队中的一员，现在需要给李子柒的视频配一段文字，来推介具有"乡土特色"的乡土中国，凸显乡土文化中值得传承的部分，完成片段写作。

再如 2022 年 7 月 25 日，B 站 UP 主衣戈猜想发布了一段 11 分钟的短视频《回村三天，二舅治好了我的精神内耗》，迅速引发全网刷屏。每一个现象级内容的传播背后，都有着其独特的社会心理原因。结合此热点，便可引导学生观看视频并结合《乡土中国》以及当今社会发展特点，探究"二舅"走红的原因。

通过情境创设，让学生打破书籍与生活的隔膜感，学会运用学术著作的理论思考、反思当下生活现象，助推质疑反思、辨析与判断等思辨能力的发展。

（三）联系社会现象创设情境

学生完成《乡土中国》整本书初读后，便可将费孝通提出的学术概念融入当下的社会生活现象，设置基于社会现象的探究性研讨任务（见表 14-2）。

表 14-2 基于社会现象的《乡土中国》研讨任务

篇章	思维训练支架	研讨任务
《乡土本色》	思维导图	1. 中国人自古安土重迁，而现如今为何"北漂""南漂"现象普遍？ 2. "'70 后'不再种田，'80 后'不想种田，'90 后'不会种田"，为何会出现此现象？
《文字下乡》《再论文字下乡》	思维导图	1. 如何评价"00 后青年工作者"们的辍学现象？ 2. 九年义务教育制度早已成为基本国策，乡土社会因"文字下乡"发生了哪些改变？
《差序格局》《系维着私人的道德》	表格	差序格局是否仍然对当今社会产生影响？你觉得微信朋友圈的查看权限是否是差序格局的一种表现？
《家族》《男女有别》	表格	1. 对于不婚、丁克、催婚、催育，你持何种观点？ 2. 现代社会家庭女性与传统家庭妇女有哪些不同之处？
《无为政治》《长老统治》《名实的分离》	表格	分析《妈妈咆哮式辅导作业》视频现象中的权力关系。
《礼治秩序》《无讼》	概念索引	《老娘舅》之类的调解类综艺节目为何如此火爆？
《血缘和地缘》《名实的分离》《从欲望到需要》	概念索引	现代社会将会是社会变迁的理想终点吗？

学生在此过程中需要在具体情境中提炼出抽象概念，并积极主动地借助思维导图、表格、概念索引等支架，深入理解书中概念内容、全面把握作者观点，从而以书中理论为基础完成相应任务，从而提升思辨能力。

(四)联系社会背景创设情境

阅读学术著作,要关注其中"问题的提出"和"问题的解决",从而学以致用。基于此,便可联系社会大背景创设情境,引导学生关注"问题",学以致用。例如下列任务设计:

任务1:中国社会正处于转型的关键时期,在"乡土中国"转向"城镇中国"乃至"城市中国"的过程中,随着传统与现代的交织与转换,乡村与城市的碰撞和融合,社会也发生了巨大的变化,出现了很多问题和矛盾。请说一说你关注到的社会转型过程中的典型社会问题,并尝试用《乡土中国》相关的理论进行分析。

任务2:请以"今日中国乡村的变迁"为话题,从居住环境、精神风貌、文化生活、风俗习惯、乡村管理等角度任选一个,开展调查访问,写一篇不少于1 000字的调查报告。

任务3:在撰写调查报告的基础上,运用多种形式,如制作海报、举行演讲、开展辩论、拍摄短视频等,同学之间进行分享和交流。

通过联系社会背景进行情境创设,便可引导学生在社会变迁背景下思考《乡土中国》的理论价值和现实指导意义,在开展实际调查和撰写调查报告的过程中推动思维走向深入。

总之,《乡土中国》所富含的丰富的思辨性教学资源,不应该成为阅读的阻碍,而应成为学生阅读的着力点和增长点。在阅读教学中,教师应当尽可能地尝试以具体情境为载体,创设基于真实情境的任务,助推思辨能力的创生和发展,使学术著作阅读成为学生思辨力闪耀的舞台。

(张倩玉)

◎课例

《乡土中国》与当今生活情境

【设计说明】

《乡土中国》是统编版高中语文教材必修上册第五单元指定的整本书阅读书目,它作为社会学专业著作含有丰富的思辨性教学资源。而思辨能力难以通过概念的界定、思路的梳理和阅读方法的指导直接形成。因此,在教学中,教师应按照新课改要求,以具体情境为载体,创设基于真实情境的任务,从而助推思辨能力的创生和发展。

为此,本课例以当今生活情境为载体,设计诸多学习任务,引导学生开展《乡土中国》整本书阅读。

【教学目标】

1. 阅读《乡土中国》全书,了解中国乡土社会的特点,增进对农村传统文化和社会结构的认识,思考中国乡土文化的现代意义和历史局限。

2. 联系当今社会转型的时代背景,体会本书的现实意义和理论价值。

3. 学以致用,用书中的理论和分析方法,从当代中国的角度来审视"乡土中国",认识当今乡村社会的巨大变迁。

【学习任务群】

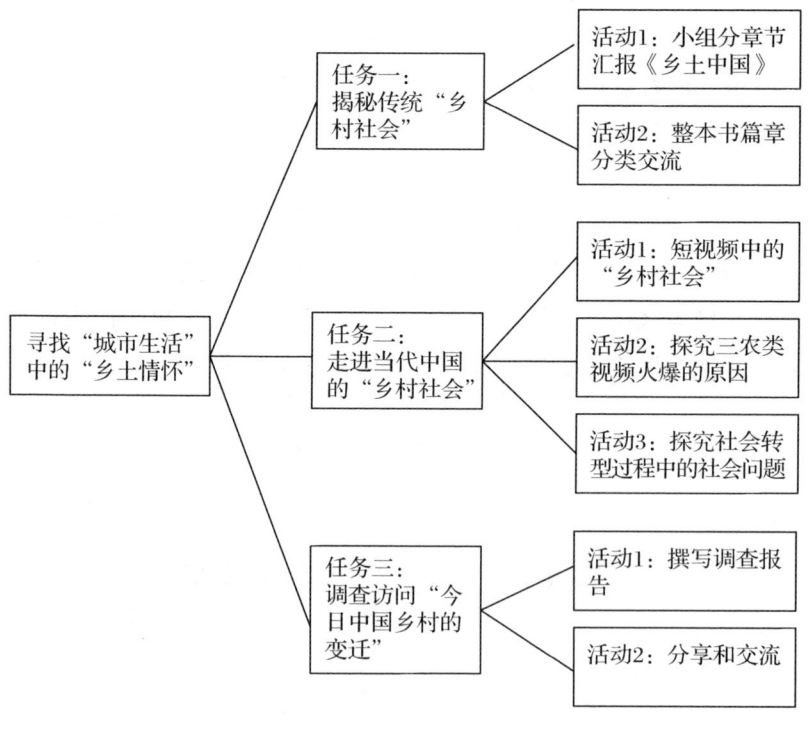

图 14-1　学习任务群

【教学过程】

任务一：揭秘传统"乡村社会"。

生活在城市中的学生对于乡村社会颇感陌生，对传统的乡村社会更是缺乏了解。费孝通先生基于自己田野调查的丰富积累，对中国传统乡村社会的结构进行了充分的思考和分析，尝试回答了"作为中国基层社会的乡土社会究竟是个什么样的社会"这个问题。《乡土中国》共14篇，从不同方面探讨了乡村社会的特性。学生通过阅读《乡土中国》可以揭开传统"乡村社会"的神秘面纱，从而对传统的乡村社会有一定的深入了解。

在阅读的过程中，教师需要引导学生提取各篇核心概念、归纳核心思想，并学会用作者理论解释一些社会现象。在学生完成整本书初读和梳理的基础上，开展以下活动。

活动1：小组分章节汇报《乡土中国》，完成各章节阅读记录表（见表14-3）。

表14-3　《乡土中国》各章节阅读记录

篇章	核心概念	核心思想	学以致用看生活，分析现象有依据
《乡土本色》	土气；熟悉；礼俗社会；法理社会	中国基层社会的乡土性有两大特性：一是土气，二是不流动。	中国人自古安土重迁，现如今为何"北漂""南漂"现象普遍？
《文字下乡》			
《再论文字下乡》			
《差序格局》			
……			

费孝通在《乡土中国·序言》中说："它不是一个具体社会的描写，而是从具体社会里提炼出的一些概念。"① 因此，阅读《乡土中国》要特别关注其中的重要概念，如"礼俗社会""差序格局""无讼""无为政治"等。抓住并理解核心概念，就掌握了阅读学术著作的钥匙。本活动旨在引导学生回顾本书的核心概念，通过梳理和归纳整体把握全书的主要内容。

此外，无论是概念还是作者提出的思想主张，离学生的实际生活都相对遥

---

① 费孝通：《乡土中国》，北京：人民文学出版社，2019年，第3页。

远。因此，本环节也有意识地缩短阅读所获与实际生活的距离，引导学生学以致用看生活，用书中相关理论分析当今生活中的一些现象。

活动2：整本书篇章分类交流。

《乡土中国》中的14篇文章之间存在严密的逻辑关系，综合分析阐述了中国乡村社会的结构和特点。这一活动旨在引导学生有意识地分析思考各篇章之间的联系，搭建整本书阅读的框架，形成自己对于整本书结构的把握。

[点拨]

《乡土中国》一书从中国乡土社会与现代社会、乡村与都市、中国社会与西洋社会等多个角度、多个层面进行对比，在比较中全面深刻地解释了中国乡土社会的特点。作者还善于"以驳代立"[①]。无论是通过中西方对比说明观点，还是以驳代立表明意图；不管是单章内部条分缕析，还是全书整体架构纵向理解：《乡土中国》无不显示出学术著作应有的论证严谨、逻辑严密的特点。研读学术著作，就是要尝试运用多种思维方法，厘清文本结构脉络，体会其中的论证逻辑，从而提升自己的思维品质。但作品的逻辑性不是外显的，往往隐藏在概念、观点的阐释和推理中。孤立地分析个别例证，直觉思维和形象思维会得以提升，但深层次的逻辑思维、辩证思维和创造性思维却难以得到发展。因此，指导学生研读时，也可以以篇章为单位，找到它们的内部关系，体会学术著作观点明确、逻辑严密的特点。

任务二：走进当代中国的"乡村社会"。

近些年，随着农村互联网基础设施建设的不断完善，各类三农类短视频走红，人们逐渐改变了对农村的看法，更多的目光逐步聚焦到了农村生活中。因此，虽然身处城市，但我们仍可以通过各种途径走进当代中国下的"乡村社会"。

在任务一梳理整本书核心观点和学术框架的基础上开展以下活动，旨在让学生通过观看三农类短视频走进当代中国"乡村社会"，并用《乡土中国》中的理论和分析方法，审视当代的"乡土中国"。

活动1：短视频中的"乡村社会"。

观看近期热度较高的三农类短视频，引导学生记录视频反映的乡村社会的特点，并尝试用《乡土中国》中的相关理论进行分析（见表14-4）。

---

① 徐飞：《共生教学视域下的整本书阅读——以〈乡土中国〉为例》，《语文建设》（上半月），2019年第12期，第8—11页。

表 14-4　视频观看记录表

视频	乡村社会特点	联系《乡土中国》进行现象分析
李子柒（四川农村古风美食短视频）		
张同学（东北农村日常生活）		
衣戈猜想（《回村三天，二舅治好了我的精神内耗》）		

[教学意图]

尽管拍摄风格不一，这类创作者的视频均是围绕农村生活、田园劳作、农民日常展开的拍摄。视频当中所展现的乡村社会有温情、质朴的一面，也有落后保守的一面。学生通过观看此类视频，能够对当代中国"乡村社会"有更直观、更深入的了解；同时也能够学以致用，尝试用"差序格局""熟人社会""男女有别""无讼"等学术概念去解释相关现象，从而促进思辨能力的深入发展。

活动 2：探究三农类视频火爆的原因。

通过活动 1，学生对于当代中国下的"乡村社会"有了一定了解，在此基础上，可以引导学生进行更深入的思考，探究此类三农类视频在当下如此火爆的原因（见表 14-5）。

表 14-5　三农类视频火爆原因探究表

视频创作者	乡村社会特点	城市生活的特点	火爆的原因
李子柒、张同学、衣戈猜想……			

[教学意图]

实际上，每一种社会现象火速传播的背后，都有着其独特的社会心理原因。学生通过此活动，便可以将城市生活与乡村社会进行对比分析，进而挖掘视频走红背后的深层次原因。

随着中国的发展变革，"乡土中国"正在转变为"城乡中国"。费孝通先生在《乡土中国》中写道，中国开始经历从乡村社会向城市社会的转型，人与人之间街坊邻里鸡犬相闻的亲密感逐渐变成了都市中"原子式"的孤立个人①。这种转型往往会让现代人感到孤独、焦虑。在城市不断充斥着"内卷""躺平"等焦虑和压力中,"精神内耗"逐渐成为年轻人的口头禅。

因此,那些离乡进城的"新移民",对故乡有难言的乡愁;那些自小在城市长大的人对乡村陌生,又带有浪漫化的向往与想象。年轻人需要寻求精神上的宁静,老一辈人需要寻求记忆中的节点,而这都是农村短视频爆火的原因。

在社会转型的过程中,人们想要追寻怎样的精神世界呢?

这些短视频中的主人公投射出了中华民族最为朴素的乡土情结。正如费孝通先生所言,传统中国是乡土社会,一切社会关系都是依据一张有着关系远近距离的网。人们更看重人情关系而不是那些抽象的法律规则。根本上而言,是对具体的人、具体的事的情感表达。与西方将个人情感投射于虚化的神不同,中国人将情感纽带牢牢地系于人本身。

城市化进程对于乡土中国的全面冲击,在某种程度上弱化了情感上的连接。各种形式的、新的并非依赖人情关系的契约性社会也正在对原有的社会关系进行着无情的替代。因而,即使在物质生活丰富、信息资讯爆炸的当下,仍然会有人难以找到情感、生活的寄托。这就解释了三农视频走红的原因:有农村生活经历的年轻人需要怀旧;生活在城市的年轻人则需要逃离,大家都需要的则是解压。这些关键词背后是大家蕴含心底深处的"乡土情怀"。

活动 3:探究社会转型过程中的社会问题。

根据《中国统计年鉴》数据显示,1992 年,中国的城镇居民与乡村居民的比例,分别是 27.46% 和 72.54%;在世纪之交的 2000 年,城镇居民与乡村居民的比例分别是 36.22% 和 63.78%;而 20 年之后的 2020 年,城镇居民与乡村居民的比例则几乎倒转,分别为 63.89% 和 36.11%。随着城镇化水平的不断提高,乡村的发展也暴露了一些问题。请结合生活经验或是新闻阅读,说一说社会转型过程中暴露了哪些社会问题,你有怎样的思考和体会。

[教学意图]

《乡土中国》分析的是 20 世纪初的中国乡村社会,但书中的乡土社会模型在当代社会仍然存在,但不是以完全形式存在,而是局部显现作用,并在社会转

---

① 丁元竹、耿敬:《"纪念费孝通先生诞辰 110 周年"笔谈》,《社会》,2020 年第 40 卷第 6 期,第 219—241 页。

型过程中暴露出一些社会问题。

此活动旨在结合短视频的观看和学生对当下社会的关注，探究社会转型过程中暴露出的一些社会问题。比如现代社会商业发达，土地对人的束缚力变弱，甚至很多农村人也不再以土地为谋生的主要手段，选择进城工作，人口的流动性随之增强。① 农村空心化已成为一个不容忽视的社会问题。农村劳动力紧缺、留守老人问题、残障人士的生活保障等社会难题都亟待解决。学生可以结合《乡土中国》整本书的阅读收获进行深入的思考与探索。

任务三：调查访问"今日中国乡村的变迁"。

通过任务二，学生已经成功走进当代中国的"乡村社会"，并用《乡土中国》中的理论和分析方法，从当代中国的角度来审视"乡土中国"。在此基础上，便可以开展调查访问，通过调查访问来深入探求"今日中国乡村的变迁"过程及原因。

活动1：请以"今日中国乡村的变迁"为话题，从居住环境、精神风貌、文化生活、风俗习惯、乡村管理等角度任选一个，开展调查访问。写一篇不少于1 000字的调查报告。

活动2：在撰写调查报告的基础上，运用多种形式，如制作海报、举行演讲、开展辩论、拍摄短视频等，同学之间进行分享和交流。

[点拨]

随着中华人民共和国成立，社会秩序被重建，打破了差序格局的强大约束力，宗族和长老失去了权力。由于城镇化进程的推进，乡村人口大量流入城市，"男主外，女主内"的家庭模式也逐渐转为双职工家庭居多。同时，千百年来乡土社会中的熟人社会仍时常发挥影响。例如农村普法的艰难之旅、法律难以有效解决家暴问题，就是熟人社会的观念在阻碍法律的施行——人们为了维护熟人社会而放弃法律维权。总之，通过调查访问活动学生可以从自己的生活着手，寻找到很多乡土社会的崩解印记与残留碎片，发现《乡土中国》在当代的阅读价值。

当然阅读绝对不应该只是孤立地阅读作品本身，而是要借助作品，理解生活，指导生活。从调查、分析到整理成调查报告，在各种现象的勾连和比较中，

---

① 南银妮：《〈乡土中国〉"整本书阅读与研讨"的教学及思考》，《中学语文》，2018年第28期，第43—50页。

助推学生深入思考,批判性地汲取本书和传统文化中的养分,关注现实,最终达到发展思维品质、丰富精神世界、形成正确三观的终极目标。①

对于生活于当代城市的高中生而言,《乡土中国》的内容有着无法回避的隔膜感与距离感。因此,如何消除时空带来的阅读隔膜,充分发挥此书的思辨性教学价值是本书教学的一大难点。本课例便进行了如上将整本书阅读与当代生活情境紧密勾连的教学尝试,试图启迪学生吸纳经典学术著作中的精髓,让他们更为理性地寻根铸魂,在思辨能力不断发展的过程中逐步树立坚定的"文化自信"与"文化传承"意识。

(张倩玉)

---

① 南银妮:《对比概念明异同 溯古视今悟文化——〈乡土中国〉整本书阅读设计》,《中学语文教学参考》(上旬),2019年第19期,第8—11页。

第十五讲　展望社会发展

以发展为作品阅读的指归

【摘　要】《乡土中国》的研究对象是一百多年前以"农业经济"为基础的中国基层社会。当今的中国,在经济、政治、文化等各个方面早已发生了巨大的变化。阅读时,要将著作的理论观点放在当今的时代进行理解和分析,用作品中"社会变迁"的相关理论看待社会的发展。例如从血缘到地缘,是亲密的乡土社会向契约的商业社会的变迁;《名实的分离》是乡土社会的教化权力向现代社会的时势权力的变迁;《从欲望到需要》是乡土社会的自然经济向现代社会的计划经济的变迁。

【关键词】社会发展;血缘关系;地缘关系;名实分离;时势权力

《乡土中国》的研究对象是20世纪三四十年代以"农业经济"为基础的中国基层社会。当今的中国,无论在时代背景、社会环境,还是文化认知、思想理念上早已发生了巨大的变化。因此,《乡土中国》所提出的学术概念与理论观点也具有其特定的时代性。在阅读时,我们既要将著作的理论观点放在当时的时代进行理解,也要将其放在当今的时代进行分析。

一、以发展的眼光看待作品的时代性

时代在变化发展,我们必须以发展的眼光看待过去的学术研究成果。例如随着经济的发展,社会制度的改变,"以一己推广开去"的私人道德渐渐被社会主义核心价值观中的"平等""法治"取代。

西方社会也在变化,费孝通在《家族》中提出:"在西洋家庭团体中,夫妇是主轴,夫妇共同经营生育事务,子女在这团体中是配角,他们长成了就离开这

团体。在他们,政治、经济、宗教等功能有其他团体来担当,不在家庭的分内。"①以美国为例,"根据《第一财经日报》的报道,美国联邦人口普查局近期公布的一项最新统计结果显示:2021年,在全美1.3亿户家庭中,由已婚伴侣及未成年子女组成的'核心家庭'约有2 310万户,仅占17.8%,为1959年以来最低水平。1970年,全美核心家庭比例为40%,2020年这一数字为18.6%,显示家庭结构正在大幅变化"②。

由此可见,时代在进步,社会结构也在发生变化,相关的理论观念也应该不断发展。我们在阅读时必须以发展和时代的眼光进行思辨阅读。

当然,即便时代和社会在不断发展变化,阅读《乡土中国》仍然有着积极的意义:一方面,可以学习其客观的精神、科学的方法、严谨的态度;另一方面,过去的那些调查结果和理论成果,仍然是今天进行研究的基础。正如胡成在《〈乡土中国〉与传统文化的重建》一文中提出的:"费孝通先生《乡土中国》所讨论的问题虽是由农村经验入手,但其实涉及的是整个中国文化传统的问题……传统固然可以借由对历史的考察而得知,可以从已往经验中总结出来,但是我们须明白,无论大家是否有所意识,那些即便已为陈迹的事物正从坟茔中影响着乃至深刻地影响着当下……它甚至可以活生生地一直活到当下。这就是为什么当人们普遍意识到社会急剧转型,农村面貌已经翻天覆地的时候,我们还需要阅读《乡土中国》,我们还可以从这样的阅读中得到颇具价值的启示。"③因此,在教学中,教师要引导学生理解学术研究结论的时代性,理性地对待学术著作的观点。

二、用作品中"社会变迁"的相关理论看待社会的发展

《乡土中国》由14篇文章组成,根据《乡土中国》理论结构的分析,乡土中国的基本特征可以做如下概括:乡土中国的文化是以"土"为根基的乡土文化,乡土社会是扎根泥土、聚族而居的熟人社会;由此形成了乡土中国在社会结构、基本社群、社会秩序和权力结构等诸多方面的鲜明特点,即乡土中国的社会结构是一种差序格局,它不同于西方的团体格局;乡土中国的基本社群是事业性的"小家族",不同于西方生育性的小家庭;乡土中国是通过礼制维持秩序的礼

---

① 费孝通:《乡土中国》,北京:人民文学出版社,2019年,第13页。
② 钱童心:《人口问题急迫 马斯克"催生"》,《第一财经日报》,2021年12月10日。
③ 胡成:《〈乡土中国〉与传统文化的重建》,《黑龙江工业学院学报》(综合版),2019年第10期。

治社会，不同于西方用法律维持秩序的法治社会；乡土中国的权力结构可分上下两层，上层因经济的"匮乏"而导致皇权的无为，基层则依靠"传统"保证长老行使教化权力。随着社会变动速率的加快，乡土社会必然向现代社会变迁，即血缘的乡土社会向地缘的商业社会变迁，教化权力向时势权力变迁，自然经济向计划经济变迁。

由此可知章节之间有着严密的逻辑体系。具体来说，辨析内部关系，14个章节可以分为两个板块。第一板块侧重于对乡土社会的静态解剖，由乡下人的土气和愚笨等表面现象展开，探讨乡土社会外在的特征及其成因，进而研究其内在的本质结构，阐明以自我为中心，以血缘为纽带，形成家族为范围的稳定的社会关系结构；第二板块则侧重于对乡土社会的动态考察，由千百年来传统的乡土社会的运行研究其社会治理，从时代发展、社会进步来探究引发乡土社会发展变迁的动力因素，展望传统的乡土社会向现代文明社会发展的可能与前景。也就是说，"第1至11篇侧重于乡土社会与现代社会静态的横向比较，第12至14篇侧重于从乡土社会到现代社会动态的变迁考察"[①]。

《乡土中国》的后三篇《血缘和地缘》《名实的分离》《从欲望到需要》着重探讨分析乡土社会的变迁与发展。这三篇文章，最能集中体现费孝通先生的现代性与前瞻性的眼光，他不是固守传统的，相反他看到了乡土社会终究要转变到现代社会。因此，时至今日我们仍可以用费孝通先生针对"社会变迁"提出的相关理论看待社会和时代的发展。

(一)从血缘到地缘是社会性质的转变

社会变迁是指一切社会现象的变更，包括社会性质、社会关系、生活方式、行为规范、价值观念的变化等。《血缘和地缘》着重讨论社会性质的变迁，即血缘的农业社会向地缘的商业社会的变迁。

该章节首先阐述了血缘社会的性质和特点，乡土社会开拓的新地域仍然是一种血缘性的地缘。"在乡土社会中，人们以血缘为纽带结合在一起，使得家族或宗族在社会结构中占据基础性地位，从而构成血缘社会。家族或宗族都是血缘性的组织，同时，家族也具有地缘的意义，因为，在稳定的社会中，地缘不过是血缘的投影，不分离的。"[②]

[①] 李默海：《费孝通的〈乡土中国〉对于新时代乡村社会治理的意义》，《上海行政学院学报》，2020年第21卷第1期，第69—77页。

[②] 同上。

继而揭示了血缘社会的封闭性,如纯粹地缘关系的"外乡人"难以在血缘网中生根;亲密的血缘社群限制了冲突和竞争性的社会活动;乡村"街集"表明当场算清的商业只能在血缘之外发展。

最后强调了从血缘社会转向地缘社会的必然性。现代社会是商业社会,地缘关系正是从商业里发展出来的。像家族一类的血缘性组织只适合稳定的社会,并不适合变动很快的社会;随着社会的发展、变迁,血缘社会终究要转变到地缘社会。如果说血缘社会是熟人社会、身份社会、人情社会,那么地缘社会则是陌生人社会、契约社会、公民社会。由血缘社会转变到地缘社会,或者由乡土社会转变到现代公民社会,是社会性质的根本转变。

(二)乡土社会"注释"式变动引起名实分离

《名实的分离》一篇着重讨论了乡土社会在速率很慢的变动中,相应的教化权力逐渐向时势权力转变。

乡土社会包括横暴权力、同意权力、长老权力、时势权力等四种权力。时势权力是社会变迁中"文化英雄"支配群众的权力。一方面,社会变迁速率不同的社会,时势权力的表现程度各不相同;另一方面,四种权力对待"反对"的态度也各不相同。长老权力下的乡土社会,"反对"成了对传统的"注释","注释"式变动则引起了"名实的分离",即政治与宗教、权力与责任、职位与职权、权利与义务等开始分开。名实之间的距离随着社会变迁速率的不断增加,长老权力最终将向时势权力转变。

(三)乡土社会靠欲望行事,现代社会按需要行事

《从欲望到需要》一篇讨论的是从乡土社会的"自然经济"向现代社会的"计划经济"的变迁,这是社会变迁的重要里程碑。

首先,人类所具有的自觉欲望的行为是否有利于个体和社会的发展,不同视角有不同的答案。其次,人类由欲望引导的行为最终符合人类生存,具有多方面原因。再次,经验决定论揭示了乡土社会的传统经验特性,即乡土社会是凭传统累积的经验生存的社会。最后,乡土社会根据欲望指导的行为,不适应变迁快速的现代社会。由于现代社会是变动很快的社会,所以现代社会治理不能仅靠经验、传统和习惯,而必须制订社会计划或者社会工程。在现代社会中,有计划的"需要"取代了非计划的"欲望";同时,现代社会从知识得来的权力是时势权力。

由此看来,如果说乡土社会中的亲缘关系曾经是乡土社会关系构成的基础

所在，那么各种形式的新的并非依赖于人情关系的契约性关系也正在替代原有的乡土社会关系。而那些原本依赖于乡土生活的关系类型，也在不可阻挡地日益受着这种新契约性关系的影响。这样的所谓新乡土中国关系形态在今天的乡村突出地表现出来，一种面向未来的乡土中国的社会与文化的转型也就不可避免地发生了。

三、以探究中国未来的发展作为指归

"费孝通撰写《乡土中国》，不是站在西方社会学的角度来批判中国本土文化，而是站在一个中国人的角度，运用科学的方法，试图找到改变中国农村落后面貌，改变中国传统文化中一些落后观念的途径。费孝通研究当时的中国社会，目的就是寻求疗治的方法。"[1]费孝通说："事实上我一生的主要目的、唯一目标就是了解中国和中国人。"[2]在《江村经济·前言》中，费孝通明确提出："如果要组织有效果的行动并达到预期的目的，必须对社会制度的功能进行细致的分析，而且要同它们意欲满足的需要结合起来分析，也要同它们的运转所依赖的其他制度联系起来分析……中国越来越迫切地需要这种知识，因为这个国家再也承担不起因失误而损耗任何财富和能量。"[3]"显然，费孝通对于乡土中国的研究不仅是为了改变农村、改造文化，而且是怀着一种急切的心情，想要救国报国。也就是说，费孝通一开始就有着一份强烈的责任感。也正是因为这份责任感，费孝通的研究为中国农村的建设和发展作出了贡献。正如刘长亮、谭政在《'新农村建设'与费孝通乡土重建思想》一文中提到的，'费孝通先生关于乡村工业大发展的设想在20世纪80年代成为现实'。"[4]

当下中国正处于急剧的社会变迁之中，充分认识和理解这一过程是推进乡村和社会发展的重要前提。"从历史上看，乡土中国构成传统中国社会的底色，其以土为生、以文化人、以德为重的基本特征长期影响着中国社会的形态及其演化过程。然而，新中国成立以来，尤其是自改革开放以来，中国社会进入急

---

[1] 洪广玲、苏捷：《基于"论点"特征开展学术论著阅读教学——以〈乡土中国〉为例》，《语文建设》（上半月），2022年第9期，第75—78页。
[2] 费孝通：《推己及人》，北京：大众文艺出版社，2000年，第433页。
[3] 费孝通：《江村经济：中国农民的生活》，戴可景译，北京：商务印书馆，2001年，第21页。
[4] 洪广玲、苏捷：《基于"论点"特征开展学术论著阅读教学——以〈乡土中国〉为例》，《语文建设》（上半月），2022年第9期，第75—78页。

速的现代化进程中,大量的现代性要素渗透进乡村社会。"①现代西方世界和城市化推进对于乡土中国的冲击和影响从未停止,今天,我们必须直面这种改变的发生,把握这种改变的未来走向。

直至今时今日,《乡土中国》仍具有极高的学术价值和阅读价值,其根本原因便在于其中的学术研究成果不仅能引导学生领悟乡土中国存在的根基,也可以带动学生去展望未来中国乡村社会发展的走向。在完成这本学术著作的教学时,我们不仅要注重学生阅读能力的提升、读书门径的探索,更要有意识地关注"问题",强化落实学以致用,以探究中国乡村未来的发展作为指归。

(张倩玉)

◎课例

在历史的坐标中看《乡土中国》

【设计说明】

《乡土中国》是一本社会学学术著作,费孝通先生基于自己田野调查的丰富积累,对中国传统社会结构进行了充分的思考与分析,尝试回答"作为中国基层社会的乡土社会究竟是个什么样的社会"这个问题。作为社会学本土化的重要论著,《乡土中国》对研究中国乡土社会的传统文化、社会结构具有开创性意义。

然而《乡土中国》的研究对象"是二十世纪三四十年代以'农业经济'为基础的中国社会。而今天的中国,在时代背景、社会环境、思想理念上早已发生了巨大的变化"②。在阅读时,我们既要将著作的理论观点放在当时的时代进行考量,也要将其放在当今的时代分析。

为此,本文以特定的历史情境为坐标,引导学生关注《乡土中国》整本书学术成果的时代性。

---

① 黄振华、常飞:《从乡土中国到乡愁中国:理解中国社会变迁的一个视角》,《理论月刊》,2022年第10期,第48—55页。

② 洪广玲、苏捷:《基于"论点"特征开展学术论著阅读教学——以〈乡土中国〉为例》,《语文建设》(上半月),2022年第9期,第75—78页。

第十五讲 展望社会发展

【教学目标】

1. 阅读《乡土中国》整本书，在特定的历史和时代背景下，了解中国乡土社会的特点，增进对农村社会结构和传统文化的理解。

2. 联系当今时代社会转型的大背景，认识当今乡村社会的巨大变迁，并尝试用相关理论解释社会现象。

3. 学以致用，用书中的理论和分析方法，探究中国乡村未来的发展走向。

【学习任务群】

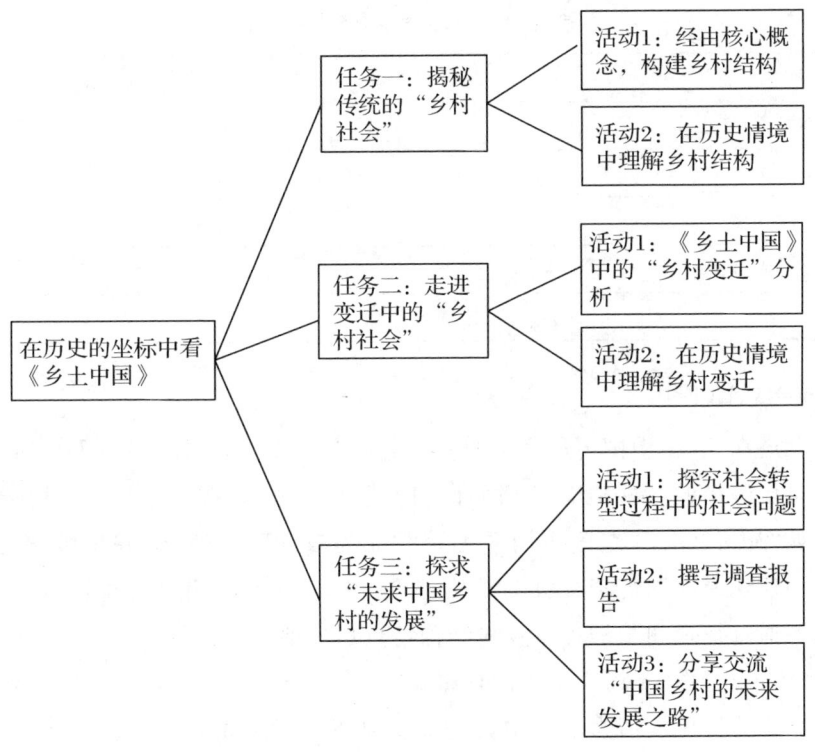

图15-1 学习任务群

【教学过程】

任务一：揭秘传统的"乡村社会"。

居于城市的学生对于传统的乡村社会缺乏了解。费孝通先生基于自己田野调查的丰富积累,对中国传统乡村社会的结构进行了充分的思考和分析,尝试回答了"作为中国基层社会的乡土社会究竟是个什么样的社会"这个问题。《乡土中国》从不同方面探讨了乡村社会的特性。因此,学生通过阅读《乡土中国》可以揭秘传统"乡村社会"的神秘面纱,增进对中国传统基层社会的了解和认识。

在阅读的过程中,学生在提取各篇核心概念、归纳核心思想的基础上,尝试在作者的学术框架下深入理解传统社会的结构特点。在学生完成整本书初读和梳理的基础上,开展以下活动。

活动1:小组分章节汇报《乡土中国》的传统社会结构特点,完成各章节阅读记录表(见表15-1)。

表15-1 《乡土中国》阅读记录表

篇章	传统社会结构特点
《乡土本色》	
《文字下乡》	
《再论文字下乡》	
《差序格局》	
……	

[教学意图]

费孝通在《乡土中国·序言》中说:"它不是一个具体社会的描写,而是从具体社会里提炼出的一些概念。"[①]因此,阅读《乡土中国》要特别关注其中的重要概念,如"礼俗社会""差序格局""无讼""无为政治"等;抓住并理解核心概念,就可以构建还原中国传统社会的结构特点。本活动旨在引导学生回顾本书的核心概念,通过梳理和归纳,对乡村结构特点形成整体性把握。

《乡土中国》由14篇文章组成,根据《乡土中国》理论结构的分析,乡土中国的基本结构特征可概括为乡土中国的文化是以"土"为根基的乡土文化,乡土社会是扎根泥土、聚族而居的熟人社会;由此形成了乡土中国在社会结构、基本社群、社会秩序和权力结构诸方面的鲜明特点。乡土中国的社会结构是一种差序格局,它不同于西方的团体格局;乡土中国的基本社群是事业性的"小家族",不同于西方生育性的小家庭;乡土中国是通过礼治维持秩序的礼治社会,不同

---

① 费孝通:《乡土中国》,北京:人民文学出版社,2019年,第3页。

于西方用法律维持秩序的法治社会;乡土中国的权力结构可分上下两层,上层因经济的"匮乏"而导致皇权的无为,基层则依靠"传统"保证长老行使教化权力。随着社会变动速率的加快,乡土社会必然向现代社会变迁,即血缘的乡土社会向地缘的商业社会变迁,教化权力向时势权力变迁,自然经济向计划经济变迁。

活动2:借助文学作品,构建历史情境,深入理解乡村结构。

阅读鲁迅小说《祝福》,梳理《乡土中国》中的相关概念和《祝福》中的相关情节,完成下表(见表15-2):

表15-2 《乡土中国》《祝福》阅读探究表(1)

《乡土中国》中的概念	《祝福》中的表现或事件
长老统治	大伯收屋
……	……

[教学意图]

《乡土中国》构建的传统社会的结构和特点,距离学生的实际生活相对遥远。因此,本环节旨在借助文学作品,构建历史情境,打破时空的距离,引导学生在特定的历史情境中理解传统社会的结构特点。例如可以利用《乡土中国》及其相关社会学常识,将鲁迅小说《祝福》中的现象与《乡土中国》中的理论相互联系,从而加深对传统社会结构特点的理解(见表15-3)。

表15-3 《乡土中国》《祝福》阅读探究表(2)

《乡土中国》中的概念	《祝福》中的表现或事件
长老统治	大伯收屋
阿波罗式的婚姻(男女有别)	祥林嫂与贺老六的婚姻
差序格局	鲁镇人对祥林嫂遭遇的冷漠
礼治秩序	祭祀活动的相关要求
……	……

任务二:走进变迁中的"乡村社会"。

在费孝通写下《乡土中国》的年代或者更早,"乡土中国之变"已经发生。"《乡土中国》的后三篇《血缘和地缘》《名实的分离》《从欲望到需要》着重分析乡土社会的变迁与发展;这三篇文章,最能体现费孝通的现代眼光,费孝通不是固守传统,他看到了乡土社会终究要转变到现代社会。"①

活动1:《乡土中国》中的"乡村变迁"分析。

阅读《乡土中国》的后三章——《血缘和地缘》《名实的分离》《从欲望到需要》,完成表格梳理(见表15-4)。

表15-4 《乡土中国》阅读任务单

章节名称	乡村社会变迁特点	乡村社会变迁原因
《血缘和地缘》		
《名实的分离》		
《从欲望到需要》		

[点拨]

《血缘和地缘》着重讨论社会性质的变迁,即血缘的农业社会向地缘的商业社会的变迁。现代社会是商业社会,地缘关系正是从商业里发展出来的。像家族一类的血缘性组织适合稳定的社会,不适合变动很快的社会;随着社会的发展、变迁,血缘社会要转变到地缘社会。

《名实的分离》着重讨论乡土社会速率很慢的变动中,权力的变动方式,即教化权力向时势权力的转变。长老权力下的乡土社会,"反对"成了对传统的"注释","注释"式变动引起"名实的分离"。名实之间的距离随着社会变迁速率不断增加,长老权力将向时势权力转变。

《从欲望到需要》着重讨论的是从乡土社会的"自然经济"向现代社会的"计划经济"的变迁。由于现代社会是变动很快的社会,所以现代社会治理不能仅靠经验、传统和习惯,而必须制订社会计划或者社会工程。现代社会中,有计划的"需要"取代了非计划的"欲望";同时,现代社会从知识得来的权力是时势权力。

活动2:在历史情境中理解乡村变迁。

通过活动1,学生对于乡村社会变迁及其原因有了一定了解;在此基础上,我们将通过一些特定的历史材料来帮助学生深入理解。

---

① 李默海:《费孝通的〈乡土中国〉对于新时代乡村社会治理的意义》,《上海行政学院学报》,2020年第21卷第1期,第69—77页。

1. 结合四合院的建筑构造,谈一谈你对"血缘社会"的理解(见图 15-2)。

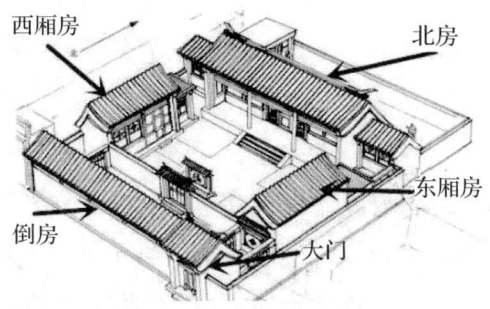

图 15-2 北京四合院建构图

[点拨]

血缘决定的社会关系也反映在地域空间上。北京四合院的构成体现了等级分明尊卑之别:北屋为尊、两厢次之、倒座为宾。就是说,北屋是正房,长辈居住的地方;东西厢房是晚辈住的地方;倒座是南面朝北的房屋,是宾客住的地方。

2. 结合莫言作品选段,谈一谈你对"名实分离"的理解,对此你持何种评判?

上世纪六十年代,学校里组织我们去参观一个苦难展览,我们在老师的引领下放声大哭,为了能让老师看到我的表现,我舍不得擦去脸上的泪水,我看到有几位同学悄悄地将唾沫抹到脸上冒充泪水,我还看到在一片真哭假哭的同学之间,有一位同学,脸上没有一滴泪,嘴巴里没有一点声音,也没有用手掩面,他睁着眼看着我们,眼睛里流露出惊讶或者是困惑的神情。事后,我向老师报告了这位同学的行为。为此,学校给了这位同学一个警告处分……①

[明确]

中国传统社会特有的二元秩序特征:意识形态和价值观完全一统的表层秩序之下,涌动着丰富复杂的各种"潜秩序",正是它们填补着具体生活之中的各种空白,构成虽非一统,又各自和谐的底层秩序。长期的名实分离,使中国人必须具备"两面人"的生存技巧。娴熟地在两套话语行为系统之间迅速切换,成了中国人社会化过程中的必修课,家庭、学校、居所、职场,每天都用鲜活的

---

① 莫言:《讲故事的人——在诺贝尔文学奖颁奖典礼上的讲演》,《当代作家评论》,2013 年第 1 期。

事例来进行规化和引导。

3. 观看热播剧《三十而已》片段,结合主人公王漫妮、顾佳的成长经历,说一说你对"欲望""需要"的理解,并谈一谈你是如何理解"从欲望到需要"这一转变过程的。

[明确]

"欲望驱动"和"需要驱动",是两种完全不同的实现方式。前者依靠的是人本能的对成功的渴望,后者依靠的不限于此,更在于有计划、有目标,自我价值认同感高。主人公王漫妮的成长主要是以"欲望"作为推动,主人公顾佳的成长主要以"需要"作为驱动。"从欲望到需要"转变的背后实则是时代和经济不断发展的结果。

任务三:探求"未来中国乡村的发展"。

通过任务二,学生已经深入理解社会的变迁与发展,并已尝试用《乡土中国》中的理论和分析方法,从当代中国的角度来审视"乡土中国"。在此基础上,可以进一步探究社会转型过程中的社会问题,基于此展开调查与研究,并针对未来社会的发展提出自己的想法和建议。

活动1:探究社会转型过程中的社会问题。

随着城镇化水平的不断推进,乡村的发展也暴露了一些问题。请你通过实地探访或者是材料收集,探究社会转型过程中的社会问题。

[教学意图]

此活动旨在引导学生关注当下社会,探究社会转型过程中暴露的一些社会问题,比如现代社会商业发达,土地对人的束缚力变弱,甚至很多农村人也不再以土地为主要的谋生手段,选择进城工作,人口的流动性随之增强。农村空心化已成为一个不容忽视的社会问题。农村劳动力紧缺、留守老人、留守儿童等问题都亟待解决。学生可以结合《乡土中国》整本书的阅读收获进行深入的思考与探索。

活动2:请以"今日中国乡村的变迁"为话题,从居住环境、精神风貌、文化生活、风俗习惯、乡村管理等角度任选一个,开展调查访问。写一篇不少于1 000字的调查报告。

活动3:在撰写调查报告的基础上,尝试运用《乡土中国》的相关理论,探究中国乡村未来的发展。同学之间进行分享和交流。

[教学意图]

以上两个活动从调查、分析到整理成调查报告，在各种现象的勾连和比较中，助推学生深入思考理解当代中国的社会变迁与发展，并引导学生在此过程中学以致用，尝试用相关理论为社会转型过程中的社会问题提供解决方案，并探究中国乡村未来的发展方向。

《乡土中国》一书写于20世纪40年代后期，因此我们在阅读教学中必须结合传统社会的时代特点来理解相关现象和理论观点；同时此书的学术价值又不局限于20世纪，其中的理论方法和观点又适用于如今的社会。因此，本课例便尝试将《乡土中国》一书放在历史的坐标中进行阅读，以期引导学生利用相关学术理论深入理解社会的转型和发展，同时对中国乡村未来发展走向做出预测和思考。

（张倩玉）

参 考 文 献

《论语》整本书阅读五讲参考文献：

1. 程翔．《论语》整本书阅读教学谈[J]．语文教学通讯，2019(3A)．
2. 杨伯峻．论语译注[M]．北京：中华书局，2009．
3. 李零．去圣乃得真孔子[M]．北京：生活·读书·新知三联书店，2008．
4. 卢吉增．《论语》整本书阅读的思考与实践[J]．中学语文教学，2018(4)．
5. 王芳．高中语文整本书阅读教学的尝试与探索[J]．语文教学与研究，2020(20)．
6. 刘思宇．论《论语》整本书阅读教学的策略[J]．学语文，2021(4)．
7. 胡平生．孝经译注[M]．北京：中华书局，2009．
8. 孙希旦．礼记集解[M]．北京：中华书局，1989．
9. 陈寿．三国志[M]．北京：中华书局，1982．
10. 鲍鹏山．孔子传[M]．北京：中国青年出版社，2021．
11. 陈鼓应．老子今注今译[M]．北京：商务印书馆，2003．
12. 张亲霞．《商君书》译注[M]．北京：商务印书馆，2022．
13. 徐长春．浅析《论语》中君子之"道"与"人格美"的体用关系[J]．安徽文学，2009(1)．

《红楼梦》整本书阅读五讲参考文献：

1. 曹雪芹．脂砚斋批评本红楼梦[M]．脂砚斋，评．长沙：岳麓书社，2006．
2. 袁行霈．中国文学史：第四卷[M]．北京：北京出版社，1999．
3. 卜喜逢．析《红楼梦》前五回的纲领作用[J]．红楼梦学刊，2022(5)．
4. 袁珂．中国古代神话[M]．上海：华东师范大学出版社，2017．
5. 白先勇．白先勇细说红楼梦[M]．桂林：广西师范大学出版社，2017．
6. 蔡义江．红楼梦诗词曲赋鉴赏[M]．北京：中华书局，2004．
7. 王庆杰．《葬花词》与《芙蓉女儿诔》文化精神生态比较[J]．文学教育，2012(2 上)．
8. 李渔．闲情偶记图说[M]．王连海，注释．济南：山东画报出版社，2003．
9. 刘霜．《红楼梦》"以花喻人"研究[D]．西宁：青海师范大学，2017．
10. 杨义．中国古典小说史论[M]//杨义文存：第六卷．北京：人民出版社，1998．
11. 孙开东．生命价值失落后的痛苦灵魂：论贾宝玉形象的悲剧内涵[J]．江淮论坛，

2003(1).

12. 杨志平. 中国古代小说技法论研究[D]. 上海：华东师范大学，2008.

13. 钟振振. 金元明清词鉴赏辞典[M]. 北京：商务印书馆国际有限公司，2019.

14. 周汝昌，周伦苓. 红楼梦与中华文化[M]. 北京：工人出版社，1989.

15. 郭若愚.《红楼梦》岁时志——兼论《瓶湖懋斋记盛》及其他[M]//中国社会科学院文学研究所，红楼梦研究集刊编委会.《红楼梦》研究集刊. 上海：上海古籍出版社，1982.

16. 叶丽娅.《红楼梦》的民俗学价值及在文学上的意义[J]. 思想战线，1987(1).

17. 李丽霞.《红楼梦》岁时节令文学功能研究[D]. 北京：中国艺术研究院，2013.

《乡土中国》整本书阅读五讲参考文献：

1. 徐志伟. 自觉地探索　困境中突破[J]. 语文教学通讯，2018(12A).

2. 中华人民共和国教育部. 普通高中语文课程标准(2017年版2020年修订)[S]. 北京：人民教育出版社，2020.

3. 王宁. 引领语文课程改革走进新时代[N]. 中国教育报，2018-03-07.

4. 刘千秋，董小玉. 高中"整本书阅读"的现状调查及方法研究[J]. 语文建设(上半月)，2017(10).

5. 费孝通. 乡土中国[M]. 北京：人民文学出版社，2019.

6. 郑也夫. 隔代一书谈，回首百年身[M]. 北京：生活·读书·新知三联书店，2017.

7. 路遥. 平凡的世界[M]. 北京：北京十月文艺出版社，2013.

8. 王锡婷. 阅读　研习　研讨："整本书阅读与研讨"课程的实施路径[J]. 中国教育学刊，2022(9).

9. 方炯. 温故知新：《红楼梦》《乡土中国》互文对读[J]. 试题与研究，2021(32).

10. 吴格明. 语文教学应当倡导思辨性阅读[J]. 语文学习，2015(1).

11. 欧阳林. 批判性思维与中心语文学习[M]. 北京：中国人民大学出版社，2017.

12. 连中国. 语文思辨教学的人文指向：以思辨性阅读为例[J]. 语文建设，2018(1).

13. 余党绪. 走向理性与清明：整本书阅读之思辨读写[M]. 上海：上海教育出版社，2019.

14. 邓娟. 基于思辨性阅读的高中整本书阅读教学研究[D]. 昆明：云南师范大学，2020.

15. 余党绪. 思辨性阅读：走向真知的必由之路[J]. 语文教学通讯，2018(8A).

16. 陈心想. 走出乡土：对话费孝通《乡土中国》[M]. 北京：生活·读书·新知三联书店，2017.

17. 王本华. 任务·活动·情境：统编高中语文教材设计的三个支点[J]. 语文建设(上半月)，2019(11).

18. 徐飞. 共生教学视域下的整本书阅读：以《乡土中国》为例[J]. 语文建设(上半月)，2019(12).

19. 丁元竹，耿敬. "纪念费孝通先生诞辰110周年"笔谈[J]. 社会，2020，40(6).

20. 南银妮.《乡土中国》"整本书阅读与研讨"的教学及思考[J]. 中学语文，2018(28).

21. 南银妮. 对比概念明异同 溯古视今悟文化：《乡土中国》整本书阅读设计[J]. 中学语文教学参考，2019(19A).

22. 钱童心. 人口问题急迫 马斯克"催生"[N]. 第一财经日报，2021-12-10.

23. 胡成.《乡土中国》与传统文化的重建[J]. 黑龙江工业学院学报(综合版)，2019(10).

24. 李默海. 费孝通的《乡土中国》对于新时代乡村社会治理的意义[J]. 上海行政学院学报，2020，21(1).

25. 洪广玲，苏捷. 基于"论点"特征开展学术论著阅读教学：以《乡土中国》为例[J]. 语文建设(上半月)，2022(9).

26. 费孝通. 推己及人[M]. 北京：大众文艺出版社，2000.

27. 费孝通. 江村经济：中国农民的生活[J]. 北京：商务印书馆，2001.

28. 黄振华，常飞. 从乡土中国到乡愁中国：理解中国社会变迁的一个视角[J]. 理论月刊，2022(10).

29. 莫言. 讲故事的人：在诺贝尔文学奖颁奖典礼上的讲演[J]. 当代作家评论，2013(1).